PERSPECTIVAS A2

Al vuelo

Kurs- und Übungsbuch Spanisch

Gloria Bürsgens
sowie
Sara Amann, Andrea Bucheli, Gabriele Forst

Cornelsen

Perspectivas A2 Al vuelo Kurs- und Übungsbuch Spanisch

Im Auftrag des Verlages erarbeitet von Gloria Bürsgens
sowie Sara Amann Marín, Gabriele Forst, Andrea Bucheli.

Redaktion:
Ana Calle (verantwortliche Redakteurin), Ulrike Litters (Projektleitung),
Murdo MacPhail (Redaktionsleitung)

Redaktionelle Mitarbeit: Roxana Carmona Viveros, Nicole Abt

Beratende Mitwirkung: Martin Fischer, Araceli Vicente, Gabriele Forst

Illustrationen:
Joaquín González Dorao

Gesamtgestaltung und technische Umsetzung:
werkstatt für gebrauchsgrafik, Berlin

Weitere Kursmaterialien:
Sprachtraining ISBN 978-3-464-20538-9
Handreichungen für den Unterricht ISBN 978-3-464-20539-6

www.cornelsen.de

1. Auflage, 1. Druck 2011

Alle Drucke dieser Auflage sind inhaltlich unverändert
und können im Unterricht nebeneinander verwendet werden.

Druck: CS-Druck CornelsenStürtz, Berlin

ISBN 978-3-464-20537-2

Inhalt gedruckt auf säurefreiem Papier aus nachhaltiger Forstwirtschaft.

¿Seguimos volando?

Perspectivas A2 ***Al vuelo*** baut schnell und systematisch eine solide Sprachkompetenz auf und führt etwas weiter als bis zur Niveaustufe **A2** des GER. ***Al vuelo*** ist die ideale Methode für Studenten und stark motivierte Lerner, die „im Nu“ Spanisch lernen und ein bisschen mehr wissen möchten. Das Lehrwerk empfiehlt sich besonders für Menschen, die schon andere Fremdsprachen sprechen.

Al vuelo **A2** ist die Fortsetzung von ***Al vuelo*** **A1** und basiert auf der bewährten **Perspectivas**-Methode. Sowohl die Thematik als auch die Übungstypologie sind speziell an den Bedürfnissen von Studenten und schnellen Lernern ausgerichtet. Auch die Progression und der Wortschatz wurden entsprechend angepasst. Eine gute Isolierung der einzelnen Sprachphänomene garantiert dabei jedoch immer ein müheloses Vorankommen.

Kurs- und Übungsbuch
Jedes Kurs- und Übungsbuch enthält 10 **Unidades**, zwei **Opciones** und einen Anhang. Das Buch wird ergänzt durch zwei CDs und das Vokabeltaschenbuch.

Im Mittelpunkt von ***Al vuelo*** **A2** steht die weitere Entwicklung der Kommunikationsfähigkeit. Dafür sind kulturelle und interkulturelle Kompetenz unerlässlich. In ***Al vuelo*** sind Kultur und Interkulturelles daher durchweg präsent und werden bevorzugt vermittelt und trainiert.

Struktur
Die Einheiten sind sehr übersichtlich und nach einem durchgängigen Prinzip aufgebaut. Sie bieten hochwertige visuelle Impulse und flotte, sympathische Texte, die zum Sprechen motivieren, bisweilen auch zum Schmunzeln anregen. Jede Einheit umfasst zwölf Seiten:

- Vier ansprechende Präsentationsseiten mit verschiedenen Textsorten und kommunikativen Übungen. Kleine Pfeile verweisen auf passende Übungen im Übungsteil.
- Die Seite **Español práctico** mit Tipps für den Alltag im Ausland.
- Die Seite **Cultura e intercultura**, auf der ausgewählte Aspekte bewusst gemacht werden.
- Vier Seiten Übungen zur Festigung des Wortschatzes und der Grammatik.
- Die Kommunikationsseite, die wichtige Redemittel systematisch wieder aufgreift.
- Die Grammatikseite, auf der die neu eingeführten Strukturen übersichtlich zusammengefasst werden.

Die **Optionen** bieten zusätzlich interessante Aktivitäten.

- **Mundo hispano:** spielerisch aufgebaute Texte zu Spanien und Lateinamerika.
- **Aprender al vuelo:** erlaubt wichtige Phänomene der spanischen Sprache „im Nu“ zu erfassen. Diese Seite ist nach den Prinzipien des *Visual Learning* systematisch aufgebaut.
- **Autoevaluación:** hier können die Lernenden selbst ihre Stärken und Schwächen überprüfen.

Im Anhang finden Sie:

- einen Test zur Vorbereitung auf das Europäische Sprachenzertifikat Spanisch A2,
- einen systematischen Grammatiküberblick,
- die Transkription der Hörtexte,
- die Lösungen zum Kurs- und Arbeitsbuch,
- eine alphabetische spanisch-deutsche Wortliste.

Die **CDs** umfassen alle Hörtexte der Präsentations- und Übungsseiten.
Das **Vokabeltaschenbuch** enthält den gesamten Wortschatz in chronologischer Reihenfolge.

Viel Spaß und Erfolg mit ***Al vuelo*** **A2** wünschen Ihnen die Autorin Gloria Bürsgens, Ana Calle und der Cornelsen-Verlag.

Symbole:

- Der Text ist auf CD zu hören.
- Sie arbeiten zu zweit.
- Sie arbeiten in Gruppen.
- Schreiben Sie in Ihr Heft.
- 1/8 Hinweis auf CD
- GRAMÁTICA Hinweis auf die Gramática-Seite

Índice

GRAMÁTICA	ESPAÑOL PRÁCTICO	CULTURA E INTERCULTURA ACTIVIDADES
		– die spanischsprachige Welt: berühmte Leute
– das pretérito indefinido regelmäßige Verben Verben mit Änderung der Schreibweise – unregelmäßige Verben – Relativpronomen que, quien/es, donde	– eine Reise vorbereiten: Koffer packen	– Costa Rica und Guatemala: Literatur: *Popol Vuh* und *Hombres de maíz*
– das pretérito imperfecto – Kontrastierung imperfecto – indefinido	– über das Wochenende sprechen	– Colombia: El milagro de Bogotá – Chile: Leyendas
– das pretérito perfecto – mientras, durante – Kontrastierung indefinido – perfecto – para – por – muy, mucho, demasiado	– über Computer sprechen	– España: Las islas Canarias Inmigración en España
– das pretérito pluscuamperfecto – Indefinitpronomen und -adjektive algún – alguno/-a/s, cada, etc. – der absolute Superlativ auf -ísimo/-a	– Zeitungswesen	– España: Encierros – México: Los clavadistas de Acapulco
– direkte und indirekte Personalpronomen – das condicional simple – estar + Partizip – Partizip in Funktion eines Adjektivs	– Gespräch im Restaurant – um einen Gefallen bitten	– España: Con el sabor de la tierra – México: Insekten als Speise: ¡Coma bichos, salve el planeta!

GRAMÁTICA	ESPAÑOL PRÁCTICO	CULTURA E INTERCULTURA ACTIVIDADES
Aprender al vuelo: indefinido – imperfecto – Taller de creatividad: Luis Mateo Díez – Competencia intercultural: Espontaneidad y sentimientos – Autoevaluación		
– bejahter Imperativ (tú, usted, ustedes) – Adverbien auf -mente – Konstruktionen mit Infinitiv: antes de + después de + al +	– Wegbeschreibung	– Argentina: Buenos Aires – Imágenes latinoamericanas: Dictadura y democracia en el arte, la literatura y el cine
– verneinter Imperativ (tú, usted, ustedes) – imperfecto de estar + Gerundium – die Stellung der Pronomen	– Arztbesuch	– México: La venganza de Moctezuma – Bolivia, Perú, Caribe: Curas, hechizos y gualichos
– das presente de subjuntivo Gebrauch regelmäßige Formen – Verben mit unregelmäßigem Stamm in der 1. Person Singular – Verben mit Änderung der Schreibung – unregelmäßige Formen: ser, estar, saber, ir – tan, tanto	– über Weihnachtsbräuche sprechen – Werbeanzeigen verstehen	– España: La fiesta de los Reyes Magos – España, Cono Sur, Venezuela y Colombia, México y Caribe: Silvesterbräuche
– das presente de subjuntivo Verben mit Stammvokaländerungen – Gebrauch des subjuntivo in Relativsätzen – verbale Umschreibungen mit dem Infinitiv – ir, venir, llevar, traer	– zusammen eine Party organisieren	– España: Los secretos del abanico – Guatemala und Argentina: Die Maler González Escobar und Quinquela Martín
– futuro simple Gebrauch, Futur, Vermutung – Der reale Bedingungssatz mit si – creo que, no creo que	– Vermutungen äußern	– Hispanoamérica: ¿Qué idioma se hablará? El espanglish
Aprender al vuelo: subjuntivo – Taller de creatividad: Eduardo Galeano – Aprender jugando – Autoevaluación		
relación de ejercicios auditivos		

¡BIENVENIDOS!

¡ME ALEGRO DE VERTE!

- conocer a los compañeros
- hablar de motivos para aprender español
- intercambiar conocimientos sobre el mundo hispánico

1 **¿Para qué aprende usted español? Marque sus motivos y pregunte a sus compañeros.**
¿Vale la pena aprender español? Discutan por qué / no.

- ☐ Para hablar con hispanohablantes.
- ☐ Para viajar por España o Latinoamérica.
- ☐ Para entender las canciones en español.
- ☐ Porque me encanta la literatura hispana.
- ☐ Porque necesito la lengua para el trabajo.
- ☐ ¿Otro motivo?

2 1/3 **Compañeros y profesores. Escuche los diálogos y diga quién es nuevo en la clase y quién no.**

Diálogo 1:	Diálogo 2:	Diálogo 3:
____________	____________	____________
____________	____________	____________
____________	____________	____________

3 **Ahora ustedes. Saluden a sus compañeros y «paseen» con uno/-a de ellos. Háganle preguntas para conocerlo/-a. Después preséntenlo/-a.**

COMUNICACIÓN

¿Cómo te llamas?	¿De dónde eres?	¿Dónde vives ahora?
¿Qué haces?	¿Estudias?	¿En qué semestre estás?
¿En qué empresa trabajas?	¿Qué haces allí?	¿Te gusta tu trabajo?
¿Para qué aprendes español?	¿Es un *hobby* o lo necesitas?	¿Te pagan el curso?
¿Qué otras lenguas hablas?	¿Has estado en otro país?	¿Dónde y cuándo?
¿Tienes familia / pareja / hijos?	¿Alguna mascota?	¿Otros *hobbis*?

4 1/4

Famosos del mundo hispano. Mire las fotos y explique a sus compañeros quién es quién. ¿Sabe de dónde son? Después escuche, ponga el número de texto y diga quién es.

actriz	cantante	futbolista	político	princesa	corredor	escritor

\+ ¿Conoces a ...?
\+ ¿Y sabes quién es este/-a?

– No, no sé quién es.
– No estoy seguro/-a, creo que es ... una actriz ... es de ...

- ☐ Salma Hayek
- ☐ Fernando Alonso
- ☐ Mario Vargas Llosa
- ☐ Máxima de Holanda
- ☐ Shakira
- ☐ Leo Messi
- ☐ Penélope Cruz
- ☐ Evo Morales

5

¿Qué más conoce usted del mundo hispano? ¿Qué le gusta? ¿Qué quiere conocer? ¿Tiene contacto con el mundo hispano? Pregunte y conteste.

Linda, ¿conoces la comida mexicana?

Sí, y me encanta.

Jochen, ¿bailas tango?

No, pero bailo salsa.

COMUNICACIÓN

Yo conozco a la actriz Penélope Cruz.
Quiero ir a Argentina.
Tengo un cedé de Juanes.
Voy a clases de tango.
Me gusta comer tapas.
Mi novia es de Ecuador.

1 EN AMÉRICA
Un trabajo voluntario

- hablar de viajes y países
- contar hechos pasados
- el pretérito indefinido
- los pronombres relativos **que**, **quien/es**, **donde**

a

b

c

1 ▶1 **Mire las fotos e imagine la vida en el campamento. Después lea el correo y compare.**

+ Parece todo bastante primitivo. – Pues, seguro que no hay ... * Bueno, pero creo que ...

Queridos amigos:

¡Ya estoy aquí desde hace un mes! Os cuento: primero tuve que hacer un curso de preparación en San José. Nos enseñaron todo lo necesario para el trabajo en el Parque Nacional: por ejemplo, aprendimos a limpiar la playa, a buscar huevos de tortuga y a llevarlos a un lugar seguro.
Después de cinco días viajé a Gandoca, un parque ecológico en el Caribe. Allí, en medio de la selva, a solo doscientos metros del mar, está el campamento. Los voluntarios vivimos en cabañas. Tuvimos la primera reunión y luego enseguida empezó el trabajo. La verdad es que fue un poco duro.

Una mañana encontramos huevos de baula. ¡Fue emocionante! La baula es la tortuga marina más grande que existe. ¡Mide casi dos metros! El viernes pasado terminé el trabajo, cansado, pero feliz. Me gustó mucho, pues aprendí muchas cosas y conocí a muchos ticos.
Al día siguiente hicimos un viaje de despedida. Fuimos a Panamá y recorrimos las islas de Bocas del Toro en canoa. Fue estupendo, vimos un grupo de delfines y cenamos en un restaurante flotante. ¡Eso sí, nos picaron los mosquitos! Bueno, os mando unas fotos y espero vuestras noticias.

Un fuerte abrazo, Carlos

CULTURA
tico/-a/s: (coloquial) persona/s de Costa Rica

2 1/5 **Escuche el diálogo y marque si las frases son correctas o falsas. Corrija las falsas.**

	correcto	falso
1. Carlos hace un trabajo voluntario en Puerto Rico.	☐	☐
2. Trabaja tres meses en una organización ecologista.	☐	☐
3. Gana bastante y tiene casa, coche y comida gratis.	☐	☐

3 **Carlos quiere poner las fotos en Internet. Cuente dónde estuvo Carlos y qué hizo.** GRAMÁTICA A, B, C, D

– antes de ir al campamento – durante su estancia allí – después del trabajo

4 **¿Qué le gustó a Carlos y qué no? Busque en el texto valoraciones positivas y negativas.**

5a Lea el texto y subraye el vocabulario relacionado con la ecología. Después decida qué clase de texto es.

- [ ] publicitario
- [ ] científico
- [ ] de divulgación
- [ ] infantil

¡MIRA!
se pagan bien – *werden gut bezahlt.*
dicen que = se dice que ... – *man sagt, dass ...*

La flora y la fauna de Costa Rica son únicas en el mundo. Hay más especies en este pequeño país que en toda Europa. Lamentablemente, muchas de ellas están en peligro de extinción, por ejemplo la baula.

Esta tortuga gigante, vieja como un dinosaurio, vuelve año tras año al lugar de nacimiento. Su llegada a las playas es un verdadero espectáculo. Sin embargo, cada vez son menos las que llegan, ya que con la pesca indiscriminada mueren muchas de ellas.

La contaminación es otro problema. Como las baulas comen de todo, muchas veces también comen basura. Ven, por ejemplo, bolsas de plástico y las comen alegremente, pensando que son medusas. Además, para volver al mar, se orientan por las estrellas, por eso la luz de las calles y los coches las confunde.

Por otro lado, las baulas ponen sus huevos en la arena y hay muchos animales depredadores que los roban. Pero, sin duda, a pesar de que hay

muchas campañas de concientización, el peor depredador es el hombre. Sobre todo los drogadictos: es que necesitan el dinero y los huevos se pagan bien porque dicen que son afrodisíacos. Por eso nació el proyecto de voluntariado de Gandoca-Manzanillo, para proteger a las tortugas y mejorar la calidad de vida de la comunidad.

5b Lea otra vez el texto y subraye los conectores. Luego complete el minidiccionario y haga frases relacionando las columnas.

1. Hay muchos huevos,
2. Como la baula está en peligro,
3. Hay muchas campañas y
4. La baula vuelve año tras año,
5. Roban los huevos
6. Las baulas comen bolsas.

a) hay que protegerla.
b) ya que pone sus huevos allí.
c) pese a las campañas.
d) por eso es fácil encontrarlos.
e) Es que creen que son medusas.
f) sin embargo roban los huevos.

Minidiccionario:

es que *(col.)*	________
ya que	________
como	________
________	*darum*
________	*obwohl*
________	*trotz*

6 Actividad Pregunte a sus compañeros qué experiencias tuvieron con animales.

\+ Yo el año pasado nadé con delfines. – ¿Y cómo fue? + ¡Estupendo!

COMUNICACIÓN

+ Yo trabajé de voluntario en el zoológico.	– ¡Qué interesante! ¿Aprendiste algo?
+ El año pasado hice un safari en Kenia.	– ¿Te gustó? ¿Viste muchos animales?
+ En Egipto monté en camello.	– ¡Qué bien! Pero es difícil, ¿no?
+ ¡A mí me picó una medusa y fue horrible!	– ¡Ay, pobre! ... A mí también me picaron.
* Nosotros tuvimos un perro muy inteligente.	– ¿Ah sí? ¿Y ya no lo tenéis?

7 Tarea ¿Conocen algún otro animal en peligro de extinción? ¿Cuál? Hagan un póster y preséntenlo.

Viaje a Guatemala

8a 1/6 **Mire la foto. ¿Cuál cree que fue el motivo del viaje? Escuche la entrevista y compruebe.**

- ☐ viaje de negocios
- ☐ vacaciones verdes
- ☐ visita a su ahijada
- ☐ viaje cultural

8b 1/6 **Escuche otra vez y lea una parte de la entrevista. Cuente luego lo que hizo la señora Traba, madrina de una niña de Guatemala.**

Periodista: ¡Claro que sí! «Intermundo» desarrolla proyectos sociales en países emergentes y apoya a niños necesitados.

Sra. Traba: Sí, así es. Mi ahijada vive en Cocales, a orillas del lago Izabal.

Periodista: ¿Y cómo fue el encuentro? ¿Qué dijo usted?

Sra. Traba: Cuando llegué, me puse un poco nerviosa. No supe cómo empezar y no pude decir nada. Pero, por suerte, pusieron música, Rebeca se puso a bailar chachachá y de pronto me dio un beso. Entonces empecé a bailar yo también. Todo fue muy espontáneo y divertido. Saqué muchas fotos de Rebeca, de su madre y de sus cinco hermanas.

Periodista: ¿Y estuvo todo el día en Cocales?

Sra. Traba: Sí, recorrimos el pueblo, dimos un paseo por el lago y Rebeca quiso mostrarme la escuela. Por la tarde vino el resto de la familia, hicimos un asado y comimos todos juntos. [...]

9 ▶ 2 **Repasar** **Lea de nuevo el texto y marque las formas del pretérito indefinido. Luego apunte la primera persona de:**

llegar ______	sacar ______	empezar ______	buscar ______
jugar ______	aparcar ______	organizar ______	cruzar ______

10 ▶ 3, 4 **Repasar** **Complete la tabla con los verbos irregulares en el singular del pretérito indefinido.**

¡MIRA!
Unregelmäßige Verben, deren Stamm im **Indefinido** ein **-u** oder **-i** hat, haben im Singular immer die gleichen Endungen: **-e**, **-iste**, **-o**

______ →	tuve	______	______
______ →	______	estuviste	______
poder →	______	______	pudo
poner →	______	pusiste	______
saber →	______	______	supo
______ →	hice	______	hizo
______ →	______	quisiste	______
______ →	______	viniste	______
decir →	dije	______	______
dar →	di	______	______

11 ▶ 5, 6, 7 **Practicar** ¡Con los libros cerrados! Una persona dice un verbo. Otra tira el dado y conjuga la forma correspondiente.

A: Querer B: 5 = Vosotros quisisteis ... Pagar C: 1 = Yo pagué

Las fotos que sacamos

CULTURA

España	Hispanoamérica
sacar / hacer fotos	tomar fotos

12

▸ 8, 9

Mire las fotos, lea la información y relacione. GRAMÁTICA E

a

b

c

d

1. En el Palacio Nacional se encuentra una escultura de dos manos con una flor blanca que simboliza la paz en Guatemala.
2. Esta es una foto del Museo Ixchel, donde se expone artesanía maya. Hay trajes muy bonitos, de muchos colores.
3. Conocimos a mucha gente simpática. Estos por ejemplo son Carlos y Andrea, los españoles con quienes viajamos a las ruinas de Tikal.
4. Esta es Rigoberta Menchú, a quien en 1992 le dieron el Premio Nobel de la Paz por defender los derechos de los indígenas.

13

Practicar **Complete las frases con los pronombres relativos:**

que (3 x) | con quienes | a quien | para quien | de quienes | donde | de donde

1. Viajar por Guatemala puede ser curioso ______________ se interesa por los pueblos indígenas, ya que este es un país ______________ viven unos veinte grupos diferentes, por ejemplo los miskitos, ______________ viven en la costa.
2. El huipil es una blusa tradicional indígena ______________ tiene muchos colores. Este me lo regalaron los indios ______________ hablamos en el mercado.
3. En el norte están las pirámides de Tikal y hay una selva enorme ______________ viene el café ______________ tomaste ayer.
4. Miguel Ángel Asturias, ______________ le dieron el Premio Nobel de Literatura en 1967, vivió de niño entre campesinos mayas, ______________ aprendió los cuentos tradicionales.

14a

1/7

Un juego de palabras. Escuche, lea y póngale un título.

Título: ______________

+ ¿Sabes? ¡Ayer me peleé con un camarero!
– ¿Por qué? ¿Cuándo? ¿Dónde? ¿Cómo?
+ Fue por la noche, en el café París. Porque cuando donde como sirven mal, ¡me desespero!

¡MIRA!

Gruppenverben im Präsens **e** zu **i**
servir → s**i**rvo

14b

Observe y escriba qué pronombres llevan acento y cuáles no.

Pronombres interrogativos ______________ Pronombres relativos ______________

Español práctico

Hacer la maleta

15 **Compare experiencias haciendo maletas. Después, lea la lista, mire la foto y diga lo que falta en ella.**

+ Hacer la maleta es un horror, es que ... – Para mí es rutina porque ... * Es peor deshacerla, pues ...

- ☐ un MP3
- ☐ una agenda
- ☐ un bolígrafo
- ☐ una cartera
- ☐ un bolso
- ☐ un pasaporte
- ☐ una crema
- ☐ un portátil
- ☐ unas aspirinas
- ☐ un paraguas
- ☐ un mapa
- ☐ un móvil
- ☐ un libro
- ☐ un periódico
- ☐ un sombrero
- ☐ un reloj
- ☐ unas gafas de sol
- ☐ un secador de pelo
- ☐ una cámara digital
- ☐ unos preservativos
- ☐ ropa limpia
- ☐ una tarjeta de crédito
- ☐ unas llaves de coche
- ☐ el cargador del móvil
- ☐ un osito de peluche
- ☐ un DNI (documento nacional de identidad)
- ☐ zapatos cómodos

16 1/8 **Escuche el diálogo y responda.**

¿Cómo viaja Maite? ¿Cuál es el motivo del viaje? ¿Qué lleva para su viaje?

17 **Actividad** **Pregunte a sus compañeros cómo viajan, por qué lo hacen y qué llevan.**

COMUNICACIÓN

motivos de viaje	Viajo mucho por trabajo. / Voy a seminarios y cursos de formación continua. / Hago prácticas en ... / Visito a mi familia en ... / Voy a casa de ... / Voy a competiciones deportivas. / Voy de vacaciones ...
transporte	Depende. Cuando viajo muy lejos ... Yo prefiero ir en tren / en avión / en coche porque es más barato. / cómodo. / rápido. / ecológico.
equipaje	Siempre / A veces / Nunca llevo un mapa de la ciudad.

Cultura e intercultura

Hablar de un país y su gente

18 **Lea el texto, mire el mapa y haga preguntas a su compañero/-a.**

¿Cuál es la capital de …?

Información útil:

Ubicación:
En Centroamérica

Habitantes:
15.000.000

Lenguas:
español y varias lenguas derivadas del maya

Capital:
Ciudad de Guatemala

- El nombre Guatemala viene del náhuatl, una lengua indígena, y significa «País de muchos bosques». Guatemala es en su mayor parte montañosa, pero también hay hermosas playas.
- El país tiene una temperatura media de veinte grados. Hay solo dos estaciones: la seca, de noviembre a mayo, y la de las lluvias, que dura de junio a octubre.
- Más de la mitad de la población es de origen maya. El resto son mestizos y blancos. Más del cuarenta por ciento de la población tiene menos de catorce años. El ochenta por ciento vive en la pobreza. Además, Guatemala es uno de los países latinoamericanos con mayor analfabetismo.
- Productos típicos son: el café, los plátanos, el tabaco, el algodón y las patatas.

19 **Presentación. Elijan un país hispanohablante y preséntenlo. Sus compañeros adivinan qué país es.**

ubicación	clima	población	idiomas	productos típicos	personas famosas

20a **Intercultura. Lea el texto y explique las diferentes cosmovisiones.**

▶ 10, 11, 12, 13

El maíz es un símbolo de identidad.	El maíz es un producto comercial.

Hombres de maíz

Para conocer un país, hay que comprender la mentalidad de la gente. Es importante conocer sus mitos y leyendas. El *Popol Vuh* cuenta el origen del mundo y del hombre. Según él, los indios mayas están hechos de maíz. Por eso el maíz tiene hasta hoy un carácter sagrado y hay que tratarlo con respeto.

En cambio, para los ladinos, el maíz es sólo un producto que se puede comprar, vender y exportar. Es un importante componente de numerosos alimentos preparados, incluso de la Coca-Cola. Además es ideal para producir biodiesel. El problema es que los indios lo necesitan para hacer sus tacos y tortillas y ya no pueden pagarlo porque con tanta demanda el precio sube.

Miguel Ángel Asturias, en su libro *Hombres de maíz* muestra la contradicción entre el mundo mágico de los indios y el mundo globalizado de los ladinos y de las empresas multinacionales.

«El hombre es el maíz. El maíz es la naturaleza. Solo podemos vivir con la naturaleza, no contra ella.»

20b **¿Qué piensa usted? Apunte sus ideas y busque ejemplos de alimentos que contienen maíz.**

CULTURA

Popol Vuh: libro sagrado de los mayas-quiché
ladino/-a: en Guatemala, mestizo/-a de habla hispánica

Ejercicios

1 **Subraye las formas que están en indefinido y relaciónelas con los infinitivos.**

encontrar	aprender	vivir	hacer	ser / ir	estar	tener

____

____

encontré hago aprendes hice voy fui tengo encuentro tuve aprendiste vive están
tuvimos hacemos hicimos tenemos vais fuisteis vivió estuvieron

2 **Complete las frases con los verbos en indefinido.**

conocer	viajar	empezar	comer	organizar	explicar	hacer
ir	llevar	aprender				

1. En septiembre del año pasado, (yo) ____________ de Madrid a Ecuador.
2. En el avión (yo) ____________ a Pablo, un profesor de Quito.
3. Él me ____________ un recorrido por la ciudad de Quito.
4. Pablo me ____________ muchas cosas interesantes sobre su país.
5. (Nosotros) ____________ el recorrido en el casco histórico, después ____________ a la parte nueva de la ciudad y también al volcán Cotopaxi. ¡Una maravilla!
6. Mauricio, el hermano de Pablo, me ____________ al Panecillo. Desde allí se ve toda la ciudad.
7. Un día (yo) ____________ en casa de Pablo y (yo) ____________ a cocinar un plato típico.
8. Ellos me ____________ un regalo muy bonito: un precioso libro sobre Ecuador.

3 **Practicar** **El / La alumno/-a A lee la pregunta, el / la alumno/-a B busca la respuesta correspondiente y contesta.**

1. ¿Dónde estuviste anoche?
2. ¿Invitaste a tu hermana a la fiesta?
3. ¿Cómo fue el viaje?
4. ¿Por qué no vino a la reunión?
5. ¿Qué hicisteis en ese momento?
6. ¿Dónde pasaron las vacaciones?

a) Sí, pero no vino.
b) Nada, no supimos qué hacer.
c) Porque tuvo que ir al médico.
d) Estuvieron en Panamá.
e) Fui al teatro con Miguel.
f) Muy mal, no pude dormir en el tren.

4 Conjugue los verbos en indefinido.

dar	decir	querer	venir
________	________	________	________
________	________	________	________
________	________	________	________
________	________	________	________
________	________	________	________
________	________	________	________

5 Lea los diálogos y subraye la forma verbal correcta.

1. + Jaime, ¿compraste / compras ayer el queso?
   – No, no lo compré / compró. Ahora voy al supermercado.
2. + ¿Le dieron / dan el regalo a Felipe?
   – Sí, antes de la fiesta.
3. + ¿Y cómo estuvo / estuviste la fiesta?
   – ¡Fenomenal! Carlos y Roberto pusimos / pusieron una música estupenda.
4. + ¿Qué hizo / hicieron Jaime el miércoles?
   – Fuimos / Fue al cine con Laura.
5. + ¿Cómo está Luisa? ¿Está cansada?
   – Sí, anoche trabajó / trabajo hasta tarde.
6. + La semana pasada ves / viste la última película de Juan José Campanella, ¿no? ¿Te gustó / gustaron?
   – No, la encontrasteis / encontré muy aburrida.

6 **Practicar** Complete las frases con el pretérito indefinido.

1. En ese momento ella no ________________ (saber) qué decir.
2. El verano pasado yo ________________ (estar) veinte días en Ecuador.
3. ¿Tus padres no ________________ (ir) a tu fiesta de cumpleaños?
4. El chico le ________________ (dar) un beso y ________________ (irse) a casa.
5. + Y vosotros, ¿ ________________ (poder) ayudar a Manolo ayer?
   – No, no ________________ (poder) hacer nada.
6. Ayer nosotros no ________________ (decir) la verdad.
7. + El cantante ________________ (ponerse) nervioso y no ________________ (poder) cantar.
   – ¿Y qué ________________ (pasar) entonces?
   + Pues nada, el teatro ________________ (cerrar) y nosotros ________________ (irse) de tapas.

7 Relacione las columnas y forme frases. Luego escriba las frases en indefinido.

1. ¿Cuánto tiempo	nos enseña	un metro veintiocho.
2. La profesora	dura	nervioso?
3. Los niños	encuentro	una sorpresa.
4. (Yo) no	tienen	mucha suerte con el tiempo.
5. Mi hijo	se llevan	la preparación del viaje?
6. Los turistas	mide	español.
7. ¿No te	juego	mi libro.
8. Por la tarde (yo)	pones	al fútbol.

8a **Pronombres relativos. Complete las frases con: donde, quien, que.**

Querida Laura: ¿Cómo estás? Yo estoy muy feliz aquí en Chile. Mi trabajo en la escuela me gusta mucho. La semana pasada fui con un grupo de profesores y con los niños en autobús a un parque interactivo. El chofer, a ____________ los niños hicieron miles de preguntas, contó muchas historias. Fue muy divertido. ¿Te acuerdas de la playa de Concón ____________ nadamos el verano pasado? Pues, justo al lado de la playa, ____________ está la iglesia, está la entrada del parque interactivo. En el parque hay muchos animales.
María Luisa, la guía ____________ nos enseñó todo, nos habló de la historia del parque y de los diferentes animales. Por la tarde los niños hicieron dibujos de los animales ____________ luego regalaron a sus padres. Fue un día estupendo. Bueno, espero tus noticias. Besos, Emy

8b **Practicar** **Una las frases. Use los pronombres relativos.**

1. A Pedro no le gusta el maíz. No probó la comida maya.
2. Cenamos en un restaurante flotante. Se llama Mil Aguas.
3. María y José viajaron ayer a Argentina. Los conociste la semana pasada.
4. Esta figura es de artesanía maya. La compré en Centroamérica.
5. El libro me gustó mucho. Lo leí en vacaciones.
6. Esta es la Sra. Traba. Llegó de Guatemala ayer.

Ejemplo: 1. Pedro, a quien no le gusta el maíz, no probó la comida maya.

9a **Lea el texto y apunte palabras de las mismas familias.**

1. organizar ____________
2. el padrino ____________
3. la ayuda ____________
4. la compra ____________
5. el trabajo ____________
6. necesitar ____________

INTERMUNDO ¿Quiénes somos?

Somos una ONG* que trabaja para dar un futuro mejor a niños necesitados del Tercer Mundo, especialmente en países de África y Latinoamérica.

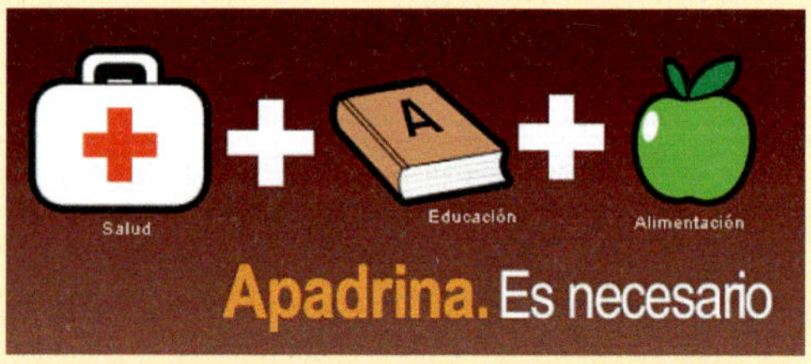

¡El próximo padrino / la próxima madrina puedes ser tú! ¡Apadrina y ayuda!

Una vez por mes, pagas una cantidad de dinero para ayudar a un a niño y a su familia. Lo bueno es que hay un contacto muy directo. Los padrinos y sus ahijados se escriben, mandan fotos y regalos y así los padrinos ven los progresos de sus ahijados. Por supuesto, también pueden visitarlos, conocer a las familias y ver cómo viven.
Intermundo compra todo lo necesario para los niños: alimentos, ropa, material para la escuela, etc. Además paga los gastos médicos y apoya proyectos de desarrollo en la comunidad, como escuelas, asistencia médica o asistencia social.

* Organización No Gubernamental = nichtstaatliche Organisation

9b Resuma el contenido del texto, indicando:

– funciones de la organización – tareas de los padrinos – destinatarios de la ayuda

10 Complete los minidiálogos con los conectores.

es que | ya que | como | por eso | porque

1. + ¿No vas al cine, Ángela? – No, no voy ______________ no tengo tiempo.
   * ______________ Ángela no tiene tiempo, voy yo contigo, ¿vale?
2. + Hoy pago yo. – No, no, somos muchos, ______________ es mejor pagar a escote.
   * Pues, ______________ hoy es mi cumpleaños, os invito a todos.
3. + ¿Y Jorge? ¿Por qué no lo llamas? – ______________ ayer se me perdió el móvil.
   * Pues, mi móvil no funciona, ______________ no tiene más batería.
4. + ¿Un mensaje? – Sí, de Jorge, todavía está en la oficina ______________ viene más tarde.

11 Conectores adversativos. Termine las frases libremente.

1. No tengo ni casa ni coche, **pero**, ...
2. **A pesar** del mal tiempo, ...
3. Trabajo mucho y **pese a eso**, ...
4. No quiero salir esta noche **sino**, ...
5. Don Rogelio ya tiene 60 años y **sin embargo**, ...

12 Traduzca las frases.

1. Dieses Haus wird verkauft.
2. Im Radio wurde gesagt, dass es regnen wird.
3. Man vermietet Fahrräder.
4. In Spanien spricht man vier Sprachen.
5. Man sagt, dass Schokolade glücklich macht.

13a Una biografía. Escuche el texto y apunte los datos principales. Luego lea y compruebe.

1/9

lugar y fecha de nacimiento – familia – estudios – viajes y lugares de residencia – amigos – obras – premios

Miguel Ángel Asturias, escritor y diplomático, nació en Guatemala en 1899. Durante la dictadura de Cabrera la familia se fue a vivir al pueblo maya de donde era su madre. Allí, Asturias convivió con indígenas y conoció sus ideas y creencias, su realidad y su magia. A los trece años volvió a la ciudad, terminó el colegio y comenzó a estudiar. Siendo estudiante dio clases de castellano a los indios y enseñó a leer a los obreros. En 1918 publicó sus primeros sonetos. En 1922 se graduó de abogado con una tesis sobre «el problema social del indio». Más tarde viajó a París, donde conoció a André Bretón y a otros surrealistas. Esto le ayudó a comprender antiguos textos indígenas como el *Popol Vuh*, pues también estos mezclan sueño y realidad. Asturias fue el creador del «realismo magico». En 1930 publicó las *Leyendas de Guatemala*. Tres años más tarde volvió a su país, se casó y tuvo dos hijos. En 1946 publicó *El señor presidente* y en 1949 *Hombres de maíz*, que para muchos es su obra maestra. En Buenos Aires conoció a Castro, quien lo invitó a Cuba. En 1965 viajó por Hungría con Pablo Neruda. En 1967 obtuvo el Nobel de Literatura. Murió en Madrid en 1974.

13b Lea otra vez y explique cómo llega Asturias a sus grandes temas.

– el problema del indio – el realismo mágico – la relación entre ambos

Comunicación

1 Ordenar los hechos y describir cadenas de acontecimientos

Desde hace un mes estoy aquí.
Primero tuve que hacer un curso.
Después de la reunión fuimos a ...
Enseguida empezó el trabajo.
El viernes pasado terminé el trabajo.
Al día siguiente hicimos un viaje en barco.
Por la noche cenamos en un restaurante.
Finalmente volvimos al campamento.

En las vacaciones visité a mi ahijada.
Cuando llegué, me puse un poco nerviosa.
De pronto Rebeca me dio un beso.
Entonces empecé a bailar yo también.
Después recorrimos el pueblo.
Por la tarde vino el resto de la familia.
Luego dimos un paseo por el lago.
Por último hicimos un asado.

2 Indicar causas

Son pobres **ya que** no tienen trabajo.
Es que hay muchas empresas cerradas.
Como no tengo tiempo, no voy al cine.
Por eso no conozco la película.

Hacer objeciones y precisiones

Sin embargo cada vez son menos.
¡**Pero** hay muchos animales depredadores!
Sin duda, el peor es el hombre.
Pese a las campañas de concientización ...

3 Intercambiar experiencias

+ Tú trabajaste de voluntario/-a, ¿no?
– Sí, en un albergue juvenil.
+ ¿Y tú hiciste algo extraordinario?
– No, fue un año normal, pero hace dos años ...
+ Yo hice un safari en Kenia.
– Yo no hice viajes extraordinarios, pero me casé y me cambié de piso.
+ Nosotros fuimos a la Patagonia.
– Y tú subiste al Aconcagua, ¿verdad?

4 Hablar de viajes

+ ¿Viajas mucho?
– Pues, sí, viajo mucho por trabajo.
+ ¿Cómo viajas? ¿Prefieres el tren o el avión?
– Depende. Cuando voy de vacaciones ...
+ ¿Cuál es el motivo de tus viajes?
– Visito a los clientes. Voy a ferias ...
+ ¿Qué llevas para tus viajes?
– Normalmente llevo pocas cosas: el portátil y una blusa. / camisa.

5 Pedir una valoración

+ ¿Y qué tal, te gustó?
+ ¿Cómo te lo pasaste?
+ ¿Fue interesante?
+ ¿Te divertiste mucho?
+ ¿Aprendiste / Conociste ...?
+ ¿Cómo fue todo? ¿Qué hicieron?
+ ¿Hubo problemas?

Valorar. Hacer un comentario final

– Me gustó mucho todo. Fue estupendo ...
– Muy bien. Aprendí mucho y conocí a mucha gente.
– Terminé cansado/-a, pero feliz.
– ¡La verdad es que fue un poco duro!
– ¡Fue muy emocionante!
– Todo fue muy espontáneo y divertido.
– ¡No, pero nos picaron los mosquitos!

6 Expresar impersonalidad

dicen que ...	*man sagt, dass ...*
nos enseñaron a ...	*man brachte uns bei, wie man ...*
nos mostraron ...	*man zeigte uns ...*

7 Poner(se): un verbo «multitalento»

¿Dónde **pongo** los libros?	*hinstellen, hinstecken, hinlegen*
¿Qué **pongo** en la maleta?	*einpacken*
Me **pongo** los vaqueros y listo.	*anziehen*
Pusieron música.	*auflegen*
Me puse un poco nervioso/-a. /colorado/-a.	ponerse + *Adjektiv: werden*
Rebeca **se puso a** bailar.	ponerse a + *Verb: anfangen zu tun*

Gramática

A El pretérito indefinido Regelmäßige Verben. Die Verben ser und ir

hablar	**comer**	**vivir**	**ser / ir**
habl**é**	com**í**	viv**í**	**fui**
habl**aste**	com**iste**	viv**iste**	**fuiste**
habl**ó**	com**ió**	viv**ió**	**fue**
habl**amos**	com**imos**	viv**imos**	**fuimos**
habl**asteis**	com**isteis**	viv**isteis**	**fuisteis**
habl**aron**	com**ieron**	viv**ieron**	**fueron**

Regelmäßige Verben
auf **-ar**: **-é**, **-aste**, **-ó**, **-amos**, **-asteis**, **-aron**
auf **-er** / **-ir**: **-í**, **-iste**, **-ió**, **-imos**, **-isteis**, **-ieron**

Ser und **ir** sind im **Indefinido** identisch, aber sehr unregelmäßig.

B El pretérito indefinido Verben mit Änderungen der Schreibweise

organizar	**aparcar**	**jugar**	**buscar**
organi**cé**	apar**qué**	ju**gué**	bus**qué**

Manche Verben ändern die Schreibweise, um die korrekte Aussprache zu gewährleisten.

C El pretérito indefinido Unregelmäßige Verben

Stamm mit u

tener	**estar**	**saber**
tuve	est**uve**	s**upe**
tuviste	est**uviste** ...	s**upiste** ...
tuvo		
tuvimos	**poder**	**poner**
tuvisteis	**pude**	**puse**
tuvieron	**pudiste** ...	**pusiste** ...

Bei manchen Verben verändert sich der Stamm.

Die Endungen der unregelmäßigen Verben sind immer folgende:
-e, **-iste**, **-o**, **-imos**, **-isteis**, **-ieron**.
Zusammengesetzte Verben behalten die Unregelmäßigkeit: **entretener**, **componer** etc.

Stamm mit i

hacer	**querer**	**venir**
h**ice**	qu**ise**	v**ine**
h**iciste**	qu**isiste** ...	v**iniste** ...
h**izo**		
h**icimos**	**decir**	**dar**
h**icisteis**	d**ije**	**di**
h**icieron**	d**ijiste** ...	**diste** ...

Achtung bei **decir**:
3. Person Plural: **dijeron**

D El pretérito indefinido Gebrauch – Was geschah?

El viernes pasado **terminé** el trabajo.
Entonces **empecé** a bailar.

Das **Indefinido** beschreibt abgeschlossene Handlungen (Anfang + Ende in der Vergangenheit). Es handelt sich um neu eintretende Handlungen, um einmalige Ereignisse, die zur Haupthandlung gehören und stets im Vordergrund einer Geschichte stehen.

E Relativpronomen que, quien/es, donde

El chico **que** está al lado de Andrea es Pedro.
El barrio **donde** vivo es muy tranquilo.
Este es Jaime, **de quien** te hablé ayer.
Carlos y Andrea, los españoles **con quienes** viajamos a Tikal, son muy simpáticos.

Relativpronomen werden oft zusammen mit einer Präposition verwendet.
Nur wenn der Relativsatz für den Sinn des Hauptsatzes nicht wesentlich ist, wird er durch Komma abgetrennt.

2 ANTES ERA DIFERENTE

Cambios en la sociedad

- contar cómo era antes y cómo es ahora
- el pretérito imperfecto
- imperfecto-indefinido
- **ni … ni …**

1 **Mire las fotos y escriba el número de actividad correspondiente a cada una.** GRAMÁTICA A

1. pasar la aspiradora
2. lavar los platos
3. usar cosméticos
4. ocuparse de los hijos
5. planchar
6. hacer la compra

En Perú, antes solo las mujeres se ocupaban de los hijos, ellas vivían para la familia.

Claro, los hombres iban al trabajo, pero en la casa no hacían nada.

¡MIRA!

El pretérito imperfecto
-ar → -aba, -abas, -aba, -ábamos, -abais, -aban
(ocuparse → se ocup**aban**)
-er + -ir → -ía, -ías, -ía, -íamos, -íais, -ían
(hacer → hac**ían**, vivir → viv**ían**)
Aber: ir → **iba**; ser → **era**

2 ▶ 1, 2 **¿Cómo era antes? ¿Quién hacía qué? ¿Y ahora? Marque y compare.** GRAMÁTICA B

	antes ♂	antes ♀	ahora ♂	ahora ♀
jugar al fútbol	☐	☐	☐	☐
hacer yoga	☐	☐	☐	☐
ganar el dinero	☐	☐	☐	☐

	antes ♂	antes ♀	ahora ♂	ahora ♀
limpiar la casa	☐	☐	☐	☐
cocinar para la familia	☐	☐	☐	☐
ocuparse de los hijos	☐	☐	☐	☐

+ Yo pienso que … – Puede ser, pero … * Pues, mi abuelo nunca … # A mí me parece que …

3 1/10 **Escuchen el diálogo e intercambien opiniones sobre Luisa y Tere. Las siguientes expresiones les ayudan:**
un poco conservadora demasiado liberal bastante anticuada muy emancipada la mujer ideal

4 **Actividad** ¿Y por casa, como está la cosa? Hable con sus compañeros.
+ ¿Vosotros compartís el trabajo? – Depende, normalmente … * En mi casa …

COMUNICACIÓN

+ Yo siempre cocino. ¡Me encanta! – ¡Qué bien! ¿Y quién limpia la cocina?
+ Yo tengo permiso por paternidad. – ¿Cuidas a tus tres hijos?

5 Miren las fotos. ¿De qué creen que hablan en el diálogo? Lean en parejas y relacionen con las fotos.

▶ 3, 4, 5

Abuela: Pero Susana, ¿no tienes nada que hacer? ¡Oh! ¿Qué es eso? ¡Los pies sobre la mesa!

Susana: ¡Uf! Estoy cansada. ¿Por qué no puedo ...?

Abuela: No es de buena educación, m'hijita. Antes en Arequipa las niñas eran «damas ...

Susana: ¡Ya vas a empezar otra vez con ese tango! Oye, abuela, ¿te gustaba más la vida de antes?

Abuela: Sí, las cosas eran diferentes. Los hijos obedecían a sus padres. Yo estaba contenta con las pocas cosas que tenía y ...

Susana: Pero, ¿qué me dices de las mujeres? Seguro que para las chicas la vida era más difícil, ¿no? ¡Y más aburrida también!

Abuela: ¡No! Yo no me aburría nunca. Me acuerdo muy bien de que los sábados había fiesta en la Plaza de Armas. Mis hermanas y yo íbamos con los chicos del barrio. Nos llevábamos todos bien, bailábamos mucho y nos divertíamos. Eso sí, nada de alcohol.

Susana: ¡No, claro, solo limonada y agua mineral!

Abuela: No, eso no, pero nunca nos emborrachábamos y droga en esa época no había.

Susana: ¿Marihuana tampoco?

Abuela: ¡Tampoco! Vivíamos mucho más tranquilos. Claro que teníamos más trabajo que ahora porque en las casas no había ni lavarropas, ni lavaplatos ni nada.

Susana: ¿Cuántos años tenías cuando te casaste?

Abuela: Me casé a los 17, muy joven, claro, pero así era antes y yo estaba muy enamorada.

Susana: Seguro que eras muy linda. ¿Tienes fotos?

Abuela: Sí, claro. ¿Quieres verlas?

CULTURA

España	Hispanoamérica
hija mía	m'hijita
lavavajillas	lavaplatos
lavadora	lavarropas
guapo/-a	lindo/-a

6 Practicar Complete la carta del abuelo de Susana con las formas del imperfecto.

▶ 6, 7, 8, 9

ser (2x) | cerrar | pasar | estar | vivir | haber | ver | jugar | ir | encontrarse | tener

Pues sí, Susana, cuando yo ______________ niño, muchas cosas ______________ diferentes. En el pueblo no ______________ tantos coches y las únicas dos tiendas ______________ temprano. Después de la escuela siempre ______________ con los vecinos en la calle. En verano, mis hermanos y yo ______________ a nadar al río y ahí ______________ a las chicas del pueblo. Mi hermano mayor muchas veces ______________ allí con su novia. Las vacaciones las ______________ siempre con los abuelos, que ______________ en el Cachucho. No ______________ mucho, pero ______________ contentos.

Un beso, ***tu abuelo***

7 Actividad Pregunte a sus compañeros sobre su infancia.

COMUNICACIÓN

¿Dónde vivías? ¿Qué hacías por la tarde? ¿Veías mucho la tele?
¿Qué te molestaba? ¿Te gustaba ir a ...? ¿Cuál era tu comida favorita?

El milagro de Bogotá

8 **Imagine a qué milagro se puede referir el artículo. Después lea y compruebe.** GRAMÁTICA C, D

▶ 10
30

☐ económico ☐ deportivo ☐ cultural
☐ social ☐ ecológico ☐ otro

+ Creo que Bogotá es campeona de fútbol.
– Para mí, que no hay más analfabetos.

Gabriel García Márquez dijo una vez que Bogotá era «la ciudad más fea del mundo». Es que durante años tuvo muy mala fama: las calles estaban sucias, el tráfico era un caos y había mucha criminalidad. A finales de los años noventa empezó la transformación y hoy en día Bogotá es una ciudad verde, tranquila y agradable para vivir. Dos alcaldes crearon un modelo de desarrollo, único en Latinoamérica para solucionar los problemas sociales.

El primero, Antanas Mockus, se propuso «cambiar el comportamiento de los ciudadanos» y lo hizo con métodos muy originales. Por ejemplo, contrató a quinientos mimos que tenían la función de imitar a las personas que no respetaban las reglas del tráfico. Para no pasar vergüenza la gente empezó a respetarlas. Pronto contribuyeron todos: si una persona conducía mal, otra le mostraba la tarjeta roja, si hacía algo bien, como dejar pasar a los peatones, la blanca. El método era divertido. El tráfico mejoró y el número de muertos por accidentes disminuyó un 75 %.

Enrique Peñalosa mejoró la infraestructura.

En primer lugar puso un autobús rápido y económico: el Transmilenio. La gente que antes tardaba dos horas en llegar al trabajo ahora solo necesita treinta minutos. Además, construyó bibliotecas en todos los barrios. También plantó más de cien mil árboles e hizo parques y zonas peatonales. Lo más notable fueron 240 km de caminos para bicicletas, con áreas de recreo donde hay servicios, cafeterías, Internet, etc. Allí se organizan fiestas y espectáculos para todo el mundo. Todos estos cambios fueron «un milagro, una utopía hecha realidad».

¡MIRA!
Unbetontes **-i-** wird vor Vokal zu **-y**:
contribuir → contribuyeron

9a **Lea otra vez el artículo y resuma la información.** GRAMÁTICA E

¿Cómo era todo?	¿Qué hacía la gente?	¿Qué pasó entonces?

9b **Descubrir** **¿Qué función tienen el pretérito imperfecto y el pretérito indefinido?**

El imperfecto: beschr. v. Situation

El indefinido: Handlung

10 **Opinar y discutir. ¿Cree que el modelo sirve para otras ciudades?**
+ En mi opinión ... – Me parece bien educar a la gente. ∗ Yo estoy de acuerdo con ...

11 **Tarea** **Presentación. Expliquen el desarrollo de su ciudad.**
¿Cómo era antes? ¿Cómo es ahora? ¿Qué cambios hubo? ¿Quién hizo qué? ¿Cuándo fue? ¿Qué planes hay? ¿Cuál es la opinión de la gente?

+ Aquí, en Estútgart, quieren hacer una estación nueva. Nosotros pensamos que ...
– Pues en mi ciudad hay ahora muchos bancos en la calle y juegos para niños.

Os voy a contar una historia ...

12a **Lea la historia y póngale un título. Después haga preguntas a su compañero/-a. ¿Puede contar la historia?**

▶ 11

Todos los días ... | El jueves pasado ... | Cuando era pequeño ... | Cuando salió de la tienda ... | Cuando volvió a su casa ...

____

____

Todos los días Antonio se levantaba a las siete y se duchaba. Después, un poco triste, se vestía, se miraba en el espejo y se ponía la corbata. Iba a la cocina y le daba un beso a su mujer, con el gesto con el que se abre una carta del banco. Tomaba rápido un café y luego llevaba a los niños al colegio. En la oficina, Antonio vendía aspiradoras por teléfono a gente que no conocía. Nueve horas más tarde volvía a casa, cenaba y se acostaba, muy cansado.
El jueves pasado todo fue un poco diferente. Antonio estaba contento cuando se levantó y no sabía por qué. Se duchó, como siempre, pero no se miró en el espejo ni se puso la corbata. Cuando entró en la cocina, el café estaba ya sobre la mesa. Pero él pasó por delante de su mujer sin darle un beso y se preparó un té. Después llevó a los niños al colegio, pero no fue a trabajar. Hacía sol y no tenía ganas. La gente paseaba por la calle y no corría estresada como de costumbre.
Cuando Antonio era pequeño quería tocar en un grupo de jazz. Ya era hora de hacer realidad su sueño. Entró en una tienda de música, compró un saxofón y fue a una escuela de música para aprender a tocarlo. Le dijeron que los cursos ya estaban completos. Antonio se sintió frustrado. Fue a un bar y pidió un whisky. Después volvió a casa y encontró sobre la mesa de la cocina un fax con su despido y una nota de su mujer que decía: «Cuando te llamo o te mando un mensaje nunca contestas. Así no podemos vivir. ¡Estoy harta! Me voy y me llevo a los niños.»
Cuando Antonio se despertó, pensó: «¡Uf, qué pesadilla!», pero sabía que era solo un sueño. Se levantó, se miró en el espejo y se hizo la pregunta de todos los días: «¿Qué desayunar? ¿Té o café?». Decidió no tomar nada, por si acaso.

12b **Descubrir** **El significado de cuando. Busque ejemplos en el texto y complete la tabla.**

▶ 12

cuando + presente = ________ + indefinido = ________ + imperfecto = ________

13 **Tarea** **Continúen la historia y preséntenla. Hagan hablar a Antonio, a su mujer y a los hijos. Sus compañeros son los «críticos».**

cuando se despertó | por la tarde | al día siguiente | el fin de semana | el lunes próximo | etc.

	tema contenido	lenguaje corporal	fluidez entonación	vocabulario fraseología	gramática estructuras
Grupo 0	divertido ☺	adecuado ☺	regular	impreciso	pocos errores
Grupo 1					
Grupo 2					
Grupo 3					

Español práctico

¿Cómo pasaste el fin de semana?

14 1/11 **Escuche los diálogos y relacione con las ilustraciones. Después lea y complete.**

Cada uno durmió donde pudo.	decidimos hacer autostop.	Nos gustó porque era crítica
nos contó toda su vida.	Gonzalo pidió unas *pizzas*	no quise conducir más!

a

b

c

1. \+ Hola, Marita, ¿qué tal? ¿Cómo pasaste el fin de semana?
   – Regular. Fuimos al campo y cuando íbamos por la carretera, ¡zas, un neumático! Y claro, allí no había nada, así que ________________

   ________________, pero no pasaba nadie. Por fin vino un camión y nos llevó hasta el próximo pueblo con moto y todo.
   \+ ¡Uf, qué aventura!
   – Sí, pero fue divertido. El conductor del camión estaba contento de tener con quien hablar y ________________. Era de la Alcarria y llevaba miel a Madrid. Como regalo de despedida nos dio un frasco a cada uno y luego siguió su camino.
   \+ ¡Vaya, tuvisteis suerte!
   – Sí, pero a la vuelta condujo Felipe. ¡Yo ________________

2. \+ Nosotros fuimos a casa de Olga, una amiga rusa. A medianoche nos entró hambre. Como ella no tenía nada en casa, ________________ ________________ y nos invitó a todos.
   – ¡Qué amable! ¿Pero quién es Gonzalo? No lo conozco.

¡MIRA!
Indefinido mit vokalischer Verschiebung in der 3. Person
pedir, seguir → p**i**dió, s**i**guió
dormir, morir → d**u**rmió, m**u**rió

   \+ Es un primo de Olga. Yo tampoco lo conocía. Lo conocí el sábado. Es muy simpático.
   – ¡Qué bien! ¿Y a qué hora volvisteis a casa?
   \+ Nos quedamos todos allí porque era tarde y ya no había metro. Además, llovía bastante.
   – ¡Caramba! ¿Y dónde durmieron todos?
   \+ ________________. Fue estupendo, Olga tradujo unas poesías y conversamos mucho sobre su país.

3. \+ ¿Y vosotros? ¿Qué hicisteis?
   – Pues, el sábado vimos una película argentina en el Consulado.
   \+ Ah, qué bien. Yo no sabía que allí ponen películas.
   – Pues yo tampoco, lo supo Alicia por su novio, que vio un anuncio en la facultad.
   \+ ¡Qué bien! ¿Y era buena la película?
   – Sí, era muy buena. Se llamaba *El secreto de sus ojos*. ________________ pero tenía humor y sentimiento.

15 ▶ 13 **Descubrir** Busque en los diálogos diferentes significados según el tiempo usado de **conocer, saber, ir, entrar.**

16 **Actividad** Pregunte a un/a compañero/-a qué hizo. Después informe a otro/-a.
Helga fue a bailar. La música era horrible pero conoció a ... Salieron juntos del bar y ...

COMUNICACIÓN

¿Qué hiciste?	¿Adónde fuiste?	¿Te gustó?
¿Había mucha gente?	¿Cómo era ...?	¿Qué tiempo hacía?

Cultura e intercultura

17

▸ 14

Mire los dibujos y lea las frases. Después escriba la leyenda. Usted decide si hay que usar la forma verbal del pretérito indefinido o del pretérito imperfecto.

1. En tiempos pasados, (ser) las mujeres quienes (cazar) y (pescar).
   Ellas (salir) de las aldeas y (volver) cuando (querer).
2. Los hombres (preparar) la comida, (hacer) el fuego, (construir) las cabañas.
3. Ellos también (cuidar) a los hijos y les (dar) la comida.
4. Las mujeres (tener) unas máscaras terribles que (asustar) mucho a los hombres. Así (ser) la vida en ese tiempo.
5. Hasta que un día los hombres (decidir) cambiar todo: (hacer) una reunión y (discutir) sobre su futuro. Su plan (ser) terrible.
6. Al día siguiente (matar) a todas las mujeres y se (ponerse) sus máscaras.
7. Solamente las niñas más pequeñas (sobrevivir). Y mientras ellas (crecer), los hombres les (decir) y les (repetir) que servir a los hombres (ser) su tarea. Ellas lo (creer). También lo (creer) sus hijas y las hijas de sus hijas.

18

Explique la situación de hoy en día. Haga frases. ¿Cuántos de los siguientes conectores puede usar?

Hoy en día ... | Normalmente ... | Sin embargo ... | A pesar de ... | Ya que ... | Es que ...

Como ... | Sin duda ... | Pese a ... | A veces ...

Ejercicios

1 **Apunte en su cuaderno actividades de la rutina diaria y ordénelas.**

Me gusta ... ☺	No me gusta ... ☹
leer el periódico	pasar la aspiradora

2 **¿Cómo se dice en español?**

1. die Wohnung putzen
2. für die Familie kochen
3. sich um die Kinder kümmern
4. die Kinder zur Schule bringen
5. Kosmetik verwenden
6. sich um finanzielle Angelegenheiten kümmern

3 **Complete las frases usando ni ... ni.**

a

En la escuela, Juan no aprendió

ni alemán ni francés.

b

En el siglo XVIII, no había

____

c

Cuando éramos pequeños, a nosotros no nos gustaban

____

d

Marta fue ayer al supermercado, pero no compró

____

e

Laura no lleva

____

f

Mi hermana no come

____

4 1/12 149 **Escuche la conversación entre Susana y su abuela. Marque la opinión de la abuela.**

En una pareja hay siempre: ☐ dos personas. ☐ tres personas.

La persona más importante: ☐ eres tú. ☐ es tu pareja. ☐ es el «nosotros». ☐ son los tres.

5 **Mire los dibujos y adivine de qué hablan hoy Susana y su abuela. Luego lea la conversación y explique el significado de los dibujos.**

Abuela: Oye, Susana, yo ayer te conté muchas cosas. ¿Y tú? ¿Te gusta algún chico?

Susana: ¡Claro! Y tú lo conoces ... ¡Jorge!

Abuela: ¡Ah, Jorge! Ya me parecía ... Pero es un amor platónico, ¿no?

Susana: ¡Pero, abuela, eso de los amores platónicos era antes! ¿A ti no te explicaron lo que significa la palabra amor?

Abuela: ¿Amor? ¡Es muy difícil!

Susana: ¡Qué va! Mira, la «A» tiene los brazos abiertos. La «M» es el abrazo de dos «As» la «O» es un grito de dolor y de alegría. Y la «R» evidentemente está embarazada.

Abuela: Pero, Susana, ¿dónde aprendes esas cosas?

Susana: En la escuela, abuela, en la escuela. ¡Lo sabe todo el mundo!

6 Conjugue los siguientes verbos.

GRAMÁTICA

El pretérito imperfecto

verbos en -ar	verbos en -er	verbos en -ir	ir	ser	ver
___	tenía	vivía	iba	era	veía
bailabas	___	vivías	ibas	___	veías
___	___	vivía	iba	___	veía
___	___	___	___	éramos	veíamos
bailabais	teníais	vivíais	ibais	erais	veíais
bailaban	___	vivían	iban	___	veían

Das **pretérito imperfecto** dient zur Beschreibung einer Situation oder einer sich wiederholenden Handlung in der Vergangenheit. Im **imperfecto** gibt es nur drei unregelmäßige Verben: **ir**, **ser** und **ver**.

7 Subraye la forma correcta del verbo.

La abuela de Susana cuenta cómo era la vida de antes.

1. Antes la vida es / era diferente.
2. Los niños obedecía / obedecían a sus padres.
3. La abuela no estaba / estar nunca aburrida.
4. Ella ibas / iba siempre a las fiestas con los amigos del barrio.
5. Ellos tomaba / tomaban poco alcohol.
6. Las mujeres tenían / tenía más trabajo en casa.
7. No haber/ había lavadora ni aspiradora.
8. En general, todos vivía / vivíamos más tranquilos.

8 Practicar Mire los dibujos y escriba frases como en el ejemplo.

1. Antes Nuria estudiaba ___, ahora trabaja en un hospital.
2. ___, ahora no hacéis nada.
3. ___, hoy en día mis padres viven en la ciudad.
4. ___, ahora vamos en bicicleta al trabajo.
5. ___, ahora como casi siempre en un bar.
6. ___, ahora vas mucho al cine.

9a La historia de Pepe. Complete las frases con los verbos.

tenía	nos encontrábamos	era
pasaba	era	vivía	gustaba
estudiaba	íbamos	era

1. Antes Pepe ______________ muy delgado y ______________ el pelo largo. Ahora está un poco gordo y no tiene pelo.
2. ______________ en La Coruña y ______________ en Santiago de Compostela. Ahora vive en Múnich y no estudia, trabaja.
3. Antes ______________ mucho tiempo con su mujer. Ahora pasa horas frente al ordenador.
4. A Pepe, antes, no le ______________ la sopa. Ahora le encanta.
5. Antes, él y yo ______________ después del trabajo y nos ______________ a nadar. Ahora nos vemos poco.
6. Sí, antes Pepe ______________ un tipo muy divertido. Ahora, es muy serio.
7. ¡En fin! Así ______________ y así es Pepe, mi papá.

9b Escriba cinco frases sobre usted. ¿Cómo era antes?, ¿cómo es ahora?

10 Lea otra vez el artículo «El milagro de Bogotá» (página 24) y conteste las preguntas.

1. ¿Por qué era «la ciudad más fea del mundo»?
2. ¿Qué hizo el alcalde Mokus?
3. ¿Tuvo éxito?
4. ¿Qué cambios hubo en la infraestructura?
5. ¿Quién los hizo?
6. ¿Cómo es actualmente?

11 Lea las frases y ordénelas en la tabla.

1. Todos los días se levantaba a las siete.
2. Hacía sol y ya no hacía frío.
3. En la oficina vendía aspiradoras.
4. Iba siempre en coche. Ese día fue a pie.
5. La gente paseaba por la calle.
6. El jueves no fue a trabajar.
7. Entró en una tienda y compró un saxofón.
8. No encontró profesor y se sintió fatal.
9. Fue a un bar y pidió un whisky.
10. En casa encontró dos cartas horribles.

¿Cómo era antes?		¿Qué sucedió entonces?	
Nebenhandlung	______________	Haupthandlung	______________
Alte Handlung	______________	Ungewöhnliches	______________
Hintergrund	______________	Vordergrund	______________
Gewohnheit / Wiederholte Handlung	______________	Neue Handlung / Einmalige Handlung	______________

12 Una las columnas y forme frases.

1. Por las mañanas, yo siempre	levantabas	en la fiesta.
2. Antes, mi hermana y yo	vivía	dos tazas de café con leche.
3. Cuando llegué, ellos aún no	decidieron	casarse en otoño.
4. Y, en verano, ¿también te	vendisteis	siempre a las 6?
5. María, de pequeña,	íbamos	solo, pero con muchos animales.
6. María y Pablo, ¿	tomaba	muy bien con sus hermanos.
7. Ayer Juan y Elena	estaban	en autobús o a pie al colegio.
8. Él	se llevaba	la casa el mes pasado?

13 Conteste a este correo.

Hola, Joaquín: ¿Qué tal? ¿Cómo pasaste el fin de semana? ¿Fuiste al cumpleaños de Natalia? ¿Fue divertido? ¿Había mucha gente? ¿Qué le regalaste? ¿Estaban sus hermanos? Nora baila muy bien, ¿no? ¿Bailaste con ella?
Aquí nevó todo el día y hay mucha nieve en la calle. ¿Y allí? ¿No tuviste problemas para volver? Bueno, y el domingo, ¿qué hiciste? Cuenta, cuenta, que yo llevo un mes aquí en el hospital y estoy muy aburrido.
Un abrazo, Jorge

14a Una leyenda mapuche: El canto del amor. Complete las frases usando el pretérito indefinido o el pretérito imperfecto.

1. Hace cinco siglos, en el país que hoy es Chile ______________ (vivir) una hermosa joven.
2. ______________ (llamarse) Rayentrai.
3. ______________ (ser) de una tribu de la familia de los indios mapuches.
4. A Rayentrai no le ______________ (gustar) estar siempre en el bosque.
5. Por las mañanas ______________ (subir) a la montaña.
6. En el camino ______________ (buscar) siempre una flor roja.
7. Cuando ______________ (llegar) arriba, ______________ (sentarse) en una piedra y desde allí ______________ (mirar) el paisaje y ______________ (pensar) en su vida y en su pueblo.
8. Una tarde, ______________ (escuchar) un ruido.
9. ______________ (levantarse), ______________ (caminar) un poco y ______________ (ver) a un joven que ______________ (estar) herido.
10. + ¿Puedo ayudarte? – le ______________ (preguntar) Rayentrai. El joven no ______________ (decir) nada.
11. Ella le ______________ (preguntar) otra vez y él la ______________ (mirar) y ______________ (contestar) que sí.

14b ¿Qué pasó después?

Trabaje con su compañero/-a y con la ayuda de las palabras a la derecha escriba cómo continúa la leyenda.

cuidar	enamorarse
llevar a casa	tener hijos

Comunicación

1

Opinar

+ A mí me parece que ...	– Puede ser, pero ...	Es demasiado liberal.
+ Yo pienso que ...	– Es verdad, pero no sé, ...	Es bastante anticuada.
+ En mi opinión ...	– Pues, mi abuelo nunca ...	Es una mujer muy emancipada.
+ A mí me parece importante ...	– Estoy de acuerdo con ...	Es un poco conservadora.
+ Creo que es ideal porque ...	– ¡Qué va! Yo prefiero a ...	

2

Hablar del trabajo de la casa

+ En mi casa compartimos el trabajo.	– Tú tienes permiso por paternidad, ¿no?
+ Mi pareja hace casi todo.	– ¡Qué suerte! ¡Qué envidia!
+ Yo odio las cuestiones financieras.	– Yo también. Eso lo hace todo mi novio/-a.
+ ¿De qué te ocupas tú?	– Bueno, depende, normalmente de lavar y planchar ...
+ Yo cocino y mi mujer limpia la cocina.	– ¡Qué práctico! ¿Te gusta cocinar?
+ No, pero me gusta comer bien.	– ¡Ah, comprendo!

3

Hablar de la infancia

+ ¿Te gustaba ir a ...?	– Me gustaba ...	leer libros y cómics.
+ ¿Qué hacías por la tarde?	– Me fascinaba ...	subirme a los árboles.
+ ¿Veías mucho la tele?	– Me encantaba ...	ver la tele por la noche.
+ ¿Qué te molestaba?	– Me molestaba ...	mi hermana, no nos llevábamos bien.
+ ¿Había algo que odiabas?	– Yo odiaba ...	tener que irme a la cama.

4

ni – ni + ni

No había fax, **ni** teléfono, **ni** nada.	*weder ... noch*
¡No probábamos **ni** la cerveza!	*nicht einmal ...*

5

Hacer reproches

¿Pero qué es eso? Es de mala educación.
¿No tienes nada que hacer?
¿Ya vas a empezar otra vez con eso?
Pero, ¿qué me dices de ...?

6

Preguntar sobre un proceso

¿Cómo era antes?
¿Cómo es ahora?
¿Qué cambios hubo?
¿Quién hizo qué?
¿Cuándo fue eso?

Explicar sucesos y circunstancias

Antonio se levantó.	Estaba contento.
Entró en la cocina.	Olía a café.
Fue al trabajo.	Hacía sol.
Compró un saxofón.	Era su sueño.
Bebió unas copas.	Se sentía frustrado.

7

Cuando: una palabra «multitalento»

Cuando te llamo, nunca contestas.	**cuando** + presente = *immer wenn*
Cuando entró, vio el desayuno.	**cuando** + indefinido = *als*
Cuando era pequeño, quería tocar música.	**cuando** + imperfecto = *als / (immer) wenn*

8

Hablar del fin de semana

¿Qué hiciste?
¿Adónde fuiste?
¿Había mucha gente?
¿Cómo era el espectáculo?
¿Te gustó?
¿A qué hora volviste?

Describir cómo era antes

En esa época, vivíamos en Buenos Aires.
La vida era más difícil que ahora.
Yo estaba contenta con lo que tenía.
Los sábados había fiesta en la plaza.
Bailábamos mucho y era muy divertido.
Nunca nos emborrachábamos.

Gramática

El pretérito imperfecto

A Regelmäßige Verben / Unregelmäßige Verben

-ar	-er / -ir	ir	ser	ver
tom**ar**	viv**ir**	**iba**	**era**	**veía**
tom**aba**	viv**ía**	**ibas**	**eras**	**veías**
tom**abas**	viv**ías**	**iba**	**era**	**veía**
tom**aba**	viv**ía**	**íbamos**	**éramos**	**veíamos**
tom**ábamos**	viv**íamos**	**ibais**	**erais**	**veíais**
tom**abais**	viv**íais**	**iban**	**eran**	**veían**
tom**aban**	viv**ían**			

Regelmäßige Verben
auf **-ar** haben folgende Endungen:
-aba, **-abas**, **-aba**,
-ábamos, **-abais**, **-aban**.
auf **-er** und **-ir** enden wie folgt:
-ía, **-ías**, **-ía**, **-íamos**, **-íais**, **-ían**.
Es gibt nur drei unregelmäßige Verben:
ir, **ser** und **ver**.

B El pretérito imperfecto – Gebrauch

Antes la vida **era** diferente.
Vivíamos muy tranquilos.
Juana **tenía** el pelo largo.
Los sábados **había** fiesta en la plaza del pueblo.
Después de la escuela siempre **íbamos** a casa.

Das **pretérito imperfecto** dient der Beschreibung von Situationen, Zuständen, Gewohnheiten und wiederkehrenden oder andauernden Handlungen in der Vergangenheit.

El pretérito indefinido

C Verben mit vokalischer Verschiebung in der 3. Person

seguir	pedir	dormir
seguí	pedí	dormí
seguiste	pediste	dormiste
siguió	**pidió**	**durmió**
seguimos	pedimos	dormimos
seguisteis	pedisteis	dormisteis
siguieron	**pidieron**	**durmieron**

Einige Verben, die auf **-ir** enden, ändern den Vokal in der 3. Person Singular und Plural, z. B.:
pedir, **sentir**, **repetir**, **invertir**, **morir**

D Verben mit «y» in der 3. Person

leer	oír	construir
leí	oí	construí
leiste	oíste	construiste
leyó	**oyó**	**construyó**
leimos	oímos	construimos
leisteis	oísteis	construisteis
leyeron	**oyeron**	**construyeron**

Verben, die auf **-uir** enden, und einige andere bilden die 3. Person Singular und Plural mit **y**, z. B.:
contribuir, **destruir**, **caer**

E Pretérito imperfecto und pretérito indefinido – Kontrast

Hacía frío cuando **fuimos** a esquiar.
¿Cuántos años **tenías** cuando **te casaste**?

Cuando Alfredo **era** pequeño **quería** tocar el saxofón. Por eso se **compró** un saxofón y se **fue** a una escuela de música para hacer un curso.

Die Beschreibung im **pretérito imperfecto** bildet den Hintergrund (Rahmen, Erklärung oder Ähnliches) für die eigentliche Haupthandlung.

Beim **pretérito indefinido** steht die Schilderung des Handlungsablaufes im Vordergrund. Neu einsetzende, in sich abgeschlossene Handlungen stehen im **pretérito indefinido**.

3 Y TÚ, ¿QUÉ HAS HECHO?

¿Has hecho surf alguna vez?

- hablar del pasado
- becas e intercambios
- el mundo empresarial
- pedir disculpas
- el pretérito perfecto
- uso de **para** y **por**

1 **Actividad** **Miren el mapa y digan qué islas son. Hagan un póster con la información.**

¿Cuántas son? ¿Cómo se llaman? ¿Las conoce usted? ¿Dónde están? ¿Qué sabe del clima?

2a **Relacione las fotos y el mapa con las notas.** GRAMÁTICA A, B

▶ 1

1. ¿Has subido alguna vez a un volcán? El Teide, en Tenerife, tiene 3.718 metros de altura y es el pico más alto de España.
2. Una puesta de sol en la playa, una cena romántica, un beso ... ¿Te has enamorado alguna vez en vacaciones?
3. Se las conoce como las Islas Afortunadas por su clima cálido y por sus playas. Son muy diferentes, pero cada una tiene algo especial. ¿Has estado ya en alguna de ellas?
4. La cocina canaria es muy original: papas arrugadas, sancocho canario, mojo verde o rojo. ¿Has probado alguna de estas especialidades?
5. Gracias a los vientos relativamente constantes, a su clima cálido y a la calidad de sus aguas, Tenerife es un paraíso para los aficionados al surf y a la vela. ¿Has hecho vela alguna vez? ¿Has aprendido a hacer surf?

2b **Después haga preguntas parecidas a sus compañeros con ayuda de la ficha de comunicación.**

COMUNICACIÓN

¿Alguna vez ...

+ ... has estado en ...?	– No, nunca he ...
+ ... has hecho ...?	– Sí, muchas veces he ...
+ ... has probado ...?	– Sí, una vez he ...
+ ... has aprendido a ...?	– No, todavía no he ...
+ ... has subido a ...?	– Hasta ahora no he ...

3 **Actividad** **Intercambie experiencias en el extranjero con sus compañeros.**

+ ¿A ti te han dado alguna vez una beca Erasmus?
– No, pero he estado un año en ...
+ ¿Y cómo te lo has pasado?
– ¡Genial! He viajado mucho, he ido a ...

4 **Lea el correo electrónico de un estudiante vasco y conteste las preguntas.**

Queridos mamá y papá:
¿Qué tal por Vitoria? Por aquí todo bien. Este mes he tenido mucho tiempo libre y, ¡no os podéis imaginar todo lo que he hecho! Ahora, en verano, Tenerife está llena de estudiantes extranjeros. Ya he hecho muchos amigos. Entre ellos una chica superguapa que se llama Yolanda y es de Holanda. Tiene una beca Leonardo da Vinci y ¡me cae muy, pero que muy bien! (;-)). Con ella he explorado un poco la isla. Hemos subido al Teide y hasta hemos hecho una excursión en globo. El paisaje es maravilloso. ¡Tenéis que venir a visitarme! También hemos ido a varios conciertos del Festival Canario y hemos aprendido a hacer surf. Yolanda ya es una experta, mientras que yo empiezo con entusiasmo, pero viene una ola y ¡zas, al agua! ¡Ah! Hoy ha llegado un cayuco lleno de subsaharianos, estaban muertos de sed y los han llevado a todos al hospital ... Pero bueno, y vosotros, ¿cómo estáis? ¿Habéis recibido las fotos? ... ¡Uf! Ya es tarde, tengo que terminar porque Yolanda y yo queremos ir a probar por fin el famoso sancocho, a ver cómo es.
Un abrazo muy fuerte, Daniel

PD: ¡Ah! ¡Pronto va a empezar el semestre de invierno y tengo que comprarme ropa de abrigo y muchos libros para la universidad. ¿Podéis mandarme más dinero, por favor? ¡Es muy urgente, pues estoy sin un euro!

¿Qué sabe usted de Daniel? ¿Y de Yolanda?
¿Qué hacen en su tiempo libre? ¿Qué ha pasado hoy?
¿Para qué necesita Daniel el dinero?

CULTURA

El **sancocho** es una especialidad canaria, que lleva pescado seco, patatas, batatas y mojo. Los españoles lo llevaron al Caribe, donde se prepara de muchas formas diferentes.

5 **Repasar** **En el correo electrónico hay una forma verbal compuesta del pasado. ¿Recuerda la regla?**

▶ 2

GRAMÁTICA

El pretérito perfecto

Bildung: Präsensformen von **haber** + **participio** des Hauptverbs.

yo ______________, tú **has**, él / ella / usted ______________, nosotros/-as ______________,

vosotros/-as ______________, ellos/-as / ustedes ______________.

Regelmäßige Partizipien: **-ar** Verben erhalten die Endung: __________, Verben auf **-er** und **-ir** enden auf __________

Es gibt einige unregelmäßige Partizipien, z. B. **hecho**.

6 **Actividad** **Pregunte a sus compañeros si han hecho estas cosas alguna vez:**

- participar en un programa de intercambio
- ir a una fiesta el día equivocado
- conocer a alguien por Internet
- presentarse a un examen casi sin estudiar
- perder las llaves de casa o del coche
- recibir un regalo que no le ha gustado

Hoy me ha pasado de todo

7 **Lea el diálogo y explique quién ha tenido ...**

... un buen día / una buena semana ... un mal día / una mala semana

8 **Ahora lean el diálogo en parejas y subrayen las fórmulas para disculparse, protestar y aceptar una disculpa. Después explique: ¿Qué le ha pasado a Angélica? ¿Qué ha hecho Gonzalo?**

▶ 3, 4, 5, 6

Angélica: ¡Hola, Gonzalo! Disculpa por el retraso.
Gonzalo: ¡Uf! Estoy aquí desde hace más de una hora. ¿Por qué no has llamado?
Angélica: Perdón, Gonzalo. De verdad, lo siento. No te he podido llamar porque me he dejado el móvil en la oficina. He vuelto a la oficina, ¡pero nada, no lo he encontrado! ¡Ay! Me ha pasado de todo.
Gonzalo: Cuenta, cuenta, ¿qué te ha pasado?
Angélica: Después del trabajo he ido corriendo a la estación, pero he perdido el tren, así que he cogido un taxi, pero con este tráfico ...
Gonzalo: ¡No me digas! ¡Con razón has llegado tarde! Pero, bueno, no pasa nada.
Angélica: ¡Ah! Y eso no es todo. Esta semana he abierto un documento con un virus y se ha bloqueado el ordenador.
Gonzalo: ¡Uf, qué fatalidad!
Angélica: Sí, y mi jefe se ha puesto furioso. Hoy por fin ha venido el técnico y, claro, he tenido que hacer el trabajo de toda la semana, por eso he salido tan tarde.
Gonzalo: Tranquila, no importa, yo mientras tanto he escrito SMS y he leído el periódico.
Angélica: Bueno, pero solamente he hablado yo. ¿Y tú, qué has hecho esta semana?
Gonzalo: ¡Pues yo, por fin he encontrado un piso!
Angélica: ¡Qué bien! ¡Eso hay que celebrarlo! ¿Has pedido algo ya?
Gonzalo: Solo un café, pero mira, en este bar preparan unos cócteles muy buenos. Te invito.
Angélica: Genial, para mí un «Havana Loco». Y después a ver el piso, ¿vale?
Gonzalo: ¡Vale! ... ¿Te he dicho alguna vez que eres muy maja, Angélica?

CULTURA

Cuba es la cuna de los cócteles. El más famoso es el **cubalibre**, creado al final de la guerra entre EE. UU. y España. El **mojito** es el cóctel nacional. Hemingway lo hizo famoso con su grafiti: «Mi mojito en La Bodeguita, mi daiquirí en La Floridita». Actualmente es popular el **Havana Loco**.

9 **Repasar y descubrir** **Lea otra vez el diálogo, busque los participios de estos verbos y haga frases.**

ir | poner/se | volver | hacer | decir | leer | escribir | encontrar

10 **Practicar** **Ordene las excusas.** **problemas laborales** | **problemas personales** | **problemas de transporte**

perder el autobús | no conseguir taxi | haber mucho tráfico | salir tarde de la oficina
no encontrar aparcamiento | llevar el gato al veterinario | quedarse dormido/-a
estar en una reunión | haber huelga de trenes

11 **Actividad** **Usted llega tarde y pide disculpas. Su compañero/-a reacciona con comprensión o enfadado/-a.**

Siempre dices lo mismo. Tú y tus excusas. Vaya, lo siento. ¿Qué te ha ocurrido?

¿A qué te dedicas ahora?

12 Mire las imágenes y adivine a qué se dedica la empresa. Luego imagine quién es quién y en qué departamento trabaja.

Chic & Tincitos
una empresa que se dedica ...
- a la creación de perfume
- al mundo del motor
- a la confección de ropa

Cargos: 1. gerente general 2. jefe/-a de personal 3. responsable de diseño 4. jefe/-a ... de ventas / de compras / de producción 5. asistente de dirección 6. empleado/-a administrativo/-a 7. estudiante en prácticas

Departamentos: 1. dirección 2. recursos humanos 3. administración 4. investigación y desarrollo 5. departamento comercial 6. márquetin 7. planta de producción

13a Lea el texto, escuche el diálogo y compruebe sus suposiciones. GRAMÁTICA C
1/13

Hace un mes, Mercedes Benítez escribió una solicitud de empleo. La semana pasada tuvo una entrevista y esta semana la jefa de personal ha decidido incorporarla a la plantilla. Ayer la llamó por teléfono. Hoy Mercedes ha ido a la empresa. Ha hecho mil preguntas, está satisfecha con todo y ha firmado el contrato. Al mediodía ha comido por primera vez en el comedor de la empresa y la comida también le ha gustado. Esta tarde la asistente de dirección ha recorrido con ella los distintos departamentos de la empresa para presentarla a sus compañeros.

13b **Repasar** Lea el texto otra vez, subraye los marcadores temporales y ordénelos. Luego complete la regla.
▶ 7

Periodos de tiempo cerrados en el pasado	Periodos de tiempo que llegan hasta el presente
hace un mes ______	esta semana ______

GRAMÁTICA

Indefinido beschreibt Handlungen, die in einer ______ Vergangenheit stattgefunden haben. **Perfecto** beschreibt Handlungen in einem nicht ______ Zeitraum. Dieser Unterschied gilt in Spanien. In Hispanoamerika dagegen benutzt man vorwiegend **Indefinido**.

14 Escuche nuevamente el diálogo en la empresa Chic & Tincitos. Haga preguntas a sus compañeros.
1/13
▶ 8
+ ¿De qué se ocupa doña Asunción? – Ella es la propietaria, pero no hace nada en la empresa.

15 **Actividad** Y usted, ¿qué hace? Pregunte y conteste.

COMUNICACIÓN

+ ¿Qué haces? ¿Dónde trabajas?	– Soy ... Trabajo en ... Trabajo por cuenta propia.
+ ¿En qué empresa? ¿A qué se dedica?	– Soy el / la responsable de ... / Me ocupo de ...
+ ¿En qué departamento? ¿De qué te ocupas?	– Soy empleado/-a administrativo/-a. Organizo ...

Español práctico

Comunicación empresarial

GRAMÁTICA D, E

16 Lea y decida de qué tipo de comunicación se trata:

▶ 9, 10

☐ formal ☐ informal

☐ interna ☐ externa

> ¡Hola, Mercedes!
> Mañana me voy a Cádiz y todavía quedan muchas cartas por contestar, pero ya es demasiado tarde. ¿Puedes ocuparte tú? Las fotocopias tienen que estar listas para mañana. ¡Para mí es imposible hacerlas pues tengo demasiadas cosas! Aquí te dejo los documentos para el Sr. Gil. ¿Sabes? ¡Él siempre pregunta por ti! Otra cosa: acaban de llamar de Bonita, por los folletos. Hay que mandarlos con un mensajero porque es muy urgente. ¡Gracias por todo! Un abrazo, Rosa

> Estimado Dr. Salinas Beltrán:
> Muchas gracias por su llamada. Entonces, usted toma el vuelo para Lima, sin pasar por Quito. Por mí, podemos aplazar su visita para el jueves, no es problema. Lamentablemente, en el Hotel Inca no hay habitaciones libres, por eso le hemos reservado una habitación para dos noches en el Grancaos, por el mismo precio. No es demasiado céntrico, pero es muy agradable. El sábado lo vamos a llevar a Cuzco para celebrar el Inty Raymi. Me alegro mucho de conocerlo personalmente.
> Muchos saludos,
> Cecilia Ruiz González
> Jefa de Ventas

17 Lea otra vez las cartas y haga preguntas a sus compañeros. Explique el uso de **para** y **por**.

▶ 11

¿Para quién es la nota? ¿Por qué / no ...? ¿Para cuándo ...? ¿Para qué ...?
¿Por quién pregunta ...? ¿Por dónde ...? ¿Para cuántas ...? ¿Por cuánto tiempo ...?

18 **Descubrir** Busque las expresiones **muy**, **mucho/-a/s**, **demasiado/-a/s** en el texto. Después complete la regla.

▶ 12

Es ______________ urgente. Tengo ______________ cosas.

Me alegro ______________. Quedan ______________ cartas.

Ya es ______________ tarde. ______________ gracias por su llamada.

Adverbien sind immer ______________. Adjektive werden an das Substantiv ______________.

19 **Actividad** Pídale por escrito un favor a un/a compañero/-a de trabajo o a un/a vecino/-a.

¡Hola, Juan! Mañana me voy de vacaciones. ¿Puedes hacerme el favor de ocuparte de ...?

20 Escuche los mensajes en el contestador y ordene los problemas que se mencionan.

1/14

[2] Se ha bloqueado el sistema. [1] No se pueden abrir los archivos.

[3] No tiene acceso a Internet. ☐ No se ve nada en la pantalla.

21 **Actividad** Pregunte a sus compañeros si han tenido problemas con el ordenador alguna vez.

▶ 13, 14, 15

¿Qué ha pasado? ¿Cómo lo han solucionado? ¿Quién les ha ayudado?

Cultura e intercultura

22 Mire la ilustración y lea las frases. ¿Cuál es el tema?

23 (1/15) Escuche ahora la discusión en una mesa redonda. Diga quién es quién y póngale un título a la emisión.

c Desde la década de 1990 la inmigración en España es un fenómeno de gran importancia. La población extranjera es del 12 %. La mayoría son jóvenes y contribuyen con su trabajo al bienestar de todos. Sin embargo, acaban de aprobar una ley para ayudarles a regresar a sus países de origen. ¿Qué opinan ustedes?

b Yo siempre digo que los españoles son unos pretenciosos. No quieren ensuciarse las manos.

e A los latinos los aceptan, pero a nosotras no. Yo soy maestra, pero no encuentro trabajo porque no quiero quitarme el velo. Para mí es un símbolo de identidad.

G Por doce euros al día, sábado y domingo incluidos. No, gracias, prefiero el paro.

a Entonces ustedes están bien integrados. Enhorabuena.

d Los extranjeros hacen los trabajos por muy poco dinero, por ejemplo en la agricultura. Para nosotros es mejor trabajar con españoles o latinoamericanos, pero no conseguimos a nadie.

f Me parece muy mal. Yo vine en un cayuco arriesgando mi vida, y ahora tengo que regresar.

a Representante sindical. b Mujer peruana. c Moderadora. d Empresario. e Mujer árabe. f Inmigrante subsahariano. g Joven desocupado.

24 (1/15) Escuche otra vez. ¿Qué argumentos tiene cada uno? ¿Y por qué? Ordenen los puntos a favor y en contra de la inmigración.

25 ¿En su región también hay extranjeros? ¿En qué sectores trabajan?

Ejercicios

1 **¿Qué asocia con Tenerife? Apunte palabras.**

2 **Rellene el crucigrama con el participio de los siguientes verbos y complete la frase de abajo con la palabra que resulta.**

1. pasar
2. llegar
3. escribir
4. funcionar
5. venir
6. charlar
7. tener
8. poder

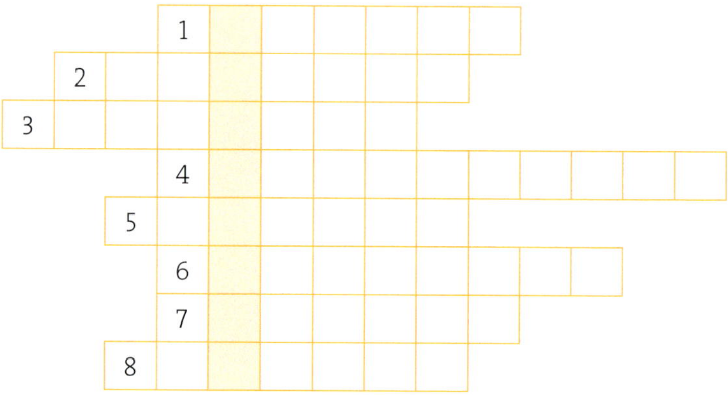

¡Mi ejercicio está ____!

3 **Hoy es martes 13. Pedro ha tenido un día fatal. ¿Qué ha hecho?**

1. Pedro ______________________ (levantarse) muy tarde.
2. No ______________________ (tener) tiempo para desayunar.
3. ______________________ (perder) el autobús y ______________________ (llegar) tarde al trabajo.
4. ______________________ (abrir) un correo que tenía un virus.
5. Por último ______________________ (volver) a casa pero ... ______________________ (olvidar) la cena con su mujer y ahora ya no puede ir. ¡Qué día!

CULTURA

En España el día de mala suerte es el martes 13, en Latinoamérica el martes y el viernes 13.

4 **Sandra se va de vacaciones mañana y tiene mucho que hacer. Escriba qué ha hecho, qué le falta hacer y qué deja para después del viaje.**

Ejemplo:
Sandra todavía no ha llevado el coche al taller.

____

____

____

____

____

____

____

____

____

- [ ] llevar el coche al taller
- [x] escribir el informe para el jefe
- [ ] llevar al perro a casa de mi novio
- [ ] llamar a mamá
- [x] comprar un bañador
- [ ] poner la lavadora
- [ ] hacer la maleta
- [ ] ir a la peluquería
- [ ] limpiar la nevera
- [ ] visitar a su hermana
- [ ] cambiar dinero
- [ ] decirle a la vecina que se va

Sandra ya ...

Sandra todavía no ...

Sandra ya no puede ...

¡MIRA!

todavía no – *noch nicht*
ya no – *nicht mehr*
ya – *schon*

5 Escriba frases.

1. Nosotros	(no)	les	ha encontrado con sus amigos.
2. A ellas	(no)	se	hemos levantado tarde.
3. Los niños	(no)	os	habéis reunido con el jefe.
4. Vosotras	(no)	nos	ha gustado nada la película.
5. Tú	(no)	se	has levantado temprano.
6. María	(no)	te	han duchado con agua fría.

Ejemplo: **Nosotros no nos hemos levantado tarde.**

6 ¿Ha hecho estas cosas? ¿Cuándo? ¿Este año, este mes, esta semana, hoy? ¿O no las ha hecho nunca?

comer pescado | llegar tarde a una cita | trabajar en el extranjero | viajar en globo | probar el sancocho | subir al Teide | estudiar en otra ciudad | pedir dinero a sus padres | enamorarse de alguien en otro país | tener una beca | conocer a extranjeros

Ejemplo: **Esta semana he probado el sancocho.**

7 ¿Perfecto o indefinido? Complete los diálogos. Después compruebe con el CD.

1/16

1. + Oye, el año pasado (tú) fuiste (ir) a Vigo, ¿no?
   – No. El año pasado viajé (viajar) a Santander, yo nunca he estado (estar) en Vigo.
2. + Raúl y Sara, ¿ya habéis visto (ver) la película de Iciar Bollain con Gael García Bernal y Luis Tosar?
   – *¿También la lluvia?* Yo todavía no. ¿Vamos esta noche?
   * Yo no. Yo la vi (ver) ayer. ¡Es magnífica!
3. + Y tú, Pedro, ¿qué hiciste (hacer) el fin de semana pasado?
   – estuve (estar) con mi novia en un bar, ¿y tú?
   + Nada especial. me quedé (quedarse) en casa y leí (leer) un poco.
4. + ¿Cómo estáis?
   – Estamos muy cansados. Anoche nos encontramos (encontrarse) con unos amigos y volvimos (volver) muy tarde a casa y esta mañana nos hemos levantado (levantarse) muy pronto.
5. + ¿Quién ha c. (comprar) las cervezas para la fiesta de esta noche?
   – Las chicas las compraron (comprar) ayer.
   Y yo ya las he p. (poner) en la nevera.
6. + ¡Nos encanta Nueva York!
   – ¿Nueva York? Nosotros nunca hemos est. (estar) en Nueva York.

8 Complete las preguntas con las palabras indicadas y relacione cada pregunta con la respuesta adecuada.

a qué | qué | de quién | quién | dónde | para quiénes | de qué

1. ¡Hombre, qué coche! ¿ ______ es?
2. ¿ ______ trabaja Carmen?
3. ¿ ______ se dedica la empresa?
4. ¿Y ______ se ocupa Carmen?
5. ¿ ______ son los seminarios?
6. ¿ ______ es el jefe de Carmen?
7. ¿ ______ hace?

a) En el departamento de personal.
b) Son para los empleados.
c) Organiza seminarios.
d) Contrata a los nuevos empleados.
e) A la producción de neveras.
f) Es de Carmen.
g) Es Pablo.

9 Escuche el diálogo y decida de quién hablan.

1/17

1. ☐ de su amigo Javier González, que se va de viaje.
2. ☐ de Javier Bardem, que ha recibido otro premio.
3. ☐ del señor Sánchez, que no viene a la reunión.

10 Usted está enfermo/-a. Escriba un correo a una de estas personas:

- a su jefe/-a, explicándole la situación.
- a un/a compañero/-a, pidiéndole un favor.
- a un/a cliente, para cambiar la fecha de la visita.

11 Tache la preposición incorrecta. ¿**Para** o **por**?

1. + ¿Vienen directamente a Barcelona o pasan para / por Madrid?
   – Hasta ahora no lo sabemos.
2. + ¿Para / Por cuándo necesitan las fotos?
   – Para / Por mañana, ¡para / por favor! ¿Es posible?
   + Sí, para / por suerte, sí.
3. + ¿Este fax es para / por mí?
   – No, no es para / por ti. Es para / por Carmen.
4. + ¿Puedo mirar las postales?
   – Para / Por mí, ¿por qué no?
5. + Bueno, adiós y gracias para / por todo.
   – De nada, hablamos el lunes para / por la mañana, ¿no?
   + Claro que sí.
6. + Perdón, ¿hay una parada de autobús para / por aquí?
   – Lo siento, no soy de aquí.

12 Complete los diálogos con **muy** o las formas adecuadas de **mucho** y **demasiado**.

1. + ¡Hola! ¿Qué tal?
   + ______ bien, ¿y tú?
   – ______ mal.
   Tengo ______ problemas.
   + Es que tú trabajas ______.
   – Sí, pagan ______ poco y tengo que trabajar ______.
   + Bueno, adiós y ______ suerte.

2. + El hotel es ________________ bueno.
   – Y no es ________________ caro, ¿no?
   + No, cuesta 85 € por noche. Eso no es ________________.
   – ¿Hay ________________ gente? ¿ ________________ turistas?
   + Sí, claro, pero es ________________ bonito y en el jardín hay ________________ flores.
   – ¡Qué suerte! Y la playa, ¿está ________________ lejos?
   + Sí, para ir a pie está ________________ lejos.

13 **Lea las cartas. Subraye las actividades que se realizan con el ordenador.**

¿Para qué complicarse la vida?

¿Que si tengo ordenador? ¡No! ¿Para qué complicarme la vida? Ya tengo bastante trabajo. Además cuestan mucho. Siempre hay que comprar algo nuevo: software, más memoria ... No, no, yo dinero para eso no tengo y tiempo para perder, tampoco: jugar en el ordenador no es para mí. Prefiero ir al fútbol o hacer algo con la familia. Y eso de chatear es otra estupidez. Si yo quiero intercambiar opiniones, nada mejor que ir al bar, tomar un vino con mis amigos y hablar cara a cara. Muchos dicen que buscan información. Puede ser, pero a mí con una buena enciclopedia me basta. ¡Y para navegar, prefiero el mar!

Yo sin Dora no puedo vivir

Dora nunca dice nada, pero sabe todo y me recuerda las reuniones con mis clientes, los cumpleaños de mis hijos, y ¡hasta el de mi suegra! El día de mi aniversario de boda manda un correo electrónico a la floristería y reserva una mesa en el mejor restaurante. ¡Claro que mi mujer no sabe nada!
En el trabajo, es mi mano derecha. Me ayuda muchísimo: contesta correos electrónicos cuando no estoy, busca información, corrige mis cartas ... Si tengo que viajar, me reserva el vuelo, el hotel, todo y, por supuesto, viajamos juntos. A veces vemos una película, otras veces jugamos. Dora es la secretaria ideal. ¿Dora? Sí, la llamo así. Mis amigos latinos hablan todos de «la» computadora y creo que tienen razón: él es en realidad ella. No sé. Lo único que sé es que soy feliz con Dora y sin ella, ¡no puedo vivir!

14 **Lea otra vez los textos. Apunte ventajas y desventajas del ordenador.**

15 **Escriba un artículo para la Revista Arroba contando sus experiencias.**

¿Usa mucho el ordenador? ¿Para qué lo usa normalmente? ¿Alguna vez ha tenido problemas?

Comunicación

1

Preguntar por experiencias
+ ¿**Alguna vez** has estado en ...?
+ ¿Has hecho vela **este año**?
+ ¿**Ya** has probado el mojo rojo?
+ ¿**Todavía** no has ido a las Canarias?
+ ¿No has subido **nunca** al Teide?

... y decir cuándo ha sido
– No, **nunca** he estado allí.
– Sí, **este año** he hecho vela muchas veces.
– Sí, lo he probado **esta semana**.
– Sí, **este verano** he ido a La Gomera.
– **Hasta ahora** no he subido, no.

2

Hacer un reproche ...
+ Estoy aquí desde hace más de una hora.
+ ¿Por qué no has llamado?
+ ¿No puedes mandar un SMS?

... y disculparse
– Disculpa por el retraso. / De verdad, lo siento.
– No te he podido llamar. Me ha pasado de todo.

3

Dar explicaciones ...
+ Es que he olvidado el móvil en la oficina.
+ Perdona, he perdido el tren.

... y aceptar una disculpa
– Bueno, no pasa nada.
– Tranquila, no importa, yo mientras tanto ...

4

Explicar problemas con el ordenador ...
+ Se ha bloqueado el sistema.
+ No se pueden abrir los archivos.
+ No tenemos acceso a Internet.

... y reaccionar
– ¡No me digas!
– ¡Uf, qué cosa! ¿Y ahora?
– ¡Caramba, qué problema!

5

Preguntar por el trabajo ...
+ ¿Qué haces?¿Dónde trabajas?
+ ¿En quć cmprcsa trabajas?¿A quć sc dcdica?
+ ¿En qué departamento?¿De qué te ocupas?

... y responder
– Trabajo por cuenta propia.
En la Wcpa. Sc dcdica a fabricar papcl higićnico.
– Soy el / la responsable de ... / Me ocupo de ...

6

Lenguaje profesional
Muchas gracias por su llamada.
Todavía quedan problemas por resolver.
Por mí, podemos aplazar su visita.
Lo saluda muy atentamente.
Me alegro mucho de conocerlo.

Pedir un favor a un/a compañero/-a
¿Puedes ocuparte de todo?
Te dejo los documentos.
Es muy urgente.
Te quedo muy agradecido/-a si ...
Gracias por todo.

7

Expresar alegría
¡Por fin he encontrado un piso!
¡Eso hay que celebrarlo!

Hacer cumplidos
¿Te he dicho alguna vez que eres muy maja?
Es usted un/a verdadero/a experto/-a.

8

Indicar contrastes y consecuencias
Ella es una experta, **mientras que** yo, ¡nada!
Ya he estudiado **así que** ahora tengo tiempo.

Hacer precisiones
Yo, **mientras tanto** he tomado un café.
Hice muchas cosas, **hasta** subí al Teide.

9

Expresiones idiomáticas y dichos
Estar muerto de sed. / hambre. / frío. / calor.
Morirse de risa. / curiosidad. / miedo. / ganas de ...
Ponerse rojo / pálido / nervioso / furioso / ...

Ejemplos de su uso. Significado
Tener mucha sed. / hambre. / frío. / calor.
Me muero de curiosidad. / Tengo mucha curiosidad. / miedo ...
Mi jefe **se puso** furioso.

Gramática

A El pretérito perfecto – Bildung und Gebrauch

he trabaj**ado**
has com**ido**
ha sal**ido**
hemos cocin**ado**
habéis beb**ido**
han dorm**ido**

Das **pretérito perfecto** wird mit **haber** + **participio perfecto** des Hauptverbs gebildet.
Das regelmäßige **participio perfecto** wird mit dem Stamm und folgenden Endungen gebildet:
-ado bei den Verben auf **-ar**,
-ido bei den Verben auf **-er** und **-ir**.
Negation, Reflexiv- und Objektpronomen stehen vor dem konjugierten Verb: **(No) me he levantado. (No) le ha gustado mucho.** Es wird bei Handlungen in einem noch nicht abgeschlossenen Zeitraum verwendet. Oft mit Zeitangaben wie: **hoy**, **esta mañana**, **esta semana**, **este año**, **ya**, **todavía no**, **hasta ahora**, **nunca**.

B Einige unregelmäßige Partizipien

hacer	→	**hecho**	decir	→	**dicho**
poner	→	**puesto**	volver	→	**vuelto**
abrir	→	**abierto**	ir	→	**ido**
escribir	→	**escrito**	ver	→	**visto**
morir	→	**muerto**			

No **he ido nunca** a Marruecos.

C El pretérito indefinido – Zeitangaben

El año pasado estuvimos en Venezuela.
Ayer fuimos al cine.
En 1996 hice un curso de español en Madrid.
Después me fui a Sevilla y **conocí** a Luis.
Estuve una semana en su casa.
Luego pasamos unos días en Málaga.

Das **pretérito indefinido** wird für einmalige Handlungen verwendet, die in der Vergangenheit abgeschlossen sind. Häufig wird es in Verbindung mit folgenden Zeitangaben verwendet: **ayer**, **anoche**, **antes de ayer**, **aquel día**, **la semana pasada**, **el año pasado**, **en 1996**.

D Las preposiciones por y para

Te llamo **por** los documentos. Gracias **por** la carta.
He comprado mi bicicleta **por** 100 euros.
Vamos **por** Madrid / **por** el túnel.
Te mando todo **por** correo / fax.
por aquí / allí – mañana **por** la mañana
quedar **por** hacer

Vamos a salir **para** divertirnos.
El vuelo **para** Buenos Aires tiene retraso.
Tienes que terminarlo **para** el lunes.
Los libros son **para** los alumnos.
Para mí / ti / Ana es importante ...

Por verwendet man für:
- Grund / Ursache
- Preis
- Durchgangsort
- Mittel
- nicht genau definierte Orts- / Zeitangaben
- in einigen festen Wendungen

Para verwendet man für:
- Zweck
- Ziel(richtung)
- Zeitpunkt
- Bestimmung
- Standpunkt

E Muy, mucho, demasiado

Sara es **muy** guapa.
Estoy **demasiado** cansado.
Me alegro **mucho**.
Trabajas **demasiado**.

Parece que Carlos tiene **demasiado** tiempo.
Silvia no tiene **muchas ganas** de trabajar.

Muy, **mucho** und **demasiado** sind Adverbien und als solche unveränderlich.
- **muy / demasiado** + Adjektiv oder + Adverb
- Verb + **mucho / demasiado**

Mucho und **demasiado** können auch als Adjektiv gebraucht werden. Sie stehen dann direkt vor einem Substantiv und werden in Geschlecht und Zahl angeglichen.

4 ¿TIENES ALGÚN «HOBBY»?

¿Pasteles o parapente?

- hablar del tiempo libre
- fiestas y tradiciones
- los adjetivos y pronombres indefinidos
- **lo** + adjetivo; **lo que**
- el superlativo absoluto: **-ísimo/-a/s**
- el pretérito pluscuamperfecto

1 (1/18) **Lea el texto, mire las fotos e imagine cuáles pueden ser las aficiones de estas personas. Luego escuche y compare.**
GRAMÁTICA A, B

Pocas son las personas sin ningún otro interés que el trabajo. Quien más, quien menos, todos tenemos nuestras aficiones. Unos hacen deporte, a otros les gustan los videojuegos o prefieren coleccionar algo. ¡Algunos coleccionan cosas increíbles! Por eso, para conocer a una persona no hay nada mejor que preguntarle por sus *hobbis*.

\+ Pues, yo supongo que Nora hace parapente. – Yo creo que no. Pienso que Víctor ...

Nora Ortiz Díaz, 24, estudiante

Víctor Cordero, 43, profesor de esquí

María Rosa Amado, 67, experiodista

hacer pasteles – hacer trabajos manuales – hacer parapente – hacer esquí acuático – montar a caballo – hacer submarinismo

2a (1/18) **Escuche otra vez las entrevistas y apunte los datos en su cuaderno.**
¿*Hobby* favorito? ¿Por qué le gusta? ¿Cuándo lo practica? ¿Dónde? ¿Desde cuándo?

2b **Pregunte a sus compañeros quién le parece más interesante y por qué.**
\+ ¿Quién te parece más interesante? – Nora, me parece que ... Además ...

3 ▶ 1, 2 **Actividad** **Ordene las actividades, busque otras y haga una tabla en su cuaderno. Pregunte a sus compañeros qué hacen en su tiempo libre.**

yoga | teatro | taichí | senderismo | surf / vela | jugar a ... | cantar | pintar | trabajos manuales | leer | bucear

deporte | **salud** | **cultura** | **ordenador** | **otros**

COMUNICACIÓN

+ ¿Haces **algún** deporte?	– No, no hago **ningún** deporte.	* Sí, hago ... / A mí, me gusta ...
+ ¿Qué deporte haces?	– ¿Yo? **¡Ninguno**!	* Mi deporte favorito es ...
+ ¿Tienes **algún** *hobby*?	– No, **ninguno**.	* Sí, tengo muchos *hobbis*.
+ ¿Y cuál es tu *hobby*?	– Depende, en verano el jardín.	* Leer novelas policiacas.
+ ¿Tienes **alguna** otra afición?	– No, no tengo **ninguna** otra.	* Pues, me encanta cocinar.
+ ¿Dónde lo haces? ¿Cuándo?	– En el gimnasio. / la piscina.	* Los lunes por la noche.

4 **Descubrir** **alguno** und **ninguno** werden zu **algún** + **ningún** vor dem ________________ Substantiv.

5 Lea el texto y mire la estadística. Luego termine las frases. GRAMÁTICA C, D

Lo importante para los españoles es estar con la familia. Lo bonito es estar juntos, comer o beber algo, charlar, reírse. Lo más divertido es estar con los amigos. Lo que también les gusta mucho es ver la televisión. Lo que menos les interesa es ir a reuniones políticas. Pero lo curioso es que el 40 % de los españoles va mucho al campo. Dicen que allí el aire es mejor.

En Latinoamérica, mucha gente pasa su tiempo libre en los clubes deportivos, aunque pocos son los que hacen deporte. La mayoría va al club a comer un asado y encontrarse con los amigos.

Estar con la familia	76 %
Ver la televisión	69 %
Estar con amigos	54 %
Leer libros, revistas	45 %
Escuchar la radio	43 %
Ir al campo	40 %
Hacer deporte	32 %
Ir al cine	27 %
Ir a bailar	17 %
No hacer nada especial	16 %
Ir al teatro	8 %
Ir a reuniones políticas	2 %

Fuente: Centro de Investigaciones Sociológicas (CIS)

1. Para los españoles lo principal es ______________________________
2. En los clubes deportivos lo importante es ______________________________
3. También les gusta ______________________________
4. Pero no les gusta mucho ______________________________

6 **Actividad** Ahora pregunte y conteste a sus compañeros. Hagan una estadística de la clase.

+ ¿Qué te gusta hacer?
+ ¿Qué es lo más aburrido para ti?

– Para mí, lo principal es ...
– Lo que no soporto es ver la tele.

+ Ah, ¿sí?
+ Pero, ¿por qué?

COMUNICACIÓN

Para mí, **lo más** importante / divertido es ...
Para nosotros, **lo** principal es ...
A mí, **lo que (más)** me gusta es ...

Lo aburrido es no hacer nada ...
Lo que no soporto es ...
A mí, **lo que (menos)** me interesa es ...

7 **Actividad** ¿Qué hay en la tele? Miren la programación de la página 55. Ordenen la información y comparen con su país.

▶ 13

informativo | concurso | magacín | humor | película | documental | telenovela | deporte | dibujos animados | serie | entretenimiento

8 **Actividad** La televisión, ¿maldición o bendición? Intercambien opiniones y experiencias.

COMUNICACIÓN

+ ¿Ves mucho la tele?
+ ¿Qué ves normalmente?
+ ¿Hay algo que no te gusta?

– Sí, todos los días. / No, solo a veces.
– Me interesan los documentales.
– (No) Me gustan las películas policíacas.

¿Qué piensas de los encierros?

„Stierlauf"

9 1/19 **Escuche un programa de radio y conteste las preguntas. Luego lean el diálogo y comprueben.**

¿Dónde hay encierros? ¿Qué representan? ¿En qué consiste el evento?
¿Cómo es? ¿Les gusta a todos? ¿Por qué /no?

+ Los Sanfermines de Pamplona son, sin duda, una fiesta muy conocida, pero hay otros encierros, ¿no?
– Pues sí, los encierros de vaquillas tienen lugar en toda España y también en algunos países latinoamericanos. Tienen una larga tradición, ya que representan la lucha entre el hombre y la bestia. Por eso no faltan en ninguna fiesta y se repiten cada año, con alguna diferencia regional, como la «vaquilla en el mar» o el «fútbol-vaquilla».
+ ¿Y por qué quieren prohibirlos?
– Porque son espectáculos crueles, pues se maltrata a los animales y además siempre hay algún herido. Sin embargo, para los aficionados «sin vaquillas no hay fiesta» ...
+ Pero, ¿en qué consiste un «encierro»?
– Las vaquillas corren por algunas calles de la ciudad y algunas personas delante de ellos. Es un espectáculo fascinante, lleno de emoción. No se puede explicar, hay que vivirlo ...
+ ¡Pues a vivirlo! Son las ocho de la mañana. Nos conectamos con Gloria Castillo, que nos informa en directo desde Pamplona. ¡Hola, Gloria!

10a 1/20 **Cierre los ojos, escuche e imagine. Pregunte a sus compañeros cómo se han sentido.**

Yo me he emocionado. A mí, me ha dejado frío/-a. Para mí ha sido horrible.

10b **Lea el texto, subraye los indefinidos *(Indefinita)* y complete en su cuaderno el minidiccionario de fichas.**

¡Hola a todos! Aquí las calles están llenas de gente y el público espera impaciente la salida. En este momento se oye un cohete y llegan las primeras vaquillas. Muchas todavía están tranquilas. Les siguen otras, algunas ya inquietas. Los corredores se pasean por la calle. Un nuevo cohete y llegan las últimas vaquillas, las más bravas. Los corredores las ven venir, cada vez más cerca. Pronto algunos empiezan a correr, otros todavía no, pues quieren demostrar su valor. Ahora sí, ya todos corren. El público mira. Nadie dice nada. La tensión es enorme. Los corredores son ágiles, pero las vaquillas son rápidas. La distancia es poca. Todo es muy rápido. De repente alguien grita. Un corredor cae herido. Por suerte, se levanta enseguida. El público aplaude. Las vaquillas llegan a la Plaza Mayor. Un último cohete y todos se abrazan emocionados. Ya se oye música y empieza la fiesta.

viele | andere | jemand | manche | alle
nichts | etwas | niemand | alles

¡MIRA!

bei Sachen:	**algo**	**nada**
bei Personen:	**alguien**	**nadie**

11 **Busquen argumentos a favor y en contra de los encierros. Nombren un moderador y discutan el tema.**

COMUNICACIÓN

+ ¿Qué piensas tú de ...?
+ ¿Qué opinas tú?
+ ¿Qué te pareció el espectáculo?
– En mi opinión es horrible.
– A mí me dejó frío/-a, pero pienso que ...
– Yo me sentí emocionado/-a. Me parece que ...

¿Vamos al parque?

12 ¿Qué le sugiere a usted la palabra «parque»? Intercambie opiniones y experiencias. GRAMÁTICA E, F

▶ 3–8

+ ¿Has estado en algún parque natural? – No, pero ayer fui a un parque de atracciones divertidísimo.
+ ¡Ah! ¿Ya habías ido otras veces? – No, nunca había estado allí antes.

13 Lea uno de los folletos e intercambie información con las otras personas de su grupo.

¿Dónde está? ¿Qué hay? ¿Para quién es interesante? ¿Por qué? ¿Qué se puede hacer allí?

Dinópolis – Teruel

España tiene parques naturales fascinantes, que ofrecen información científica y aventura. En Dinópolis puedes hacer senderismo y descubrir interesantísimos fósiles. Esto es posible porque durante la construcción del AVE se encontraron yacimientos de dinosaurios que habían estado enterrados allí durante muchísimo tiempo. Hasta hace 80 millones de años, la actual Península Ibérica había sido una isla y había tenido un ecosistema propio. Entonces chocó con el continente y el choque fue tan violento que se formaron los Pirineos. ¿Te lo imaginas?

Terra Mítica

Los parques de atracciones son la diversión favorita de muchas familias pues ofrecen aventuras, espectáculos buenísimos y juegos divertidísimos. En la Costa Blanca, hay un lugar donde la diversión y la historia se mezclan para llevarnos a un viaje fantástico por diferentes culturas. Visitamos ciudades antiguas con su ambiente, su música y sus bailes. Además, hay toboganes de agua, altísimas torres para saltar y restaurantes donde «recargar las pilas».

«De Pino a Pino»

Muy cerca de Segovia está el parque de aventuras en los árboles más grande de España. Cuatro recorridos diferentes permiten pasar sin peligro de un árbol a otro. «De Pino a Pino» te está esperando con 64 juegos y aventuras increíbles: 5 tirolinas que cruzan el río, 2 saltos de Tarzán y el dificilísimo salto del ángel. «En este parque aburrirte es imposible porque el actor eres tú».

14 **Descubrir** Busque en los textos la nueva forma de los adjetivos y complete.

1. juegos divertid__________
2. torres alt__________
3. un salto difícil__________
4. much__________ tiempo
5. fósiles interesant__________
6. espectáculos buen__________

15 **Descubrir** ¿Qué había pasado antes? Lea otra vez los textos y complete las frases.

1. Ayer fui al parque. Antes nunca __________ allí.
2. Encontraron muchos fósiles. Hasta ese momento __________ enterrados.
3. La Península Ibérica chocó con el continente. Hasta entonces __________ una isla.

16 **Actividad** ¿Y a usted? ¿Qué parque (no) le interesa? ¿Por qué / por qué no? ¿Con quién va? ¿Qué hace allí?

▶ 10–11

Español práctico

¿Hay algo de nuevo?

17 **Lea los artículos del periódico, elija el título adecuado y decida en qué sección pueden estar.**

☐ Política	☐ Internacional	☐ Economía	☐ Gente	☐ Deportes
☐ Suplemento	☐ Opinión	☐ Ciencia y tecnología	☐ Pasatiempos	☐ Anuncios

Paro en España y en la Eurozona | ¿Sin móvil y lejos de casa? | El fútbol regresa a Sudamérica | Cinco valientes mujeres | El milagro del desierto

a Después de setenta días bajo tierra, todo Chile celebra el rescate de los 33 mineros. Luis Urzúa fue el último en salir. Mientras en el desierto de Atacama aun sonaban las vuvuzelas, él informó al presidente de Chile de las terribles condiciones de trabajo en las minas y exigió rápidos cambios.

b En toda Europa se han perdido puestos de trabajo por la crisis financiera. En nuestro país el problema más grave es el de los jóvenes parados.

c Brasil pacifica las favelas y lucha contra el narcotráfico y el crimen organizado. En 2014 va a tener lugar en Río el Mundial de Fútbol y en el 2016 los Juegos Olímpicos.

d Indarra acaba de lanzar al mercado la primera chaqueta con panel solar para cargar móviles, iPods, MP3/4, cámaras digitales, etc.

e El famoso escritor Galeano escribe: «¿La dictadura? ¿La burguesía? ¿El imperialismo? No, compañeros: nuestro enemigo principal es el miedo», dijo Domitila en la mina de Catavi y se vino a la capital con otras cuatro mujeres. En Navidad empezaron la huelga de hambre. El sacerdote Luis Espinal fue el primero en sumarse. Pronto fueron mil quinientos en toda Bolivia. Se multiplicaron rápido los huelguistas, tres mil, diez mil, hasta que fueron incontables. Veintitrés días después el pueblo salió a la calle y ya no hubo manera de pararlo. Las cinco mujeres derribaron la dictadura militar.

CULTURA

Algunos periódicos *online*:

EL PAÍS	ABC	El Universal (México)	El Comercio (Perú)
El Mundo	La Vanguardia	Clarín (Argentina)	El Mercurio (Chile)

18 **Actividad** **Y usted, ¿lee el periódico? Pregunte y conteste a sus compañeros.**

▶ 12–14

COMUNICACIÓN

+ ¿Lees el periódico?	– Todos los días. / Solo los fines de semana. / A veces.
+ ¿Dónde? ¿Cuándo ...?	– Prefiero una revista. / Internet. / la radio. / la televisión.
+ ¿Qué periódicos lees?	– Leo ... y ... porque ...
+ ¿Qué sección te interesa?	– Todas. / Primero leo las noticias regionales. Nunca leo ...

19a **Lea otra vez los artículos y haga una lista de problemas latinoamericanos.**

19b **Resuma la historia de Domitila. Coméntela con sus compañeros.**

Cultura e intercultura

Los clavadistas de Acapulco

20 1/21 **Mire la foto y discuta con sus compañeros los motivos para saltar:**

son valientes y quieren demostrarlo	les gustan los deportes extremos	otros motivos

Luego escuche y compare con su opinión.

Todos los días chicas y chicos saltan al mar desde un acantilado.

21 1/21 **Escuche otra vez y explique la situación de Lupita.**

¿Por qué saltaba? ¿Por qué dejó de hacerlo? ¿En qué trabaja ahora? ¿Está contenta?

22 ▸ 9 54 **Lea el artículo y haga preguntas a sus compañeros sobre**

el origen del espectáculo	las dificultades	la manera de saltar	la finalidad

En Acapulco todos los días jóvenes atléticos saltan al mar desde casi 40 metros de altura. Parece un ritual pagano, pero es un espectáculo para los turistas. Chicas y chicos rezan en bañador ante la Virgen de Guadalupe y entran nadando al fiordo. Poco a poco salen del agua y trepan como alpinistas, con sus cuerpos bien entrenados para dar el salto mortal. El agua, color turquesa, es cálida y cristalina, pero tiene solo cuatro metros de profundidad y muchas rocas peligrosas. Los clavadistas esperan una ola adecuada, calculan el tiempo del salto, la velocidad del viento, la cantidad de agua y saltan. Es un segundo que parece eterno. La tensión es terrible. Los brazos en alto, los ojos cerrados y ya. El salto dura pocos segundos. El choque es muy fuerte. El agua es dura como piedra. Cuando el clavadista vuelve a aparecer, el público aplaude.

Varias veces al día se repite el espectáculo. Más de mil personas lo miran, sufren y rezan desde el mirador de enfrente. Por la noche, con una antorcha en cada mano la emoción es aun mayor. Evidentemente, beber tequila no es todo, hay quienes necesitan emociones fuertes, y saltar al mar en Acapulco es mucho más difícil que hacer *bungee-jumping*, por eso este espectáculo, que empezó hace sesenta años para salvar las redes de los pescadores, ya tiene imitadores en varios países.

23 **¿Y a usted le gustan las emociones fuertes? Intercambie experiencias.**

+ Yo una vez salté de ... + A mí me encanta ir a las ferias y ... ∗ Yo soy un poco miedoso/-a

Ejercicios

1 **Complete con el verbo correspondiente.**

hacer | jugar | montar | tocar | coleccionar

1. coleccionar ____ postales
2. ____ submarinismo
3. ____ senderismo
4. ____ al fútbol
5. ____ cedés
6. ____ esquí acuático
7. ____ un instrumento
8. ____ deporte
9. ____ a las cartas
10. ____ parapente
11. ____ a caballo
12. ____ pasteles

2 **Complete las preguntas y respuestas con las formas correspondientes de alguno y ninguno.**

1. + ¿Haces ____ deporte?
   – No, no hago ____ deporte.
2. + ¿Tienes ____ afición?
   – No, ____.
3. + ¿Tienes *hobbis*?
   No, no tengo ____ *hobby*.
4. + ¿Tienes ____ pregunta?
   – No, no tengo ____.
5. + ¿Te gustan los videojuegos?
   – No, no me gusta ____ videojuego.
6. + ¿Hablas ____ lenguas extranjeras?
   – No, ____.

3 **Lea el anuncio y contéstelo. Escriba en qué trabaja usted, qué *hobbis* tiene, cuántos años tiene, qué le gusta y qué no le gusta, etc.**

Me llamo Quico Barranco y tengo 33 años.
Soy nuevo en la ciudad y busco gente para compartir aficiones y pasar mi tiempo libre. Me gusta hacer deporte e ir a parques de atracciones. Además, toco tres instrumentos y colecciono corbatas.
Puedes escribirme a quico@barranco.t.online.es.

¡Hola, Quico!
Bienvenido a nuestra ciudad. Si quieres, tomamos una copa un día de estos y charlamos un poco. Enfrente del cine Rex hay un bar muy simpático que se llama Paco. Yo ...

____
____
____
____

4 **Marque la palabra que no corresponde.**

1. atracción	diversión	canción	parapente
2. jugar	coleccionar	pastel	cantar
3. ciencia	alto	increíble	imposible
4. hacer picnic	saltar	hacer negocios	hacer deporte
5. árbol	río	montaña	edificio
6. verano	invierno	año	primavera

5 Lea la carta y complete el crucigrama.

Querida Mariela:

¿Cómo estás? ¿Haces todavía (1) ~? Pues a mí no me gusta nada, ¿sabes? Prefiero coleccionar cosas (2) ~. Así que tengo más de 500 botellas de vino. También me gustan los (3) ~, pero prefiero estar en la (4) ~ , tomar el sol o descansar bajo los (5) ~. A veces voy al teatro y miro (6) ~ interesantes. Otras veces voy a alguna (7) ~, porque me gusta mucho el arte. Mis hijos son muy diferentes. Cada uno tiene su (8) ~. Al mayor le encantan las montañas y hace (9) ~. Mi hija hace (10) ~. Le encanta la aventura. Y el pequeño también tiene su *hobby*. A él le gusta el mar. Hace (11) ~ aquí en Denia.
Bueno, hasta la próxima, y a ver si un día nos vemos, ¿no?

Juana

1. D
2. I
3. V
4. N
5. Á
6. E
7. E
8. A
9. S
10. P
11. S

6 En «Divertolandia» están haciendo una encuesta. Algunos clientes no están satisfechos. Escuche las entrevistas y relacione cada entrevista con una frase. Apunte el número del diálogo detrás de cada frase.

1/22

1. Los toboganes, las torres y las tirolinas son peligrosos. 2
2. El parque está demasiado lejos. 1
3. Hay mucha gente. 4
4. Hay poca naturaleza. 3
5. Los precios de las bebidas son demasiado altos. 5

7 Relacione cada sustantivo con un adjetivo. Forme el superlativo absoluto y haga frases.

Ejemplo:
buenísimo – El cantante era buenísimo, cantaba salsa y bailaba.

1. el cantante	a) caras
2. la torre	b) divertido
3. el espectáculo	c) bueno
4. las bebidas	d) hermosos
5. la exposición	e) alta
6. los parques	f) interesante

8 Escriba la pregunta o respuesta correspondiente.

1. + ¿Qué es lo más divertido para usted? ¿Salir con amigos, jugar a videojuegos o jugar al tenis?

   – ____________________

2. + ¿Qué es lo más difícil para ti? ¿Estudiar español, cocinar o limpiar la casa?

   – ____________________

3. + ¿Qué crees que es lo más importante para los españoles? ¿Ir a reuniones políticas, estar con la familia o tocar la guitarra?

   – ____________________

4. + ____________________

   – Lo más emocionante es Tierra Mítica.

5. + ____________________

   – Pues para mí lo importante es estar juntos, ¿sabe?

6. + ____________________

   – Para nosotros lo más aburrido es quedarnos en casa.

9 Traduzca las frases.

1. Die hohen Bäume sind das Schönste in diesem Park.
2. Das Wichtigste für mich ist, in der Natur zu sein.
3. Das Langweiligste für uns ist, ins Museum zu gehen.
4. Was mich am meisten interessiert, ist meine Arbeit.
5. Das Spannende ist zu sehen, wie die Jugendlichen mit Fackeln springen.
6. Das Gefährlichste ist gegen die Klippen zu stoßen.

10 Una las palabras y forme «parejas». ¡Ya sabe usted, los contrarios se atraen!

1. muchos	a) ningún	5. todo	e) ninguna
2. unos	b) ninguno	6. alguna	f) mucho
3. algún	c) otros	7. poco	g) nadie
4. algunos	d) pocos	8. alguien	h) nada

11 Lea la carta y complétela con las palabras que faltan.

algún | alguna | algunos | algo | alguien | nadie | cada | cada uno | cada una

Querida María Eugenia:

¿Qué tal, cómo estás? Gracias por las fotos. Tus hijas están ____________ día más guapas. Para su cumpleaños, les quiero regalar un bolso a ____________, ¿te parece bien o tienes ____________ idea mejor? Otra cosa: ¿Sabes ____________ de Pablito? Yo hace mucho que no tengo noticias de él, pero ____________ me ha dicho que ya no vive en Zamora. He preguntado a ____________ amigos, pero ya sabes, ____________ está en sus cosas y ____________ sabe lo que hace Pablo ahora. Si ____________ día me llamas, te cuento. Un abrazo Ana Sofía

12 Encuesta de opinión del periódico El PAÍS. Escriba una carta y explique cómo se informa. Puede ganar un viaje al Caribe para dos personas.

¿Cómo te informas? ¿Lees el periódico o prefieres una revista / Internet / la radio / la televisión?
¿Qué periódico lees? ¿Qué sección te interesa?
¿Compras el periódico todos los días? ¿Dónde lo lees? ¿Cuándo ...?
¿Qué sección lee/s primero? ¿Hay algo que nunca lees?

Estimados señores: Normalmente yo ...

13 ¿Qué hay en la tele? Busque un programa de cada tipo y pregunte a sus compañeros qué programas prefieren.

MARTES 31 de mayo — **Canales nacionales**

1 LA 1

06.30 Telediario matinal
09.00 Los desayunos de TVE Presentado por Ana Pastor.
10.15 La mañana de La 1
14.00 Informativo territorial
14.30 Corazón. *Magazine.*
15.00 Telediario. *Informativo.*
16.05 El tiempo
16.15 Amar en tiempos revueltos. NOVELA Es el día del entierro de Ubaldo e Irene, emocionada, se despide de su marido. Almudena intenta convencer a su padre de que la deje ir al cementerio.

17.05 Soy tu dueña
NOVELA Valentina, llorosa, pide perdón a José Miguel por quemar la cabaña y por su altanería, aunque le asegura que no tuvo nada que ver con la muerte de su padre. Él le responde que siempre supo que no era culpable y acaban besándose. Rosendo los ve y, furioso, los apunta con la pistola amenazando con matarlos pero Filadelfo le dice que no cometa una tontería y se lo lleva. Int.: Lucero, Fernando Colunga, Gabriela Spanic, Silvia Pinal.

18.20 España directo. *Informativo.* Presenta Pilar Gª Muñiz.
20.00 Gente. *Magazine.* Presentado por María Avizanda.
21.00 Telediario 2. *Informativo.*
22.05 El tiempo
22.15 Españoles en el mundo *Reportajes.* Los reporteros del programa conocen distintos rincones del mundo de la mano de españoles que residen allí.
00.00 Destino: España
00.45 Repor. *Reportajes.*
01.15 Paddock GP. *Deportivo.*

2 LA 2

06.00 TVE es música
07.00 Concierto Radio-3
07.30 Grandes documentales
09.25 Biodiario. *Documental.*
09.30 Aquí hay trabajo
10.00 La aventura del saber
11.00 Pueblo de Dios. *Religioso.*
11.30 La casa encendida
12.00 Grandes documentales
13.00 Para todos La 2. *Magazine.*
14.40 Documentales culturales
15.30 Saber y ganar. *Concurso.* Presenta Jordi Hurtado.
16.00 Grandes documentales
17.55 Documentales culturales
18.55 Biodiario. *Documental.*
19.00 Ciudades para el siglo XXI. *Documental.*
19.30 Redes 2.0. *Divulgativo.*
20.00 La 2 Noticias. *Informativo.*
20.30 Documentales culturales
21.20 Gafapastas. *Concurso.* Presenta Juanra Bonet.
21.50 Sorteo Bonoloto

22.00 Versión española
CINE *Hormigas en la boca* ★★★ Cuba, 1958, en vísperas de la revolución de Fidel Castro. Martín ha pasado diez años en una cárcel española después de ser sorprendido por la policía en pleno asalto a un banco. Cuando recupera su libertad, viaja a La Habana para buscar a Julia que fue su compañera ideológica y sentimental, y consiguió escapar de la policía con el botín de aquél atraco. Encontrar a Julia diez años después no es tarea fácil para Martín. Y mucho menos recuperar el dinero desaparecido. Esp, 2005. Dir.: Mariano Barroso. Int.: Eduard Fernández, Ariadna Gil.

23.30 Cine
01.00 Documentales culturales

ANTENA 3

06.15 Noticias de la mañana
08.45 Espejo público. *Magazine.*
12.30 La ruleta de la suerte Presenta Jorge Fernández.
14.00 Los Simpson
SERIE *Llévate a mi mujer.* Después de ganar una Harley Davidson, Homer crea una banda de moteros junto a sus colegas y se hacen llamar 'Los Satanases del Infierno'. *Jinetes galácticos.* Bart y Homer adoptan un caballo al que hacen participar en carreras. Aunque resulta ganador, la victoria sólo les acarreará problemas.
15.00 Noticias. *Informativo.*
16.00 Bandolera
NOVELA Int.: Marta Hazas, Pastora Vega, Manuel Bandera.
17.00 El secreto de Puente Viejo. NOVELA Int.: Megan Montaner, Sara Ballesteros.
18.00 El diario. *Talk Show.*
19.15 Atrapa un millón
20.15 Karlos Arguiñano en tu cocina
21.00 Noticias. *Informativo.*

22.00 Hispania
SERIE *Caura.* Sabina permanece retenida acusada de la liberación de Altea, y Galba ordena su muerte ante todo el campamento. Fabio hace todo lo posible para salvarla pero si quiere impedirlo tendrá que pasar por encima de su padre. Int.: Roberto Enríquez, Juan José Ballesta, Lluís Homar, Ana de Armas, Hovik Keuchkerian.

23.45 Roma
SERIE Int.: Kevin McKidd, Ray Stevenson, Ciaran Hinds.
02.30 Repeticiones

CUATRO

06.45 La vida secreta de una adolescente
SERIE *Tengo nauseas.* Amy ha ganado algo de peso y tiene un apetito feroz. Mientras, Ben sigue organizando la cita y el beso perfecto. Por otro lado, Ricky y Grace fingen ser novios, para que los padres de ella le dejen salir, y así verse con Jack a escondidas. Además: *Pillada* y *¿Qué me has hecho?*
09.00 El zapping de Surferos
10.45 O el perro o yo. *Divulgativo.*
11.45 El encantador de perros
14.00 Noticias Cuatro
14.50 Deportes Cuatro
15.45 Home cinema
18.00 Home cinema
20.00 Noticias Cuatro
20.45 Deportes Cuatro
21.30 Callejeros viajeros

22.30 Perdidos en la ciudad
Presentado por Nuria Roca. Himbas y mentawais se reúnen en una cena, en la que comparten sus experiencias urbanas. Además, los himba visitan atónitos el Guggenheim, y Montse lleva a las mujeres de la tribu a una clase de pilates. Entretanto, Salomo, de los mentawai, realiza un vuelo en paramotor.

00.00 Cuarto Milenio. *Misterio.* Iker Jiménez investiga cómo fue la operación militar que acabó con Bin Laden. Además, se analizan unos sepúlcros en miniatura que se exponen en Edinburgo.
02.30 Maestros del terror
SERIE *Los washingtonianos.*
03.15 Millennium
SERIE *In Arcadia Ego.*

5 TELECINCO

07.00 Patito feo. *Telenovela.*
07.40 África salvaje. *Serie.*
08.15 Este no es el típico programa de viajes Memphis y Los Ángeles.
09.00 Más que coches GT
09.30 Medicopter. *Caída libre* SERIE *y Donación sangrienta.*
11.15 I Love TV. *Zapping.*
13.00 Vuélveme loca. *Magazine.* Presentado por Patricia Pérez y Celia Montalbán.
15.00 Informativos Telecinco Presentado por José Ribagorda y Carma Chaparro.
16.00 Cine en familia
18.00 ¡Qué tiempo tan feliz! Repaso a la biografía de un personaje popular, de la mano de María Teresa Campos.
20.55 Informativos Telecinco Presentado por José Ribagorda y Carma Chaparro.

22.00 La que se avecina
SERIE *Un romance otoñal, un plato prohibido y una serpiente constrictora.* Fran lleva a casa su nueva mascota: una pitón albina de gran tamaño. Para evitar las quejas de los vecinos, el chico mantiene oculta la serpiente. Pero Recio la descubre, y la libera en las zonas comunes. Int.: José Luis Gil, Isabel Ordaz.

01.15 Vida loca
SERIE *Elígeme.* Tras la ruptura, la relación entre Toti y Ana se torna en odio, y el joven se ve alejado de la familia. Int.: Toni Cantó, Esther Arroyo.
01.45 La que se avecina
SERIE *Un maharamindri, una suegra al volante y un jardinero metido en un jardín* (R.)
03.00 Locos por ganar

6 LA SEXTA

07.00 Teletienda. *Comercial.*
07.30 La Sexta en concierto
08.50 Documentales
14.15 La Sexta Noticias
14.55 La Sexta Deportes
15.30 Cine
19.30 Corazón Classic Match
FÚTBOL Real Madrid Veteranos-Bayern de Munich All Stars. Partido benéfico, desde el Estadio Santiago Bernabéu. La recaudación se destinará a crear escuelas socio-deportivas en África. Participan en el evento jugadores de la talla de Emilio Butragueño, Zinedine Zidane, Pedja Mijatovic, Fernando Redondo, Carlos Santillana, Andreas Brehme, Paul Breitner, Karl-Heinz Rummenigge, Klaus Augenthaler o Roy Makaay, entre muchos otros.

21.25 BuenAgente
SERIE Lola ha sido contratada por un antiguo compañero de clase, que de ser muy gordito y reírse de él, se ha convertido en un hombre atractivo. Cuando Lola regresa de su primer viaje de trabajo con él, está muy contenta, por lo que Sebas y Agus deducen que la mujer que aman tiene una aventura con su jefe. Int.: Malena Alterio, Arturo Valls, Antonio Molero.

22.15 Con H de Eva. *Humor.* Presenta Eva Hache.
23.40 Chase. *Serie.* Int.: Kelli Giddish, Cole Hauser, Amaury Nolasco.
01.20 Sin identificar. *Serie.* Int.: Christian Slater, Michelle Borth, Heather Stephens.
02.30 Astro TV. *Horóscopo.*

30 www.teleprograma.tv — ★★★★ EXCELENTE ★★★ MUY BUENA ★★ BUENA ★ REGULAR — 71

14 Tarea Usted está con unos amigos en una casa rural. Afuera llueve, por eso todos quieren ver la tele, pero, ¿qué van a ver? Pónganse de acuerdo.

Yo quiero ver «Los Simpson» porque es algo divertido.

No, es algo para niños. Yo prefiero las noticias para saber qué pasa en el mundo.

¡Qué aburrido! Mejor «Grandes documentales».

Comunicación

1

Hablar de ... aficiones y deportes

\+ ¿Tienes **algún** *hobby*?
– Sí, tengo muchos *hobbis*.
\+ ¿Y cuáles son tus *hobbis*?
– Depende, en verano, el jardín, el tenis ...
\+ ¿Y tú, tienes **alguna** afición?
– No, **ninguna** afición. ¡Ah, sí, me encanta cocinar!
\+ ¿**Ningún** otro *hobby*?
– Pues, leer novelas policiacas.

\+ ¿Haces **algún** deporte?
– Sí, hago / Me gusta ... / Mi deporte favorito es ...
\+ ¿Dónde practicas / entrenas?
– En el gimnasio. / la piscina. / el estadio. / el parque.
\+ ¿Y cuándo?
– Los lunes y jueves, por la noche.
\+ Pero, ¿qué deporte haces tú?
– ¿Yo? ¡**Ninguno**! No hago **ningún** deporte.

Hablar de ... espectáculos y actividades de ocio

¿Qué representa el espectáculo?
¿En qué consiste?
¿Dónde tiene lugar? / ¿Dónde es?
¿Cómo es? ¿Es emocionante?
¿Hay mucho suspense?
¿A todos les gusta? ¿Por qué / no?
¿Y a ti, qué te parece / pareció?
¿Quieres verlo otra vez?

\+ ¿Qué te gusta hacer?
– A mí, **lo que (más)** me gusta es ...
– Para mí, **lo más** importante / divertido es ...
– **Lo** principal es ...
\+ ¿Qué es **lo más** aburrido, para ti?
– **Lo** aburrido es no hacer nada ...
– A mí, **lo que (menos)** me interesa es ...
– **Lo que** yo no soporto es ...

Hablar de ... fiestas y tradiciones

La fiesta más conocida tiene lugar en ...
Mucha gente quiere prohibirlas, pues ... / porque ...
Se oye música, ya empieza la fiesta.

Desde hace ... años se celebra ...
Se repite cada año.
El público aplaude.

2

Pedir opinión ...

\+ ¿Qué opinas tú de eso?
\+ ¿Qué piensas tú?
\+ ¿Cuál es tu opinión?
\+ ¿Estás de acuerdo con ...?

y opinar

– Eso es verdad, pero ... en mi opinión ...
– Pienso que por un lado ... pero por otro lado ...
– Me parece que eso no es verdad.
– Sí, claro. / No, no estoy de acuerdo.

3

Hablar de los programas de televisión

¿Ves mucho la tele?
¿Qué ves normalmente?
¿Hay algo que no te gusta?
¿Qué hay esta noche en la tele?
¿Te gustan las películas policiacas?

... y de otros medios de comunicación

¿Qué periódico lees?
¿Lo lees todos los días? ¿Solo el fin de semana?
¿Qué sección te interesa?
¿Dónde? ¿Cuándo ...?
¿Prefieres leer las noticias en Internet?

4

Opiniones personales

\+ ¿Por qué **crees que** la gente va a los parques?
\+ Yo **supongo que** es para salir de la rutina.
\+ **Para mí**, es genial disfrutar de la naturaleza.

– **Pienso que** es para hacer algo diferente.
– A mí **me parece** divertido. ¿Y a ti?
– Sí, pero ¡**me molestan** los precios!

5

Hablar de economía

Se han perdido puestos de trabajo.
la crisis financiera
Lo más grave es que hay jóvenes parados.
Acaba de lanzar al mercado ...
la Eurozona
Nadie tiene contrato aquí.

Hablar de países emergentes

terribles condiciones de trabajo
lucha contra el narcotráfico
lucha contra el crimen organizado
¿La dictadura? ¿La burguesía? ¿El imperialismo?
Los gringos* han cerrado la frontera.

* **gringos** In Mexiko sagt man „gringos" zu den US-Amerikanern.

Gramática

A Unveränderliche Indefinita: algo / nada / alguien / nadie / cada

\+ ¿Coleccionas **algo**?
– No, no colecciono **nada**.
\+ ¿Conoces a **alguien** en esta fiesta?
– No, no conozco a **nadie**, solo a Luis, claro.

\+ **Cada** tapa es diferente. ¡Riquísimas todas!

Algo und **nada** werden für Sachen verwendet.
Alguien (jemand) und **nadie** (niemand) werden für Personen verwendet.
Wenn **nada** bzw. **nadie** hinter dem Verb steht, muss **no** vor dem Verb stehen.
Cada (jede/r/s) steht bei Sachen oder Personen.

B Veränderliche Indefinita: alguno / ninguno / cada uno

\+ ¿Tienes **alguna** pregunta?
– No, **ninguna**.
\+ ¿Hay hoteles en la ciudad?
– Sí, hay **algunos**.
\+ ¿Tienes **algún** *hobby*?
– No, no tengo **ningún** *hobby*.

Alguno/-a (irgendein/e/r), **algunos/-as** (einige / ein paar) und **ninguno/-a** (kein/e/r) werden an das Substantiv angeglichen. Die Pluralformen **ningunos/-as** werden selten verwendet.
Vor männlichen Substantiven werden **alguno** und **ninguno** zu **algún** und **ningún**.
Stehen sie alleine, ohne das Substantiv, verwendet man **alguno/-a** und **ninguno/-a**.

C lo + Adjektiv

lo importante – **lo** más importante
lo bueno – **lo** mejor – **lo** principal
lo malo – **lo** peor – **lo** difícil

Adjektive werden substantiviert, indem **lo** davor gesetzt wird. Auch gesteigerte Adjektive können substantiviert werden.

D Relativsatz mit lo que

Lo que me interesa es trabajar menos.
Lo que más me gusta es no hacer nada.

Lo que (was / das, was) steht für Inhalte und Aussagen eines vorausgehenden oder nachstehenden Satzes.

E Absoluter Superlativ

El libro es aburrid**ísimo**.
La torre es alt**ísima**.
Los juegos son divertid**ísimos**.
Estos ejercicios son dificil**ísimos**.
La ciudad es interesant**ísima**.

Der absolute Superlativ wird gebildet, indem bei Adjektiven, die auf Konsonant enden, **-ísimo/a/s** angehängt wird.
Adjektive, die auf Vokal enden, verlieren den Endvokal und bekommen dann die Endung **-ísimo/a/s**.

F El pretérito pluscuamperfecto – Bildung und Gebrauch

\+ ¿Ya **habías ido** otras veces al parque de atracciones?
– No, no **había estado** allí nunca.
\+ Nosotros tampoco. Siempre **habíamos querido** ir con los niños pero nunca **habíamos podido**.
– Hemos visto fósiles de dinosaurios que **habían vivido** allí hace millones de años.

Das **pretérito pluscuamperfecto** wird mit dem **pretérito imperfecto** von **haber** und dem **participio perfecto** gebildet. Es wird verwendet, um Handlungen, Ereignisse oder Zustände auszudrücken, die zeitlich vor einer anderen Handlung oder einem anderen Ereignis in der Vergangenheit stattgefunden haben.

5 COMER CON PLACER
Cada cual a su gusto

- hablar de hábitos alimenticios
- comunicarse en el restaurante
- propuestas, reproches, consejos
- dos pronombres en la frase
- el condicional simple
- el participio como adjetivo

1 ▶ 1 **Subraye los lugares de compra y relaciónelos con las fotos. Haga una lista.**

El 60 % de los españoles compra en supermercados, pues hay de todo y no cierran al mediodía. Sin embargo, cada día más personas prefieren las tiendas biológicas o el mercado, donde todo es de la región y de la estación. Por otro lado, las tiendas *gourmet* ofrecen especialidades de todo el mundo, y hay tiendas de productos dietéticos para alérgicos, sin azúcar, etc. Pero lo más agradable es comprar en «la tienda de la esquina». ¿Qué sería de nosotros sin las tiendas del barrio? ¿Sin la panadería, con su olor a pan caliente? ¿Sin la verdulería, con sus frutas de colores? ¿Dónde encargar el solomillo mejor que en la carnicería? ¿Y cuántas veces corremos a la charcutería y compramos jamón y queso? Y si alguien prefiere pescado, también está ahí la pescadería, con su productos frescos.

2a **Hagan un póster con cosas que se pueden comprar en cada tienda. ¿Qué grupo encuentra más?**
En la charcutería se puede comprar jamón y embutidos. A veces también hay queso y huevos.

2b ▶ 2 **Tírele la pelota a un/a compañero/-a y pregúntele dónde compra los productos. Utilice lo, los, la, las.**
\+ ¿Dónde compras el pulpo? – Lo compro en la pescadería. + ¡Ah! Yo lo compro en lata en ...

3a 1/23 **Un instituto de investigación está haciendo un estudio sobre hábitos alimenticios. Mire a las personas y relacione con las frases. Después escuche y compruebe.**

1. Es vegetariana y alérgica a la leche. ☐
2. Compra en tiendas biológicas. ☐
3. Tiene que tener en cuenta los precios. ☐
4. Cocinar es salir de la rutina. ☐
5. Solo cocina los fines de semana. ☐
6. Cocina lo que le gusta a su familia. ☐
7. Es un gurmé. Le gusta la comida francesa. ☐
8. Cocina pocas veces, pero lo hace muy bien. ☐

3b **Las tres personas lo/-a han invitado a comer. ¿Qué invitación acepta? ¿Por qué?**

4 ▶ 3 **Actividad** **Pregunte a sus compañeros por sus hábitos alimenticios.**

COMUNICACIÓN

\+ ¿Qué te gusta comer?
¿Dónde comes? ¿En la cafetería?
¿Quién cocina en tu casa? ¿Qué?
¿Dónde haces la compra?
¿Cocinas todos los días?
¿Qué es importante para ti?

– Yo como de todo. / Yo soy vegetariano/-a.
– Soy alérgico/-a a ... / Me sienta mal ...
– Me encantan los platos precocinados, pues ...
– Me gustan los productos sanos / frescos ...
– Para mí, la comida tiene que ser sana, baja en calorías / económica / de la región.

5a 1/24 **Escuche y marque lo que piden las dos parejas.**

dorada	☐ a la parrilla	☐ al horno	☐ a la sal
filete	☐ no muy hecho	☐ bien hecho	☐ poco hecho
salmón	☐ a la marinera	☐ a la plancha	☐ con salsa

5b 1/24 **Escuche otra vez y complete con los pronombres me, te, le, nos, os, les.** GRAMÁTICA A

1. ¿_____________ gusta esta mesa, chicos?
2. ¿_____________ parece bien, Maripaz?
3. _____________ voy a preguntar al cocinero.
4. ¿_____________ trae unas patatitas con alioli?

6a 1/25 **Escuche el diálogo y conteste las preguntas.**

¿Sobre qué hablan? ¿Qué hicieron el sábado Maripaz y Carlos? ¿Y Paola y Ramón? ¿Qué quiere Carlos de Paola? ¿Cómo está la comida? ¿Maripaz prueba el salmón? ¿Por qué / no?

6b ▸ 4, 5 **Descubrir Lea el diálogo. Marque los pronombres en dos colores y complete la regla.**

Camarero: La ensalada es para todos, ¿verdad?
Ramón: Sí, yo la preparo. ¡Uf! Esta aceitera está vacía. ¿Nos puede traer otra, por favor?
Camarero: Por supuesto, enseguida se la traigo.
Carlos: Allí están los cubiertos. ¿Me los pasas?
Maripaz: Aquí tienes. ¿Sabéis? El sábado fuimos a comer sushi. ¿Lo habéis probado alguna vez?
Paola: Sí. Y a mí no me gusta ... Nosotros nos quedamos en casa e hicimos un estofado riquísimo con una receta de mi abuela. Te la puedo dar si quieres.
Carlos: ¡Buena idea! ¿Nos das también la receta de la sopa de tu cumpleaños?
Paola: Claro. Os las mando por correo electrónico.
Ramón: ¡Guau! ¡Ahí llega la dorada a la sal!
Carlos: ¡Qué bien huele! Y tu filete también parece bueno, ¿no? Bueno, ¡buen provecho!
Maripaz: Igualmente. ¡Salud! ... ¡Uf, este cuchillo no corta! ¿Podría cambiármelo?
Camarero: Por supuesto, ahora le traigo otro.
Maripaz: ¿Qué tal el salmón, Carlos?
Carlos: Exquisito, ¿no quieres probarlo?
Maripaz: No, gracias. Es que me sienta mal, tiene mucha grasa.

GRAMÁTICA

Wenn zwei Objektpronomen gebraucht werden, steht immer das indirekte _____________ dem direkten. Die Pronomen **le** und **les** werden vor **lo**, **los**, **la**, **las** zu _____________.

6c ▸ 6 **¿Qué dice usted en un restaurante para preguntar ...?**

1. Was Sie uns empfehlen?
2. Wie etwas zubereitet ist?
3. Womit etwas serviert wird?
4. Ob der Wein aus der Region kommt?
5. Ob eine Speise ... enthält?
6. Ob der Hauswein gut ist?

7 ▸ 7, 8 **Practicar ¿De qué hablan? Relacione.**

1. No corta. ¿Me lo cambia?
2. Se los traigo ahora mismo.
3. ¿Me las pasas, por favor?
4. ¿Nos la trae enseguida?

a) los mejillones
b) las patatas bravas
c) la cuenta
d) el cuchillo

¿Cuál es el problema?

8a **Miren a la gente en el bar e imaginen qué problemas tienen. Pregunten a sus compañeros.**

\+ Creo que Juan tiene problemas de dinero. – Yo no estoy de acuerdo, creo que ...
\+ Sí, es posible. ∗ ¡Qué va! – ¡Ah, sí, tienes razón!

problemas ...	de dinero	de peso	de salud	en el trabajo
sentimentales		familiares	con una amiga	con los vecinos

8b 1/26 **Busquen un consejo adecuado para cada uno. Después escuchen y comprueben.** GRAMÁTICA B, C

1. No sé, pero en este caso yo hablaría con el jefe.
2. Yo, en tu lugar, la invitaría a cenar.
3. Yo que tú, me buscaría un piso y me iría.
4. Pues, yo no bebería tantos cócteles.
5. Yo le preguntaría qué le pasa.
6. Yo, en tu lugar, compraría un billete de lotería.

9 **Actividad** **Su compañero/-a tiene un problema y usted le da un consejo. Presente los diálogos.**

Yo, en tu lugar, me pondría la falda larga.
Yo pediría la paella valenciana.
Yo que tú, lo hablaría con un médico.
Yo, en tu lugar, me buscaría otra pareja.

\+ No sé qué pedir, nunca he estado en Valencia. – Pues, yo que tú, pediría la paella y un buen vino.
\+ Tienes razón. Hay que probar las cosas típicas.

COMUNICACIÓN

Yo que tú, ...	Tienes razón, pero ...
Yo, en tu lugar, ...	Sí, es una buena idea.
Yo, en ese caso, ...	¡Estás loco/-a!
No sé, me parece que ...	¡Eso es imposible!

Hay sorpresas y sorpresas

10a 1/27 **Escuche la llamada y diga qué dicen sobre:**

Néstor | su viaje | su visita | sus proyectos

10b Imagine cómo se siente Carlos. Discuta con sus compañeros.

☐ está entusiasmado ☐ contento ☐ enfadado ☐ horrorizado

11a Lean el diálogo en parejas. ¿Qué va a hacer Carlos? ¿Y Paola?

Carlos: ¡Madre mía, ya están aquí!
Paola: Y ahora, ¿qué hacemos? ¿Dónde van a dormir siete personas?
Carlos: Yo les pagaría un hotel, pero ...
Paola: ¡Un hotel! ¡Qué dices! Tendríamos que hacer sitio en el cuarto de trabajo ...
Carlos: ¡Imposible! Los niños podrían dormir con nosotros, ¿no?
Paola: Podemos mandarlos a casa de la abuela.
Carlos: Sería mejor, sí, y habría dos camas libres.
Paola: ¡Pero, son siete! Yo quitaría los muebles, así podrían dormir en el suelo. «De rincón a rincón, todo colchón», como diría mi abuela.
Carlos: ¡Claro, seguro que traen sacos de dormir! Yo me ocupo de todo.
Paola: Vale. Entonces, me voy a la cocina. Quisiera hacer una paella, ¿me ayudas?
Carlos: ¿Por qué no la pides por teléfono y listo?
Paola: Bueno, pero me gustaría preparar una ensalada, por lo menos.
Carlos: Claro, y podrías hacer un flan.
Paola: ¡Muy buena idea! ¿Qué haría yo sin ti?

11b Descubrir Lea otra vez el diálogo. Subraye la nueva forma verbal y complete.

GRAMÁTICA

Regelmäßigen Verben auf **-ar**, **-er** und **-ir** bilden das Konditional wie folgt: Infinitiv + Endungen:

ía, ______, ______, ______, **íais**, ______

Auch Verben mit unregelmäßigem Stamm erhalten die gleichen Endungen. Die Stämme der folgenden Verben lauten wie folgt:

decir ______ **haber** ______ **hacer** ______ **poder** ______ **poner** ______ **tener** ______

Das **condicional** von **querer**, **querría**, wird oft durch **quisiera** ersetzt.

12 Tarea ¿Qué harían ustedes? Organicen la visita y hagan un plan, día a día.

Cuatro amigos de Latinoamérica vienen a visitarlos. Quieren quedarse tres noches y conocer lo más posible, pero no tienen mucho dinero.

13 Actividad Pregunte a sus compañeros si han hecho alguna vez estas cosas o si las harían otra vez.

1. dormir en una tienda de campaña
2. hacer un viaje organizado
3. hacer autostop
4. dejarle el coche a un/a amigo/-a
5. ir a una fiesta de disfraces
6. vivir en un piso compartido
7. ver una corrida de toros
8. tener una cita a ciegas

\+ ¿Has hecho <u>camping</u> alguna vez? – Sí, en Almuñécar.
\+ ¿Y lo harías otra vez? – No, ni loco/-a. Fue muy incómodo.

COMUNICACIÓN

\+ ¿Has ...?
– Sí, una vez fui a una fiesta de disfraces.
– Sí, una vez hice un viaje organizado.
– Sí, cuando era joven hacía mucho autostop.
– No, nunca lo he hecho, pero me gustaría hacerlo.

\+ ¿Lo harías otra vez?
– Sí, lo haría otra vez, porque era muy divertido.
– Sí, porque me gustó y conocí a mucha gente ...
– No sé, creo que ya soy un poco mayor para eso.
– No, no lo haría nunca más. Fue muy incómodo.
– No, porque ...

Español práctico

¿Podría pedirle un favor?

1/28
▶ 9, 10

14a **Escuche los diálogos y diga de qué hablan. Complete las frases.** GRAMÁTICA D, E

1. ¡Lástima! La __________________ está un poquito quemada.
2. El __________________ está un poco salado.
3. Las __________________ están demasiado picantes.
4. Las __________________ parecen crudas.
5. La __________________ fría es horrible.
6. Para mí, los __________________ están demasiado dulces.
7. Hoy la __________________ me parece un poco sosa.
8. La __________________ caliente, no me gusta nada.

¡MIRA!
Das Partizip kann die Funktion eines Adjektivs annehmen: **Está un poquito quemada.**

14b **Actividad** **En un restaurante. Miren los dibujos y escriban diálogos. Luego preséntenlos a la clase.**

\+ ¿Qué tal el pescado?
\+ ¿Qué tal la sopa de tomates?

– Bien, pero está un poco frío.
– Está un poco salada.

1/29

15a **Escuche el diálogo y diga cómo vuelven a casa los cuatro amigos.**

Carlos: Ahora necesitaría ... No sé ... ¿Pedimos un licor?
Paola: ¡No, por favor, ya hemos bebido demasiado!
Ramón: Pues, yo me tomaría unas hierbas, pero ...
Paola: Oye, Maripaz, tú no has bebido nada, ¿no podrías conducir tú?
Maripaz: Lo haría con gusto, pero no tengo carné de conducir.
Ramón: Bueno, entonces tomamos un taxi y listo.
Carlos: Sí, sería mejor. (Al camarero) Oiga, ¿podría pedirle un favor?
Camarero: Pues, claro, para eso estamos.
Carlos: ¿Nos llamaría un taxi?
Camarero: Si ustedes quieren, por supuesto, pero yo en su lugar tomaría el metro.
Maripaz: Tiene razón, mejor tomar el metro, pues a estas horas siempre hay atascos.
Ramón: No es lejos, yo por mí, iría a pie. ¿Qué decís, chicas?

1/29

15b **Descubrir.** **Escuche otra vez. Luego lea el diálogo y subraye el condicional. Ordene según su función.**

a deseo b propuesta c consejo d rechazo e irrealidad f petición

1/30

16a **Practicar** **El tono es lo que cuenta. Escuche las frases. ¿Cuál es su función?**

1. Yo, con este tiempo, tomaría un taxi.
2. Esta noche podríamos salir, ¿no?
3. ¿Podrías llamarme mañana?
4. ¡Tendrías que pagar la cuenta!
5. Yo me moriría de miedo.
6. Me gustaría reservar una mesa.

16b **Prepare otras frases.**

Cultura e intercultura

Con el sabor de la tierra

17 **Pregunte a sus compañeros cuáles creen que son los alimentos básicos de la cocina española. Después lean y comparen.**

El arroz es uno de los elementos básicos de la cocina española. Lo llevaron los árabes en el siglo VIII junto con numerosas verduras, frutas y otros alimentos, como el azúcar, el café o las almendras. Los árabes revolucionaron la mesa en toda la Península Ibérica. Con ellos cambió la manera de cultivar el campo, de preparar los alimentos e incluso de comerlos, disfrutando plato por plato.

También el pescado es muy popular en España. En Andalucía se ha pescado el atún desde la época de los romanos y las rías gallegas han sido siempre ricas en mariscos. Sin embargo, es a partir del siglo XX cuando se puede transportar el pescado al interior del país, primero en lata, más tarde congelado y ahora fresco.

Por otro lado, durante siglos, el bacalao de Noruega, seco y salado, fue uno de los alimentos principales. Se podía conservar mucho tiempo y comerlo crudo o cocinado. Además era fácil transportarlo y por eso los españoles lo llevaron a América. Hoy en día se preparan numerosos platos, especialmente en el País Vasco. Todavía se dice que «quien corta el bacalao» es la persona que manda.

Pero la cocina española es tan variada como el país. Cada región tiene sus tradiciones y especialidades. La Constitución de 1978 garantiza la autonomía de las 17 regiones y algunos restaurantes celebran el día de la Constitución con un menú especial.

18 **Contesten las preguntas. Después elijan un menú.**

¿Sabe usted cuáles son las Comunidades Autónomas?
¿Cómo se celebra el Día de la Constitución en algunos restaurantes?
Ejemplo: **Pues, para mí, de primero ...**

Menús especiales
Día de la Constitución

primeros platos
Gazpacho andaluz
Cocido madrileño
Fabada asturiana

segundos platos
Empanada gallega
Bacalao a la vizcaína
Paella valenciana

postres
Crema catalana
Queso manchego
Ensaimada mallorquina

Ejercicios

1 Complete el crucigrama y descubra el lugar para comprar los alimentos.

1. En las carnicerías no se vende ni jamón ni chorizo, por eso tengo que ir a la ...
2. Cuando no tengo tiempo, compro todo en la tienda de la ...
3. El pan de la ... está recién hecho.
4. En la ... hay patatas, cebollas y zanahorias.
5. A Luis le gustan las especialidades. Por eso compra la comida solo en tiendas ...
6. Los ... tienen de todo y los productos son siempre muy frescos.
7. A nosotros nos gusta el pescado. Por suerte hay una ... excelente por aquí.
8. Una vez al mes compro aceite, azúcar y arroz en el ...
9. En la ... se compra carne y pollo.
10. Yo siempre compro los melocotones, los plátanos y las naranjas en la ...
11. En la charcutería se compran el jamón y los ...
12. Si buscas comida sana, te recomiendo comprar en una tienda ...

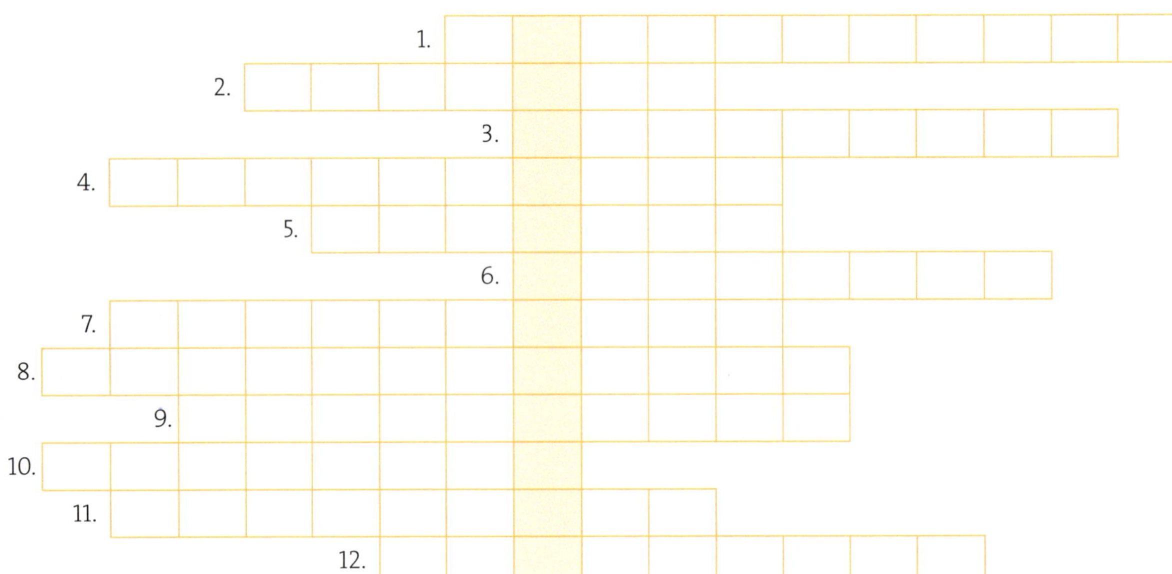

Solución: El lugar de compra más económico es ______________________

2 Adivinanzas

1/31

Escriba los nombres de los alimentos. Luego escuche y marque el alimento correspondiente. Después escriba otras dos adivinanzas.

a

____

____

b

____

____

c

____

____

d

____

____

3 Complete las etiquetas de los productos con las preposiciones que faltan.

1. Productos para ________ alérgicos
2. Productos bajos ____________ grasa
3. Productos ____________ el microondas
4. Productos ____________ lata
5. Productos ____________ marca
6. Productos ____________ pocas calorías

4 En la cocina. Complete los minidiálogos con los pronombres.

1. + ¿Ya has comprado el solomillo, Marta?
   – No, pero ______ he encargado en la carnicería nueva, enfrente de la plaza, ¿______ conoces?
2. + De entrada hacemos gambas al ajillo, ¿no? Si quieres, los ajillos ______ preparo yo.
   – Sí, y las gambas ______ trae el chico de la pescadería a las cinco.
3. + ¡Um! Qué bien huele la fruta! ¿Hacemos macedonia de fruta?
   – Sí, los melocotones ______ lavo yo. La piña puedes cortar ______ tú con ese cuchillo.
4. + ¡Caramba, hemos olvidado los huevos para el postre!
   – ______ compro rápido en la charcutería. ¿Dónde está el bolso? No ______ veo.

5 Complete los minidiálogos con los pronombres indirectos que faltan.

1. + ¿______ gustan las aceitunas, Pedro?
   – No, a mí no ______ gustan ni las verdes ni las negras.
2. + ¿______ pasas la sal, Carmen?
   – La necesito todavía. Elena ______ da el otro salero.
3. + ¿Qué ______ recomienda?
   – Pues, señores, si ______ gusta el pescado, ______ recomiendo la merluza.
4. + ¿No ______ gustan las gambas, chicos?
   – Sí, claro que ______ gustan. Es que ya hemos comido demasiado.

6 Ordene el diálogo entre el camarero y el cliente, después escuche el cedé y compare.

1/32

Camarero: ¿Qué van a comer?

Cliente: No sé. ¿Qué nos recomienda?

- Muy bien. ¿Solas o con ensalada?
- Pues, esta semana es la semana del atún.
- Frito, asado, al horno o en empanadillas.
- Huevos, cebollas, tomate y, claro, atún.
- ~~¿Qué van a comer?~~

- Con ensalada de tomate. Y rápido, si es posible.
- Hum ... ¿Qué llevan las empanadillas?
- No sé. ~~¿Qué nos recomienda?~~
- Entonces, empanadillas para cuatro.
- ¿Y cómo lo preparan?

7 Complete los minidiálogos con los pronombres.

me la	te las	os los	te la	me lo	nos los	se los

1. + ¡Qué bonito jersey! ¿Es de lana?
   – Sí, es de lana de llama. ___________ ha traído Carmen de Perú.
2. + Tu blusa es preciosa. ¿Dónde ___________ has comprado?
   – ___________ compré en Mallorca en las vacaciones pasadas.
3. + Esos pantalones te quedan muy bien.
   – ¿Te parece?
   + Pues, mira ___________ compré a mi hija y ¡ahora los uso yo!
4. + ¡Hola, chicas! ¿queréis estos vestidos? Yo no los uso.
   – ¿___________ podemos probar?
   + Por supuesto, si os van bien, ___________ regalo.
5. + Tengo que ir a una fiesta. ¿Me dejas tus pulseras?
   – Bueno, por esta vez ___________ dejo, pero, cuídalas, que son de plata, ¿eh?

8 Conteste usando los pronombres.

1. + ¿Me cuentas lo que ha pasado?
   – Sí, mañana te lo cuento. ___________
2. + ¿Me recomiendas esa peluquería?
   – Pues, sí ___________
3. + ¿Nos regalas las fotos, abuela?
   – Lo siento, ___________
4. + ¿Puede darme mis llaves?
   – Lamentablemente, ___________
5. + ¿Le puedo dar jamón al perro?
   – Sí, si quieres ___________
6. + ¿Les regalas los libros a los niños?
   – Pues sí, ___________

9 En un restaurante. Forme los participios de los verbos y complete las frases.

preparar	pagar	reservar	ocupar	cortar	poner	hacer	usar

1. + ¿Está libre esta mesa?
   – No, lo siento está ___________.
2. + Los servicios están abajo, ¿no?
   – Sí, pero están todos ___________.
3. + La ensalada, ¿ya está ___________?
   – No, aquí tiene la aceitera.
4. + ¡Mira qué mesa tan bien ___________!
   – Seguro que es para una boda.
5. + ¿Me cortas la carne, mamá?
   – Ya está ___________, puedes comer solo, Miguelito.
6. + Esta servilleta está ___________.
   – ¿Está sucia? Lo siento, enseguida le traigo otra.

7. + Mis chuletas están poco ___________.
   – Si quiere, se las pongo otra vez en la parrilla.
8. + La cuenta, por favor.
   – Ya está ___________.
   + ¡Oh! ¿Quién la ha pagado?

10 1/33 **¿Qué tal la comida? Complete los minidiálogos con los adjetivos o participios correspondientes. Después escuche el CD y lea los diálogos en voz alta.**

1. + El solomillo está bueno, pero está medio __________. Y tus chuletas, ¿qué tal?
   – Todo lo contrario, están demasiado __________.
2. + El gazpacho está rico cuando está bien frío, pero este está un poco __________.
   – Bueno, los médicos dicen que las cosas demasiado __________ son malas.
3. + ¡Uf! Mis enchiladas con carne están terribles, ¡más chile que carne!
   – Pues las comidas mexicanas son generalmente muy __________.
4. + ¿Quién ha preparado la ensalada? ¿Roxana?
   – Sí, le ha puesto un kilo de sal y está demasiado __________.
5. + A mí las patatas al horno me encantan, pero estas están negras.
   – Sí, la verdad, están un poco __________ ¡Qué lástima!

caliente
crudo
hechas
frías
salada
quemadas
picantes

11 **Lean el artículo y subrayen las ventajas de comer insectos. Después haga eslóganes y preparen un póster para concientizar a la gente.**

¡Coma bichos, salve el planeta!

Desde la antigüedad, los insectos han sido parte importante de la dieta de muchos pueblos. En América Latina, la Iglesia ha luchado contra este hábito. Sin embargo esa costumbre sigue hasta nuestros días. En Colombia, por ejemplo, cuando llega la estación de las lluvias salen las «hormigas culonas» y la gente las caza y come. Dicen que asadas son deliciosas y son el regalo de boda ideal por sus propiedades afrodisíacas.

En México hay más de doscientas especies de bichos comestibles. En el mercado de Oaxaca, por ejemplo se pueden comprar grillos, saltamontes, hormigas y escamoles, o sea, larvas.

Hay muchas recetas como arroz con grillos, escamoles a la mantequilla, tacos de hormigas, pan de gusanos, salsa de insectos, grillos fritos, empanadillas de insectos, enchilada Oaxaca. También hay diferentes postres de insectos con chocolate o en pastel. ¿Le da asco? Pues, según la FAO los bichos son una gran solución contra el hambre en el mundo. Tienen más proteínas que la carne y muchas vitaminas. Además

requieren pocos alimentos y muy poco espacio y no contaminan el ambiente como las vacas, los cerdos o las ovejas.

Comunicación

1 Hablar de hábitos de compra

+ ¿Dónde compras normalmente los alimentos?
+ Yo prefiero las tiendas biológicas o el mercado, allí todo es de la región y de la estación.

+ Antonio es un gurmé compra todo en ...
* Sí, sin azúcar y bajos en grasa/ en calorías.
+ Yo compro todo en las tiendas de mi barrio.
+ Claro, tienen servicio a domicilio.

– En el supermercado, pues no cierra al mediodía.
– Claro, es comida sana.
– Sí, allí ofrecen especialidades de todo el mundo.
– Pues yo compro todos los días carne.
– ¿Puedes encargar la comida?
– ¡Qué práctico!

2 Hablar de hábitos alimenticios

+ ¿Qué te gusta comer?
+ ¿Hay algo que nunca comes?
+ ¿Dónde comes al mediodía? ¿En la cafetería?
+ ¿Quién cocina en tu casa?
+ ¿Qué te gusta comer?
+ ¿Qué es importante para ti?
+ ¿Tú compras comida hecha?
+ Para mí, la comida tiene que ser rápida.

– Yo como de todo. / Yo soy vegetariano/-a.
– Soy alérgico/-a a ... / Me sienta mal ...
– Normalmente no como mucho al mediodía.
– Mi madre, ella cocina todos los días.
– Mi comida favorita son las empanadas.
– Me gustan los productos sanos / frescos ...
– Sí, me encantan los platos precocinados, pues ...
– Para mí, debe ser rica pero económica.

3 Comunicación en el restaurante

+ ¿Os gusta esta mesa, chicos?
+ ¿Qué nos recomienda?
+ ¿Cómo la preparan? ¿Con qué viene?
+ ¿Me puede decir si el flan tiene huevos?
+ ¿Podrías pasarme el vino?
+ ¿Nos trae la cuenta, por favor?

– A mí, me parece muy bien, sí.
– Pues, si les gusta la carne de cerdo ...
– A la parrilla. Viene con arroz y ensalada.
– Le voy a preguntar al cocinero.
– Ahora te lo paso.
– Enseguida se la traigo, señores.

4 Hablar de la comida

+ ¿Qué tal el pescado?
+ ¿Qué tal la sopa de tomate?
+ Mi comida está un poquito quemada.
+ El café está frío y la cerveza caliente.
+ Hoy el pollo me parece un poco soso.

– Bien, pero está un poco frío.
– Está un poco salada.
– El gazpacho está demasiado picante.
– ¡Qué mal!
– La carne está casi cruda. No se puede comer.

5 Dar consejos ...

+ En este caso yo hablaría con ...
+ Yo, en tu lugar, la invitaría a cenar.
+ Yo que tú, me buscaría un piso y me iría.
+ Yo, en tu lugar, preguntaría qué pasa.
+ Yo que tú, pediría la paella y un buen vino.
+ Yo no tomaría tantos cócteles.

... y reaccionar

– Tienes razón, pero ...
– Sí, es una buena idea.
– ¡Estás loco/-a!
– ¡Eso es imposible!
– Tienes razón. Hay que probar las cosas típicas.
– Yo no me preocuparía por eso.

6 Hacer propuestas

Yo, con este tiempo, tomaría un taxi.
Esta noche podríamos salir, ¿no?
¿Podrías llamarme mañana?

Me gustaría reservar una mesa.
¿No podrías conducir tú?

Gramática

A Zwei Objektpronomen in einem Satz

\+ ¿**Nos** traes **la sal**, mamá, por favor?
– Sí, **os la** llevo enseguida.
\+ ¿**Me** pasas **el azúcar**, por favor?
– Claro, **te lo** paso ahora mismo.

Indirekte Pronomen	Direkte Pronomen
me	
te	
se	**lo**
	la
	los
nos	**las**
os	
se	

Das indirekte Objektpronomen (Dativ) steht immer vor dem direkten Objektpronomen (Akkusativ). (Anders als im Deutschen!)

Die indirekten Objektpronomen **le** und **les** werden vor dem direkten Objektpronomen zu **se**.

Señor Álvarez, **le** recomiendo la sopa.
¡**Se la** recomiendo, está muy buena!

B Condicional simple – Bildung

Regelmäßige Formen		Unregelmäßige Formen	
trabajar	trabajar**ía**	decir	**dir**ía
estar	estar**ías**	haber	**habr**ías
comer	comer**ía**	hacer	**har**ía
escribir	escribir**íamos**	poder	**podr**íamos
tomar	tomar**íais**	poner	**pondr**íais
vender	vender**ían**	querer	**querr**ían
		tener	**tendr**ía

Das **Condicional simple** wird gebildet, indem man an den Infinitiv folgende Endungen anhängt: **-ía**, **-ías**, **-ía**, **-íamos**, **-íais**, **-ían**.

Einige Verben haben unregelmäßige Formen. Bei diesen Verben werden an den unregelmäßigen Stamm die Konditionalendungen angehängt.

C Condicional simple – Gebrauch

¿**Podrías** pagar la cuenta, por favor?
Mi padre me **mataría**.
¡Yo no **gastaría** tanto!
Bueno, a mí me **gustaría** ir al cine, ¿de acuerdo?
¡**Tendrías** que estudiar más y salir menos!
Querríamos una casa grande con jardín.

Das **Condicional simple** gebraucht man um Folgendes auszudrücken:
- Bitte
- Irrealität
- Ratschlag
- Vorschlag
- Vorwurf
- Wunsch

D Estar + Adjektiv

Estamos cansados.
Juan **está contento** porque es su cumpleaños.
La habitación **está limpia**.
Las chuletas **están crudas**.
El gazpacho **está picante**.
La sopa **está sosa**.

Estar steht:
- um das Befinden auszudrücken
- bei vorübergehenden Zuständen und Eigenschaften,
- bei persönlichen Bewertungen.

E Partizip in Funktion eines Adjektivs

El filete está bien hech**o**.
La paella está quemad**a**.
Los pasteles están quemad**os**.
Las chuletas están poco hech**as**.

Partizipien, die die Funktion eines Adjektivs übernehmen, werden in Geschlecht und Zahl an das Substantiv angeglichen, auf das sie sich beziehen. Wenn sie mit **estar** gebraucht werden, drücken sie einen Zustand aus.

OPCIÓN 1

Mundo hispano: filósofos, poetas, escritores

1 **Juego de cultura** Tire el dado y lea una ficha. Apunte después de leer:

¿Qué sabía? ¿Qué ha aprendido ahora? ¿Qué más quiere saber?

Los grandes pensadores españoles
Miguel de Unamuno (1864–1936), filósofo, escritor y profesor. Fue también rector de la Universidad de Salamanca. Entre sus obras destacan *Niebla y La tía Tula*.
Ortega y Gasset (1883–1955), filósofo, ensayista y profesor de Psicología, Lógica y Ética. Es uno de los grandes pensadores europeos, autor de numerosas publicaciones, entre las que destaca *La rebelión de las masas*, donde analiza la sociedad y su comportamiento.

El poeta más popular
Las poesías de **Federico García Lorca** (1898–1936), llenas de emoción, inspiran aun hoy a otros artistas. Entre sus libros de poesía destacan: *Romancero gitano* y *Poeta en Nueva York*. Por otra parte, sus obras de teatro se representan cada año en pueblos y ciudades. Muy conocida es *La Casa de Bernarda Alba*. La popularidad de Lorca se debe también a su trágica muerte, a manos de los fascistas, por su afinidad con el Frente Popular y por su homosexualidad.

Un Nobel de literatura
Camilo José Cela (1916–2002), autor polifacético y miembro de la Real Academia Española, recibió el premio Nobel de Literatura en 1989. Entre sus obras destacan *La familia de Pascual Duarte* y *La Colmena*. En su *Diccionario secreto*, obra que quedó sin terminar, Cela analiza las palabras malsonantes. Aunque incompleto, el diccionario es un permanente éxito de ventas.

Los españoles más leídos
Manuel Vázquez Montalbán (1939–2003), escritor barcelonés famoso por sus novelas policiacas, protagonizadas por el detective privado Pepe Carvalho. En 1995 recibió el Premio Nacional de las Letras Españolas. Otros autores contemporáneos: **Carmen Martin Gaite, Eduardo Mendoza, Juan José Millás, Rosa Montero, Almudena Grandes**.

El humorista
Alfonso Ussía (Madrid, 1948), escritor y columnista, es un gran humorista, que ha creado personajes e ideado series de radio y de televisión. En su obra critica a la sociedad y en particular a la aristocracia española, a la que conoce bien por ser hijo de condes.

El más controvertido
Javier Marías (Madrid, 1951), profesor en varias universidades, además de traductor, autor de novelas, cuentos y relatos y editor. Es miembro de la Real Academia Española desde 2006. Su novela *Corazón tan blanco*, de gran éxito en Alemania tras la crítica de Reich-Ranicki, que calificó a Marías como uno de los mejores escritores de la actualidad, ha sido traducida a decenas de lenguas. En marzo de 2011 se le concedió el Premio Literario Europeo por el conjunto de su obra. Otras grandes novelas son *Tu rostro mañana* y *Los enamoramientos*. Marías escribe además artículos de prensa, que provocan siempre gran controversia.

2 **Elija una ficha, prepare diez preguntas e intercambie información.**

3 **Lea la información sobre literatura hispanoamericana y apunte los datos en una tabla. Complete con otros datos. Prepare un póster con un mapa de América y presente la información.**

País	Autor/a	Obra	Género literario

El realismo mágico

Ya el escritor cubano **Alejo Carpentier** habla de «lo real maravilloso» al presentar su novela *El reino de este mundo*, pero se considera al venezolano **Rómulo Gallegos** con su novela *Doña Bárbara*, y al mexicano **Juan Rulfo** con su inolvidable *Pedro Páramo*, como padres del realismo mágico. Este se desarrolló en la década de los setenta, por la discrepancia entre la cultura urbana, racional, y la cultura rural, basada en mitos indígenas. El realismo mágico está influido por el surrealismo, y mezcla, como este, realidad y fantasía, cultura y superstición. Entre los representantes del género hay tres premios Nobel: el guatemalteco **Miguel Ángel Asturias**, el colombiano **Gabriel García Márquez**, con su famosa novela *Cien años de soledad* (quizás el máximo exponente del género), y el peruano **Mario Vargas Llosa**.

La literatura femenina

Muchas son las autoras latinoamericanas que denuncian en su obra la opresión y la dependencia de la mujer frente al hombre, y critican la sociedad tradicional donde la mujer siempre ha estado excluida de todo. En la literatura femenina, la mujer cuenta «su propia historia», sin tener en cuenta «la que le habían inventado los hombres». La mujer se descubre a sí misma, descubre su cuerpo y narra sin inhibiciones historias de pasión, deseo y fantasía. **Laura Esquivel** nace en México, en 1950. Trabaja como guionista de cine y televisión. *Como agua para chocolate*, su primera novela, ha sido filmada por su marido, Alfonso Arau, y ha tenido un éxito enorme. Su novela histórica *Malinche*, una biografía de la legendaria traductora de Hernán Cortés, denuncia la primera traición a los indígenas.

Ángeles Mastretta, también mexicana, escribe cuentos cortos y divertidos pero que hacen pensar. En *Mujeres de ojos grandes*, cuenta, entre otras, la historia de Daniela, que «se enamoró, como se enamoran siempre las mujeres inteligentes, como una idiota». «Lo había visto llegar una mañana, [...] y había pensado: «Este hombre se cree Dios». Pero al rato [...], se enamoró de él y de sus brazos». **Sandra Cisneros**, hija de inmigrantes mexicanos, nació en Chicago, en 1954. Escribe en inglés y en *espanglish*. Su obra más conocida, *La casa en Mango Street*, cuenta, con fuerte carácter autobiográfico, los problemas de integración de una niña latina en un barrio pobre de los EE.UU. **Gioconda Belli** nació en 1948 en Nicaragua. Luchó contra la dictadura de Somoza y por la liberación de la mujer. Su novela más famosa es *La mujer habitada*, donde cuenta su propia historia, la historia de una chica de la alta sociedad que estudia en Europa y al volver a su país ve todo con otros ojos. Le duelen las injusticias sociales y decide incorporarse a la guerrilla para luchar contra ellas.

El Cono Sur

La literatura rioplatense tiene un carácter propio, urbano, metafísico, universal. **Jorge Luis Borges** y **Ernesto Sábato** son, con **Cortázar**, **Arlt** y **Bioy Casares**, sus máximos exponentes. La literatura uruguaya está muy ligada a la argentina. Los autores más conocidos son el popular **Mario Benedetti**, el filósofico **Juan Carlos Onetti** y por supuesto el comprometido **Eduardo Galeano**, junto con **Cristina Peri Rossi**. En Chile destacan **Pablo Neruda**, con sus *Veinte poemas de amor y una canción desesperada*, que en su país los jóvenes recitan de memoria, e **Isabel Allende**. Allende es una de las autoras más conocidas desde que apareció su primera novela: *La casa de los espíritus*.

Aprender al vuelo: uso contrastivo

4 **Mire las tablas. Luego escriba una historia de unas cinco frases usando imperfecto e indefinido.**

Era una noche oscura, llovía mucho y en la calle no había nadie. De repente apareció ...

IMPERFECTO	INDEFINIDO
¿Cómo era? – *Wie war alles?*	¿Qué pasó? – *Was geschah dann?*
antes en esa época entonces mientras cuando yo era pequeña	ayer de repente el domingo en ese momento el mes pasado
Altes	Neues
Nebenhandlung	Haupthandlung
Hintergrund	Vordergrund
Gewohnheit	Ungewöhnliches
wiederholte Aktion	einmalige Aktion

Bedeutungsunterschiede

conocer	¿Ya conocía Alemania?	*kennen*	¿Cuándo se conocieron?	*kennen lernen*
ir	Cuando iba al trabajo ...	*unterwegs sein*	Fuimos en avión a Málaga.	*gehen, fahren*
saber	No sabía que trabajaba.	*wissen*	¿Cómo supo que estoy aquí?	*erfahren*
tener	¿No tenéis hambre?	*haben, besitzen*	Tuvimos hambre y pedimos *pizza*.	*bekommen*

Taller de creatividad

5 Mire el dibujo, imagine lo que ha pasado y prepare «un cómic» en su cuaderno. Lea el cuento y compare.

Un suceso

Me desperté con sed. Lola dormía. Me levanté con cuidado, sin dar la luz salí de la habitación, avancé a oscuras por el pasillo. Entonces tropecé con alguien.Unos pasos apresurados se perdieron hacia la cocina y la puerta se cerró tras ellos.

Tardé un momento en reaccionar. Seguí por el pasillo hasta alcanzar el interruptor de la luz y luego, decidido, abrí de golpe la puerta de la cocina. El hombre se había subido en el alféizar de la ventana abierta.

– ¡No, por Dios! – dijo – ¡No llame a la policía!
En su rostro se mezclaba el terror con su mirada enferma.
– ¡Ángel! – exclamé, reconociéndolo de pronto.
– ¡Martín! – respondió con incredulidad instantes después.

Lola llamaba excitada desde el pasillo. Cuando llegó a la cocina vio abrazados a los dos viejos amigos de la infancia, y su irrevocable decisión de llamar a la policía fue lo que motivó el inicio de la definitiva crisis de mi matrimonio.

(Luis Mateo Díez, texto adaptado)

Luis Mateo Díez es un escritor y ensayista español. Nació en León, en 1942. El presente cuento ha sido publicado en «Los males menores», en 1993.

avanzar por el pasillo = seguir por el corredor *(Flur)*
pasos apresurados = pasos rápidos
el rostro = la cara
irrevocable decisión = *unwiderrufliche Entscheidung*
tropezar = *zusammenstoßen*
abrir de golpe = abrir de repente
con incredulidad = sin creerlo
el inicio = el comienzo

6 Imagine de qué se conocen los dos amigos. Cuente qué hacían juntos, cuándo se separaron y por qué. Escriba un cuento.
Había una vez dos chicos que se llamaban ...

7 Imagine el final de la historia. ¿Qué pasa con Lola, Ángel y Martín? Escriban una escena de una obra de teatro y represéntenla en clase.
Lola: ¡Qué horror! ¡Un ladrón! Pero, Martín, ¿qué haces ahí?
Martín: ¡Nada, nada! Ángel no es un ladrón, es ...

Competencia intercultural

8 **Observe los saludos y despedidas y marque abajo las características. Luego compare con su país y discuta con sus compañeros.**

		En el mundo hispano	En su país
1. **Lenguaje no verbal:**	Hablan con las manos.		
2. **Contacto corporal:**	Cuanto más, mejor.		
3. **Distancia interpersonal:**	Es importante la distancia.		

9 **Los hispanohablantes y las emociones. Lea el texto y compruebe sus suposiciones. Después explique cómo se expresan los sentimientos en su cultura.**

Comunicación es todo

No solo nos comunicamos con palabras. La mayor parte del mensaje se transmite con el tono de voz, con los ojos, los gestos, las manos. Con todo nuestro cuerpo expresamos simpatía y antipatía, mostramos enfado, preocupación, alegría, tristeza, vergüenza ...

En el lenguaje corporal, la cara y las manos tienen un papel preponderante. En la cultura latina las emociones y los sentimientos se expresan, por lo general, de forma espontánea y abierta.

En España e Hispanoamérica hay también mayor contacto físico que en otras culturas, no hay «miedo a tocarse» y así, con un beso, un abrazo o una caricia, las personas expresan su afecto, dicen simplemente «estoy aquí», «tú eres importante para mí», «no te preocupes por nada».

El «nosotros» es muy importante. La mayoría se siente bien en compañía de otros. Pertenecer a un grupo fortalece la autoestima de una persona.

Los sentimientos negativos no se reprimen. Se expresan de forma rápida y abierta: se discute, se levanta la voz, se expresa el malestar claramente sin miedo a ofender a nadie, pues todos saben que es con buena intención. Las tormentas pasan y el aire se limpia. Como dicen en la Argentina: «Después de la tormenta, cantan los pájaros.»

10 **Intenten hablar todos a la vez. ¿Podrían decir de qué han hablado sus compañeros?**

11 **Lea los versos de Gioconda Belli y explique qué nos quiso decir. ¿Está usted de acuerdo?**
«Dos cosas que yo no decidí, decidieron mi vida, el país donde nací y el sexo con el que vine al mundo.»

Autoevaluación

12 Markieren Sie ☒ für „kann ich“ und ☑ für „kann ich noch nicht so gut“.

1. Ich kann über abgeschlossene Ereignisse in der Vergangenheit berichten. **U 1** ☐	**Hable sobre sus últimas vacaciones.** – ¿Adónde fue? – ¿Qué hizo? / ¿Qué pasó?
2. Ich kann über ein Land / Personen / Sehenswürdigkeiten informieren. **U 1** ☐	**Hable sobre un país de su interés.** – Ubicación, Habitantes, Capital – Clima, Productos típicos. Problemas.
3. Ich kann über das Alltagsleben früher und heute berichten. **U 2** ☐	**Diga cómo era antes la vida de las mujeres.** – ¿Qué hacían todo el día? – ¿Dónde vivían? – ¿Cómo era la familia?
4. Ich kann über meine Kindheit und Jugend sprechen. **U 2** ☐	**Hable sobre su vida cuando era niño/-a.** – Familia. Escuela. Costumbres – Actividades de todos los días
5. Ich kann über meine Ausbildung berichten. **U 3** ☐	**Hable sobre su experiencia profesional en su país y en el extranjero.**
6. Ich kann erzählen, was heute / diese Woche / dieses Jahr passiert ist. **U 3** ☐	**Diga lo que ha hecho hoy.** – Por la mañana ... – Al mediodía ... – Por la tarde ... – Por la noche ...
7. Ich kann über Hobbys und Freizeitbeschäftigungen sprechen. **U 4** ☐	**Hable de su tiempo libre.** ¿Qué aficiones tiene? ¿Dónde y cuándo las practica?
8. Ich kann über den Computer sprechen und Probleme mit dem Computer schildern. **U 4** ☐	**¿Qué dice usted cuándo ...?** – Sie die Dateien Ihres Computers nicht öffnen können. – Sie keinen Zugang zum Internet haben.
9. Ich kann Vorlieben, Missfallen und meine Meinung über etwas zum Ausdruck bringen. **U 4** ☐	**Opine.** ¿Qué le parece la fiesta de los toros?
10. Ich kann jemanden um einen Gefallen bitten. **U 5** ☐	**Pida un favor.** Pídale a alguien que recoja a un amigo del aeropuerto.
11. Ich kann das Essen bestellen, etwas empfehlen, guten Appetit wünschen, mich über das Essen beklagen und zahlen. **U 5** ☐	**Complete:** Por favor, de primero ... Si te gustan las ensaladas, ... Parece todo rico, bueno ... Mi ... ¿Podría cambiármelo/-a?

6 DEL OTRO LADO DEL MAR
Un *rally* muy peligroso

- hablar sobre una competición deportiva
- hablar sobre problemas socioeconómicos
- publicidad y propaganda
- construcciones con infinitivo
- el imperativo
- adverbios en **-mente**

1 (1/34) **Mire las fotos y decida por dónde pasa el Dakar 2011. Escuche y compruebe.**

☐ a Valle de la Luna

☐ c Desierto de Atacama

☐ b Rosario

☐ d Salvador de Jujuy

☐ e Buenos Aires

☐ f Iquique

2 **Intercambie opiniones con sus compañeros. ¿Por qué cree que el *Rally* se hace en Sudamérica? ¿Piensa que va a volver a África? Después lea y compruebe.** GRAMÁTICA A

☐ Por problemas técnicos. ☐ Es cuestión de dinero. ☐ Por razones de seguridad.

Sí, con toda seguridad. — No, creo que no. — Ni idea, todo puede ser.

Antes de trasladarse a Sudamérica, la carrera París-Dakar se hacía en África. Allí tuvo lugar durante treinta años, pero las amenazas terroristas eran cada día más serias. Por eso, se buscó una alternativa. En el 2009 se hizo por primera vez en la Argentina y Chile. Los corredores quedaron fascinados al ver la naturaleza y los paisajes, y sobre todo al conocer la cordialidad de la gente. En 2011 los organizadores pensaron volver a África, pero después de conocer Sudamérica ya casi nadie quiso cambiar de lugar. Al contrario: ya hay planes para incluir también a Perú, Brasil y Paraguay, pues el Dakar es una oportunidad de mostrar al mundo la diversidad de los paisajes sudamericanos.

3 ▶1 **Descubrir** **Busque en el texto expresiones similares. ¿Hay otras expresiones temporales?**

Cuando vieron la naturaleza ... Cuando conocieron la cordialidad de la gente ...

4 **Pregunte a sus compañeros si les gustaría participar en el *rally* y por qué / no.**

COMUNICACIÓN

+ ¿Tú participarías en el *rally*?	– Yo ni loco/-a, ni por un millón de euros.
+ ¿Te gustaría participar?	– Me encantaría ver todos esos paisajes.
+ Creo que es un deporte emocionante.	– ¡Y con la emoción sube la adrenalina!
+ Hay muchos accidentes.	– Es verdad, siempre hay muertos.
+ Creo que destruyen la naturaleza.	– Tienes razón, causa daños ecológicos.

5

Lea la carta. ¿Se imagina lo que escribió la señora Castillo? Prepare una lista con sus preguntas. Haga un juego de roles y pida la información por teléfono. GRAMÁTICA B, C, D

Estimada Sra. Castillo:
Gracias por escribirnos. Este año participan 450 coches, motos y cuatriciclos. Deben recorrer más de diez mil kilómetros en quince días. La carrera empieza en Buenos Aires. Correr por La Pampa es fácil, como usted dice, pero el desierto de Atacama, por ejemplo, ya es otra cosa. Los Andes son peligrosísimos: los caminos son muy estrechos y muy altos. ¡El paso de San Francisco está a casi cinco mil metros de altura! El clima es duro, sí. Las temperaturas llegan a los cuarenta grados. Por eso le recomiendo viajar unos días antes, para acostumbrarse.
Por favor, confírmenos su participación lo antes posible. Para mayor información, visite nuestra página web. Si tiene preguntas, llámenos o escríbanos sin compromiso.
Cordialmente, Mariano Romero

¡MIRA!
para acostumbrarse – *um zu*
Gracias **por** escribirnos – *dafür, dass*

6

Lea la circular de los organizadores y diga qué deben hacer los participantes al llegar. GRAMÁTICA E, F

A todos los participantes:
Al llegar al aeropuerto, tomen el autobús especial y digan que van al Dakar. Vayan al hotel. Denle la ficha al recepcionista y pónganse la camiseta con el logo del Dakar. Descansen y duerman mucho. ¡Van a necesitar todas sus fuerzas! Si salen, salgan en taxi. Prueben el asado argentino, pidan asado completo. Recuerden, sean prudentes y tengan cuidado con las mochilas.

¡Bienvenidos a Buenos Aires y buen viaje!

7

▶ 2, 3, 4, 5, 6

Descubrir **Lea otra vez la carta y la circular y subraye los imperativos. Complete la tabla.**

GRAMÁTICA

	Verbos regulares			Verbos irregulares		
	tomar	**leer**	**escribir**	**ir**	**salir**	**ser**
[Ud.]	________	________	________	________	________	________
[Uds.]	________	________	________	________	________	________

Ausgehend vom Stamm der ______ Person Präsens hat der Imperativ folgende Endungen. Verben auf **-ar**: ______, Verben auf **-er** und **-ir** ______. Objekt- und Reflexivpronomen müssen angehängt werden.

8

Escriban una carta a las autoridades y pidan la prohibición del Dakar. Las siguientes expresiones pueden servirle de ayuda:

1. hacer algo + prohibir el Dakar
2. ser responsables + pensar en el futuro
3. venir aquí + hablar con la gente
4. tener valor + decir la verdad
5. mirar las fotos + ver los daños

Estimados señores:
El Dakar causa graves daños ecológicos. Por favor, prohíbanlo o hagan algo para evitar los daños ...

La mejor compañía

9a Mire el texto y diga sin leerlo qué tipo de texto es. ¿Le resulta atractivo? Léalo.

▶ 7, 8, 9

☐ información científica ☐ poesía infantil ☐ anuncio comercial ☐ fórmula mágica

\+ No me gusta mucho. Es que ... – No sé, me parece que ... * Me resulta simpático porque ...

9b Conteste las preguntas.

¿De qué compañía es el anuncio?
¿A qué público se dirige?
¿Cómo se puede contactar con ella?
¿Qué emociones despierta?
¿Qué servicios ofrece?
¿Cuál es el mensaje?

10 Marque su opinión. Compare con sus compañeros y piense qué función tienen estas palabras.

¿A qué se refiere «compañía»?
☐ A los compañeros de viaje.
☐ A la empresa.
☐ A las dos cosas.

¿Qué significa «pasodoble»?
☐ Es un baile español.
☐ Es un juego de cartas.
☐ Es un paso en los toros.

¿Y «abracadabra»?
☐ Es un trabalenguas.
☐ Es una palabra mágica.
☐ Es una cabra loca.

11 **Descubrir** Lea otra vez el anuncio, marque las palabras terminadas en -mente y complete la regla.

▶ 10, 11

GRAMÁTICA

Bei Adverbien, die von einem Adjektiv abgeleitet werden, wird an die ____________ Form des Adjektivs die Endung ______ angehängt. Bei unveränderlichen Adjektiven wird die Endung an die Grundform angehängt: igual → igual**mente**

12 Intercambie opiniones sobre publicidad y propaganda. Informe a la clase.

▶ 12

COMUNICACIÓN

\+ ¿Cómo te informas antes de comprar algo? – Miro anuncios. / Pregunto a mis conocidos. / Pido catálogos.
\+ ¿Qué anuncios te gustan? – Informativos. / Sugestivos.
\+ ¿Qué anuncio te ha llamado la atención? – Un anuncio en la tele que ...
– La última campaña de ...
\+ ¿Hay cosas que te molestan? – Sí: agresividad, sexismo ...

«Mi Buenos Aires querido»

13 Relacione las fotos con el texto. Busque una explicación para los contrastes.

Dicen que los porteños son orgullosos. Están orgullosos de su ciudad, la aman, como bien dice el popular tango. Y es que Buenos Aires es una ciudad muy moderna, con grandes avenidas y hermosos parques, una ciudad muy europea, el «París de Sudamérica». Grandes edificios alternan con barrios residenciales. Hay tiendas de lujo, excelentes universidades y mucha cultura: cines abiertos toda la noche, teatros, cabarés, etc. La gastronomía refleja el origen de la población: hay enormes parrillas, pero también hay más pizzerías que en Italia y restaurantes para todos los gustos.

Sin embargo, Buenos Aires no es solo la moderna metrópoli de las guías turísticas. También tiene «villas miseria». Los barrios pobres ya no están únicamente alrededor de la ciudad, sino que están penetrando en ella, la van destruyendo desde dentro. La Villa 31, por ejemplo, está junto al Río de la Plata, a pocas cuadras de la estación principal y del Hotel Sheraton. Allí los habitantes de las «villas miseria» pasan sus días tomando mate o fumando «paco». Muchos son cartoneros, otros viven de changas o de la pequeña ayuda del «Plan trabajar».

porteño/-a: aquí, habitante de Buenos Aires; **villa miseria:** barrio pobre; **mate:** bebida nacional argentina; **paco:** droga hecha con restos de marihuana; **cartonero/-a:** persona que junta basura; **changa:** trabajo ocasional; **plan trabajar:** ayuda para gente en paro.

14 Haga un pasaporte de la Argentina relacionando las dos columnas.

Nombre:	– 40.000.000 de habitantes
Fecha de nacimiento:	– 3.761.274 km^2
Tamaño:	– el mate, el tango, los gauchos, Mafalda
Características:	– castellano con características propias: el voseo
Señas de identidad:	– República Argentina
Población:	– el/la presidente/-a
Idioma:	– mercado emergente
Jefe del gobierno:	– crisol de culturas (italiana, española, germana, eslava, indígena, africana)
Economía:	– 9 de julio de 1816

15 Valeria tiene una beca en Buenos Aires y llama a su novio que está en Madrid. Escuche lo que dicen y marque las recomendaciones y peticiones que escucha:

1/35
▸ 13, 14, 15

☐ sal temprano	☐ lee mi *mail*	☐ ponte bronceador	☐ sé bueno
☐ dame tu dirección	☐ ten cuidado	☐ escríbeme pronto	☐ cuenta, cuenta
☐ habla más alto	☐ ven a visitarme	☐ dime la verdad	☐ hazme el favor

16 **Practicar** Complete la tabla con los infinitivos y las formas regulares e irregulares del imperativo de segunda persona del singular (tú).

hablar	______	poner	______	______	da	______	sé
leer	______	______	ten	decir	______	hacer	______
______	escribe	______	ven	______	sal	ir	ve(te)

Español práctico

¿Cómo llegar?

17a 1/36 **Escuche la conversación telefónica y responda.**

¿Quién llama?	¿Para qué llama?	¿Cuándo llega?	¿Adónde llega?

17b **¿Qué tiene que hacer la secretaria?**

☐ alquilar un coche ☐ recoger a la Sra. Álvarez ☐ mandarle un plano

18 1/37 **Escuche otra llamada, marque el problema de la Sra. Álvarez y diga qué tiene que hacer.**

☐ Tiene problemas con el coche.
☐ Ha tenido que desviarse.
☐ Está en un atasco.
☐ No tiene más gasolina.
☐ Tiene que dar la vuelta porque se ha equivocado de camino.
☐ El motor hace un ruido raro.

19 **Juego de roles. La señora Álvarez tiene una cita en el Hotel Italia, en la Gran Vía, esquina Rocafort. Explíquele cómo llegar. (En Barcelona muchas informaciones están en catalán, también el plano.)**

Cultura e intercultura

Imágenes latinoamericanas

20 **¿Qué sabe usted de Hispanoamérica? ¿Cómo ha adquirido esos conocimientos? Intercambie experiencias con sus compañeros. Después lean el texto y comparen.**
Tengo conocimientos de Hispanoamérica ...

☐ adquiridos en el colegio	☐ por la prensa	☐ por la literatura
☐ adquiridos en mis viajes	☐ por las canciones	☐ por las películas

Música: Más que los políticos o los científicos, son los grandes creadores quienes nos muestran la realidad de Latinoamérica. Muy populares son cantautores como Violeta Parra, en Chile, o Atahualpa Yupanqui y Mercedes Sosa en la Argentina. En sus canciones denuncian y lamentan las injusticias sociales con un lenguaje muy poético.

Literatura: Los grandes escritores latinoamericanos analizan repetidamente las democracias débiles y los problemas de una sociedad de clases, donde las oligarquías deciden todo y el pueblo nada. Las «novelas de dictadores», por ejemplo *El señor presidente*, de Miguel Ángel Asturias, *El otoño del Patriarca*, de Gabriel García Márquez, *Yo el supremo*, de Roa Bastos o *La fiesta del Chivo*, de Vargas Llosa, presentan algunas de las dictaduras militares y han sido traducidas a muchos idiomas.

Cine: Sin duda, el mayor éxito lo tiene el cine, que contribuye a formar nuestras imágenes de Latinoamérica con interesantes películas de gran actualidad. En la década de los sesenta apareció toda una serie de realizadores de importancia, como los argentinos Fernando Solanas y Leonardo Favio, los cubanos Tomás Gutiérrez Alea y Santiago Álvarez y los chilenos Raúl Ruiz, Miguel Littín y Lautaro Murúa.

21 **Decida qué película le interesa más y convenza a sus compañeros para ir a verla juntos.**

El día que no nací
El día que no nací es una historia conmovedora que se enfrenta al tema de los niños robados durante la dictadura militar argentina. La película del director Florian Cossen cuenta la historia de María, una joven alemana que viaja con destino a Chile y hace escala en Buenos Aires. La protagonista escucha, por casualidad, una canción infantil que reconoce de inmediato. La emoción es tan fuerte que decide quedarse en la capital argentina y buscar una explicación. Así descubre su destino.

La fiesta del chivo
El productor de la película es Andrés Vicente Gómez y los actores son Isabella Rossellini, Tomas Milian y Juan Diego Botto. Se basa en la novela del mismo nombre. Cuenta la historia de Urania, quien, después de 35 años, regresa a Santo Domingo (República Dominicana) para visitar a su padre enfermo. En realidad Urania viaja en busca de su identidad. Ha tenido gran éxito como abogada en Nueva York, pero nunca se ha realizado como mujer, nunca ha encontrado el amor. Conversando con sus primas y su vieja tía revive sus más íntimos recuerdos, su pasado, sus secretos y sobre todo al «chivo» y sus orgiásticas fiestas. El sanguinario dictador Trujillo fue el hombre que marcó su vida para siempre. ¡Y la de todo el país, durante 35 años!

Ejercicios

1 Relacione las columnas y forme frases.

1. Cuando estaba de vacaciones,
2. Al ver el agua tan azul,
3. Antes de entrar,
4. Al meterme en el agua,
5. Al salir,
6. Después de vestirme,

a) fui a tomar un café.
b) me quité la ropa.
c) vi que no estaba nada fría.
d) vi un cartel «prohibido bañarse».
e) descubrí un lago precioso.
f) me dieron ganas de nadar.

2 ¿Qué dicen las personas? Use el imperativo.

a

b

leer más alto

girar a la izquierda

correr más rápido

comer

c

d

a) ______________________ ______________________

b) ______________________ ______________________

c) ______________________ ______________________

d) ______________________ y ahí está el banco.

3 El manual para el turista perfecto. Complete los consejos con el imperativo afirmativo de la forma usted.

1. ______________ (reservar) los hoteles con tiempo.
2. Si viaja con sus niños, ______________ (preguntar) antes si hay guardería en el hotel.
3. ______________ (planificar) un programa para cada día.
4. ______________ (usar) zapatos muy cómodos.
5. ______________ (salir) muy temprano del hotel y ______________ (tomar) un café en un bar.
6. ______________ (ir) a todos los lugares que dice la guía sin excepción.
7. ______________ (comer) platos típicos y ______________ (beber) vino de la casa.

4 ¿A qué se refieren los siguientes pronombres? Relacione.

1. cómpralos
2. descúbrela
3. escríbelas
4. tómalas
5. véndelo
6. olvídala

a) los billetes del metro
b) las postales
c) las pastillas
d) el portátil viejo
e) a tu ex-novia
f) la ciudad

5 Escriba el infinitivo y el pronombre personal al lado del imperativo.

1. Di la verdad. → decir – tú
2. Hagan yoga. → ______________
3. Tenga un poco de paciencia. → ______________
4. Pongan la mesa. → ______________
5. Haz los deberes de español. → ______________
6. Ven a mi fiesta de cumpleaños. → ______________
7. Diga su nombre completo. → ______________
8. Den las gracias. → ______________

6 Consejos para disfrutar mejor el día. Complete con el imperativo de la forma tú.

1. ____________ (dormir) por lo menos siete horas. 2. ____________ (acostarse) antes de las once de la noche. 3. Al día siguiente, ____________ (levantarse) temprano y ____________ (pensar) en algo agradable. 4. Después, ____________ (dar) un paseo por el parque y luego ____________ (ducharse) con agua no muy caliente. 5. Después del trabajo, ____________ (llamar) a tus amigos y ____________ (quedar) con ellos en un bar o en un restaurante. 6. Si llegas muy tarde a casa, ____________ (llevar) flores a tu mujer o 7. ____________ (comprarle) a tu marido la camiseta de fútbol de su equipo favorito. 8. Y lo más importante: ____________ (decirle) que la / lo quieres.

7 Lea este folleto y ponga las frases en el lugar correcto. Luego anote las letras en las casillas y póngales nombres a las fotos. Después escriba de nuevo las frases en la forma usted.

a Si te gustan las cosas buenas,

b Si quieres comprar antigüedades,

c Si te interesa la política,

d Si quieres probar un asado típico

e Si te gusta la música clásica,

1 
____

2 
____

3 
____

4 
____

Buenos Aires es una ciudad enorme. Forma un abanico de 120 km que se abre sobre el Río de la Plata. En el Gran Buenos Aires viven trece millones de habitantes.

☐ ____________________ tienes que visitar el Teatro Colón, que es uno de los mejores del mundo por su acústica y su programa.

☐ ____________________ tienes que ir un jueves a la Plaza de Mayo y ver a las madres con sus pañuelos blancos, protestando por sus hijos desaparecidos.

☐ ____________________ y tienes mucho dinero para gastar, debes ir a Galerías Pacífico o Puerto Madero. Allí encontrarás todo lo que buscas y también podrás comer como un rey, pero ☐ ____________________ te aconsejamos ir al campo y comer en una de las viejas estancias. Allí verás también espectáculos rurales, por ejemplo la doma de los caballos.

☐ ____________________ de la *Belle Époque* de la Argentina, cuando todas las vacas eran gordas, tienes que ir a San Telmo. Allí están los mejores mercados de pulgas y además podrás ver espectáculos de tango y, si te animas, ¡bailar tú mismo/-a en la calle!

8a **Practicar** Relacione las columnas y escriba frases como en el ejemplo.
Ejemplo: Si quieres divertirte, sal con tus amigos.

1. Si quieres divertirte ...
2. Si no quiere llegar tarde ...
3. Si necesitas alojamiento ...
4. Si quieren adelgazar ...
5. Si quieres cenar ...
6. Si quiere informarse ...

a) ... leer el periódico
b) ... hacer ejercicio
c) ... salir con tus amigos
d) ... coger un taxi
e) ... venir a mi casa
f) ... poner la mesa

8b **Actividad** Empiece una frase como en el ejercicio **a**. Su compañero/-a termina la frase.

Si te vas de viaje ...

lleva una guía de la ciudad.

9 **Escríbele un correo electrónico a un amigo que visita tu región y aconséjale qué hacer.**
Si tienes hambre, puedes comer unas tapas en la Vaca Paca. Son buenas y no muy caras.

1. Si te gusta la música,
2. Si te interesa la arquitectura ...
3. Si quieres conocer gente maja ...
4. Si no sabes más qué hacer ...

10 **¿Adjetivo o adverbio? Escoja.**

1. A veces no entiendo a mi marido. Tiene un carácter muy difícil / difícilmente.
2. Estoy contenta con mi secretaria. Ella es muy eficiente / eficientemente.
3. Sofía es una persona muy independiente / independientemente.
4. ¿Has visto cómo está Jorge desde que se casó? Se ve que está total / totalmente enamorado.
5. Mi coche es muy lento / lentamente. Es que ya está muy viejo.
6. Mi profesor me ha recomendado este libro. Es real / realmente interesante.

11 **Practicar** Construya el adverbio de los siguientes adjetivos. Luego complete las frases con los adverbios.

práctico	feliz	rápido	total	loco	tranquilo	fácil

1. El coche solo tiene 50 km de rodaje. Es ________________ nuevo.
2. No tenemos que comprar muebles. El piso está ________________ amueblado.
3. Liliana y Esteban están ________________ casados y ________________ enamorados.
4. Los domingos yo nunca trabajo, leo el periódico ________________ en el balcón.
5. En Internet encuentras ________________ toda la información.
6. ¡Viaje ________________ en el AVE!

12 **Tarea** Funden una agencia de viajes, hagan el folleto publicitario y también el logotipo.

13 **¿Qué llevar en un viaje? Relacione las fotos y las definiciones. Después escriba debajo de cada foto el nombre del objeto.**

a

b

c

d

e

f
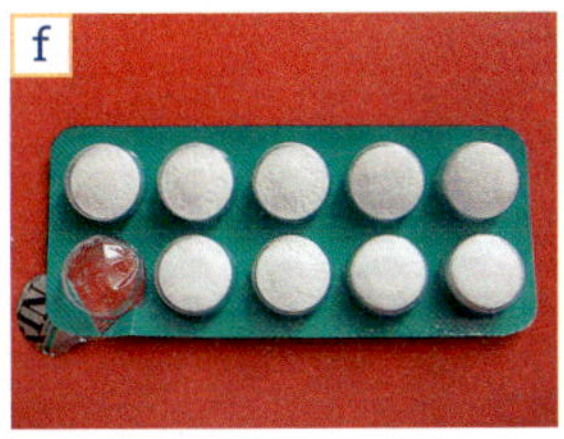

g
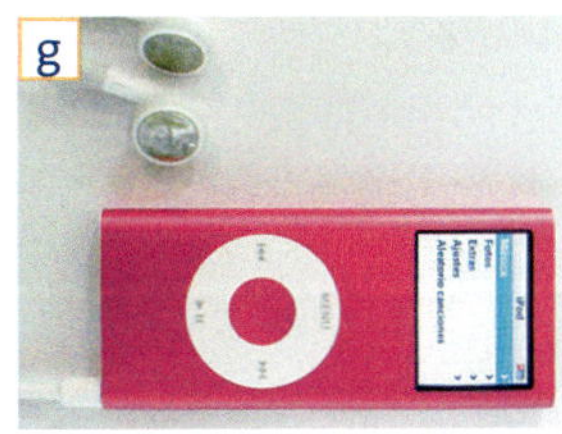

h

1. ☐ Sirve para pagar si no tenemos dinero en efectivo.
2. ☐ Se toman cuando una persona tiene dolor de cabeza.
3. ☐ Allí encontramos información sobre un lugar.
4. ☐ Sirve para oír música.
5. ☐ Es un documento que se usa para pasar la frontera.
6. ☐ Es un pequeño cuaderno donde se anotan las actividades que tiene que hacer una persona.
7. ☐ Sirve para abrir y cerrar puertas.
8. ☐ Ahí se ponen el dinero, las tarjetas de crédito y algunos documentos.

14 **Elija un objeto y descríbalo por escrito. Su compañero/-a tiene que decir qué es.**

secador de pelo | DNI | paraguas | móvil | bolso | bolígrafo | periódico

15 1/38 **Escuche el diálogo y diga a qué dibujo corresponde. Escuche otra vez y conteste las preguntas:**

¿Adónde va Juanjo?
¿Cómo viaja?
¿Por qué motivo?
¿Cuándo?
¿Ha terminado el proyecto?
¿Dónde se aloja?

Comunicación

1 Intercambiar opiniones

+ ¿Por qué cree que ...?
– Seguro que es por problemas técnicos. / Para mí que es por razones de seguridad. / Pues yo pienso como Ana.
+ ¿Piensas que pronto van a ...?
– La verdad, ni idea. / No sé, no estoy informado/-a.

2 Indicar un motivo

Es todo cuestión de dinero.
Gracias por escribirnos.
Debes ir con tiempo para acostumbrarte.
Llama para confirmar el vuelo.

3 Ordenar cronológicamente

Antes de ir a Argentina tenían miedo.
Al ver los paisajes, se enamoraron del país.
Después de conocerlo, no quisieron volver.

4 Preguntar si uno haría algo ...

+ ¿Tú participarías en el *rally*?
+ Te gustaría participar?
+ Es un verdadero desafío, ¿no?

... y contestar

– Yo, ni loco/-a, ni por un millón de euros.
– Me encantaría ver todos esos paisajes.
– Sí, yo quiero intentarlo.

5 Valorar ...

+ Creo que es muy emocionante.
+ Pero hay muchos accidentes.
+ Creo que destruyen la naturaleza.
+ Por lo menos se oye algo.

... y reaccionar

– ¡Y con la emoción sube la adrenalina!
– Es verdad, siempre hay muertos.
– Puede ser, pero son países grandes.
– Es verdad, falta información.

6 Dar ánimo, recomendar

Tengan valor.
Hagan algo.
Habla alto y claro.
Di la verdad.
Sal temprano.
Ten cuidado.
Imaginen la situación.
Piensen en el futuro.

7 Pedir y exigir

Hazme el favor.
Lee mi *mail*.
Cuenta, cuenta.
Prohíban el *rally*.
Digan la verdad.
Escríbeme pronto.
Sean responsables.
Vengan y hablen con la gente.

8 Hablar de publicidad

¿De qué compañía es el anuncio?
¿Cómo se puede contactar con ella?
¿Qué servicios ofrece?
¿A qué público se dirige?
¿Qué emociones despierta?
¿Cuál es el mensaje?
¿Cómo se informa antes de comprar algo?
¿Cuál es la publicidad más efectiva?
¿Qué anuncio le llamó la atención?
¿Hay cosas que le molestan?
¿Qué piensa del sexismo en publicidad?
¿Recuerda alguna campaña muy sugerente?

9 Hablar de viajes

+ ¿Qué medio de transporte usas?
– Depende. Cuando viajo lejos prefiero ir en ...
+ ¿Y por qué?
– Es más barato. / cómodo. / rápido. / ecológico.
+ ¿Cuál es el motivo del viaje?
– Voy de vacaciones. / Viajo por trabajo. / Visito a ...
+ ¿Cómo vas al aeropuerto?
– Normalmente voy en metro. / taxi.
+ ¿Quién te lleva? ¿Quién te recoge?
– A veces mis compañeros / vecinos me llevan.
+ ¿Llevas muchas cosas? ¿Qué llevas?
– Siempre llevo un plano de la ciudad. / una guía.

Gramática

A Verbale Umschreibungen mit Infinitiv

Antes de llegar, no me imaginaba cómo era.
Al ver el paisaje, me enamoré del país.
Después de conocer el lugar, ya no quise volver.
Gracias **por escribirnos**.
Faltan 5 kilómetros **hasta llegar**.
Ve a la recepción **para informarte**.

Nebensatzverkürzungen mit Infinitiv sind sehr gebräuchlich.
Al + **Infinitiv** bedeutet Gleichzeitigkeit.
Por + **Infinitiv** gibt einen Grund an.
Para + **Infinitiv** gibt den Zweck an.

B Adverbien auf -mente

tranquilo	→	tranquil**a**	→	tranquila**mente**
rápido	→	rápid**a**	→	rápida**mente**
cordial			→	cordial**mente**
inteligente			→	inteligente**mente**

Adverbien, die von Adjektiven abgeleitet sind, werden durch Anhängen der Endung **-mente** an die feminine Form des Adjektivs gebildet.

C Der bejahte Imperativ – Regelmäßige Bildung

	-ar	-er / -ir
[tú]	tom**a**	beb**e** / escrib**e**
[Ud.]	tom**e**	beb**a** / escrib**a**
[Uds.]	tom**en**	beb**an** / escrib**an**

Bei Aufforderungen in der höflichen Anrede (**usted** / **ustedes**) werden folgende Endungen an den Stamm der 1. Person Singular Präsens angehängt:
- Verben auf **-ar**: **-e**, **-en**
- Verben auf **-er** und **-ir**: **-a**, **-an**

D Pronomen

llámen**os**	confírme**me**
póng**alo**	léa**la**
dá**melo**	mánda**selo**
acuésta**te**	dúcha**te**

Objekt- und Reflexivpronomen **müssen** an den bejahten Imperativ angehängt werden.
Da die drittletzte oder viertletzte Silbe dann betont wird, trägt diese einen Akzent.

E Verben mit Stammveränderung

	tú	**usted**	**ustedes**
o → ue-	duerme	duerma	duerman
u → ue-	juega	juegue	jueguen
e → ie-	cierra	cierre	cierren
e → i-	pide	pida	pidan
c → cz-	traduce	traduzca	traduzcan

Verben mit Stammveränderung weisen diese Veränderung auch in der Form für **usted** / **ustedes** des bejahten Imperativs auf.
- **vuelvo** → **vuelva** / **vuelvan**.

F Einige unregelmäßige Formen

	tú	**usted**	**ustedes**
dar	**da**	**dé**	**den**
ir	**ve**	**vaya**	**vayan**
decir	**di**	diga	digan
hacer	**haz**	haga	hagan
poner	**pon**	ponga	pongan
salir	**sal**	salga	salgan
tener	**ten**	tenga	tengan

Einige Verben bilden unregelmäßige Imperativ-Formen, z. B. **dar** und **ir**.
Bei einigen Verben wird die Du-Form des bejahten Imperativs unregelmäßig gebildet. Die besonderen Formen für **usted** / **ustedes** ergeben sich aus der regelmäßigen Ableitung von der 1. Person Singular Präsens des Verbs.

7 LA SALUD ES LO PRIMERO

¿Qué te pasa? ¿Te sientes mal?

- partes del cuerpo
- hablar de la salud y de enfermedades
- perífrasis **estar** + gerundio en pasado
- el imperativo negativo

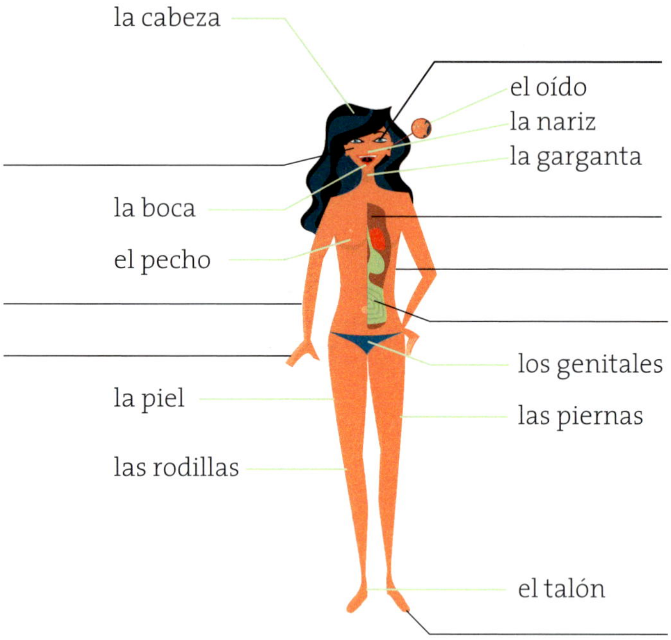

el brazo | el corazón | la mano | el ojo | el estómago | el pie | la espalda | la cara

1 Apunte las partes del cuerpo que faltan en el dibujo.

▶ 1

2a 1/39 ¿Qué les pasa? Escuche, relacione con las fotos y pregunte a sus compañeros. GRAMÁTICA A

\+ ¿Qué le pasa a Patricia? – Se ha roto una pierna.
\+ ¿Y cómo ha sido? – Estaba esquiando y se cayó.

1. Me rompí una pierna y me hice daño en la cara.
2. ¡Qué resaca! Me duele la cabeza.
3. Tengo dolor de oídos.
4. Me he quemado.
5. He tenido gripe. Por suerte ya me siento mejor.
6. Me he resfriado.
7. Tengo dolor de muelas.
8. Tengo náuseas. Creo que voy a vomitar.

2b Pregunte a sus compañeros cómo se sienten en este momento.

\+ ¿Cómo estás? ¿No te sientes bien?
\+ ¿Qué te pasa? ¿Te sientes mal? ¿Te duele ...?
\+ ¿Qué tal estás?

– No, no, es que estoy un poco cansado/-a.
– No sé, creo que me voy a resfriar.
– Muy bien, gracias.

3a **Pregunte a sus compañeros si han tenido alguna vez alguno de estos problemas durante sus vacaciones.**

+ Anne, tú vas mucho a esquiar ... ¿Te has roto una pierna o un brazo alguna vez?
– No, por suerte no, pero una vez olvidé las gafas y tuve ...

quemaduras de sol	una pierna o un brazo roto	deshidratación
problemas en los ojos	resfriados y gripes	vómitos y mareos
dolor de cabeza	una insolación	fiebre y escalofríos
dolor de oídos	picaduras de medusas /	dolor de garganta
dolor de estómago	serpientes, insectos	diarrea

3b 1/40 **Escuche ahora las experiencias del doctor Luis D. Sastre y de la doctora Elsa B. Lotodo. Marque los problemas que tratan. Después pregunte a sus compañeros.**

1. ¿Dónde trabajan los dos médicos? ¿Por qué?
2. ¿Cuáles son los casos más frecuentes?
3. ¿A cuál de los médicos iría usted? ¿Por qué?

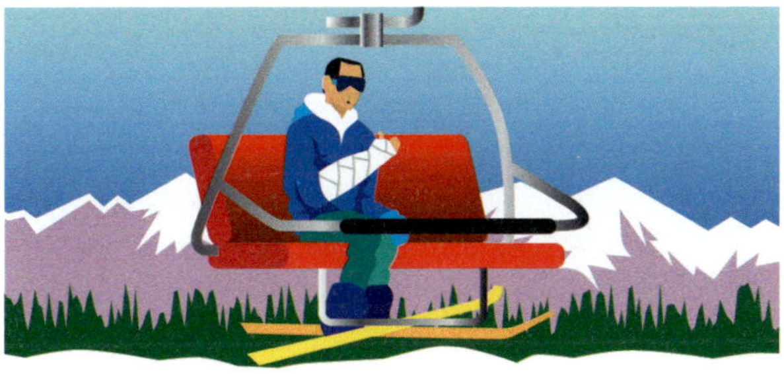

CULTURA

La venganza de Moctezuma

Se llama así al mal del viajero causado por bacterias que se encuentran en el agua. Los síntomas son dolor de estómago, náuseas, vómitos y diarrea.

Moctezuma II fue el último emperador de los aztecas. Según la leyenda, Quetzalcóatl, dios de la Sabiduría, se había ido del país por un conflicto con el dios de la Guerra, pero había prometido volver desde el mar. Por eso, al ver los barcos de los españoles, Moctezuma creyó que se trataba de Quetzalcóatl, esperó a Cortés y lo invitó cordialmente a Tenochtitlán. La antigua capital azteca era más grande y más rica que todas las ciudades europeas de esa época. Estaba construida en medio de un lago y tenía un fantástico sistema de canales, con miles de pequeños barcos para desplazarse. Moctezuma recibió a Cortés en su palacio y le hizo valiosos regalos. Este estaba impresionado con tanta riqueza y quiso apoderarse de todo. Moctezuma murió en la lucha, pero prometió vengarse de todos los extranjeros.

4 ▶ 2 **¡Pantomima! Haga la mímica de una enfermedad. Sus compañeros adivinan qué le pasa.** GRAMÁTICA B

¿Te duele la cabeza?

Sí, me duele muchísimo.

¿Qué has hecho?

He bebido mucho cubalibre.

¡MIRA!

me / te / le ... **duele** la cabeza
me / te / le ... **duelen** los pies

¡No seas negativo!

5 **Lea el texto y ponga las frases donde corresponda.** GRAMÁTICA C, D

1. Ten paciencia
2. no hagas todo hoy
3. no comas dulces
4. no vivas para el trabajo
5. ¡no hables de enfermedades!
6. llama a tu madre
7. sal con tus amigos
8. sé positivo

Los científicos aseguran que la salud está directamente relacionada con la actitud ante la vida, que las personas que hablan mucho de enfermedades se enferman más, así que ___.
Los optimistas, por el contrario, viven más y mejor, por eso no pierdas el tiempo con pensamientos negativos. ¿Tú lo crees? Entonces, ___ y disfruta de la vida. ___ y acepta tus errores y limitaciones.
¿No tienes ganas de nada? ¿Estás «quemado»? Pues, ___, vete de vacaciones con tu pareja. Recuerda, hacer muchas cosas al mismo tiempo puede producir estrés. Concéntrate en una cosa, ___.
Come despacio y disfruta de la comida. Llévate bocadillos a la oficina y ___. Otra cosa. ¿Sabías que los amigos nos ayudan a llevar una vida más sana? No te aburras en casa, ni vayas solo al bar, ___.
También la familia es importante, sobre todo la madre. Las personas que no tienen una buena relación familiar pueden enfermar del corazón. ¡No te olvides, ___, es bueno para la salud!

6 **Descubrir** **Busquen en el texto las frases contrarias y apúntelas. Piensen otros consejos.**

______ No comas despacio.
______ No vayas de vacaciones.
______ No lleves bocadillos.
______ No te concentres.

Sé negativo. ______
Olvídate. ______
Vete solo al bar. ______
Pierde el tiempo. ______

7 **Descubrir** **Complete la tabla con las formas del imperativo negativo.**

▶ 3

GRAMÁTICA

	trabajar	comer	escribir	hacer	ir	ser	tener	salir
[tú]	______	______	______	______	______	______	______	______

Vorsicht bei den Pronomen: **Cómpralo.** Aber: **No lo compres.**

8 **Juego de roles. Presente «su problema». Sus compañeros le dicen qué hacer y qué no.**

no poder dormir   trabajar demasiado   tener mal de amores   ______

Siempre pierdo mis llaves.

Pues, deja unas llaves en casa del vecino.

No salgas de casa con prisa.

Hoy en día todo es posible, pero ...

9 **Lean los artículos y busquen argumentos a favor y en contra: intercambien puntos de vista y opiniones.**

+ Hoy en día, no es problema.
+ Conozco un caso parecido ...
+ Pues, yo en ese caso ...

– Claro, es un problema ético ...
– Yo he oído que ...
– No sé, creo que ...

∗ Sí, por un lado... pero por otro ...
∗ El otro día leí en el periódico ...
∗ Es difícil, pero me parece que ...

Para una Navidad feliz, nada mejor que una nueva nariz. Y en el Año Nuevo, éxito profesional y personal. Quítese 10 años en 10 minutos. Parece magia, pero es realidad. Con nuestras inyecciones de botox, solucionamos todos sus problemas: servicio rápido, eficiente, discreto. Consulte precios sin compromiso.

Clínica Dr. Frankenstein, Avda. Cristóbal Colón 94, Medellín.

cdf@col

Comercio de órganos por Internet

«Vendo mi riñón». Está prohibido, pero los donantes aseguran que no hacen daño a nadie vendiendo parte de su cuerpo para ayudar a un enfermo. ¿Los motivos? Necesitan dinero urgentemente pues no tienen trabajo ni comida para sus hijos. Algunos quieren abrir un taller o una pequeña tienda o simplemente pagar sus deudas.

Los «junkies del joystick»:

En Ámsterdam acaban de abrir la primera clínica europea para tratar una nueva adicción tan peligrosa como otras. Generalmente, los adictos al ordenador son jóvenes e inteligentes pero algo tímidos. Por eso, para ellos, cada éxito en los juegos es una inyección de adrenalina. Pasan doce, quince y hasta veinte horas delante del ordenador, sin moverse, sin comer, sin hablar con nadie. A veces, por jugar ni estudian ni trabajan. Además, muchos sufren de anorexia y algunos de obesidad, pues comen solo comida basura.

1/41 **10a** **Escuche y diga de qué trata la película.**

10b **Cuente una película sobre algún tema de actualidad.**

COMUNICACIÓN

Hablar de películas

+ El otro día vi una película que ...	trata de una madre de alquiler.
No recuerdo cómo se llamaba, pero ...	es un tema de gran actualidad.
Me gustó porque ...	trata el tema con gran sensibilidad.
– A mí no me gustó mucho porque ...	tiene mucha violencia y escenas muy duras.
Además ...	lamentablemente no tiene un final feliz.
∗ La película es ...	muy humana, muy realista, muy buena.

Español práctico

No se preocupe, no es nada grave

11 1/42 **El señor de la Rocha va al médico. Escuche el diálogo en la recepción de un consultorio y traduzca las siguientes expresiones.**

1. la hora de visita
2. la tarjeta del seguro médico
3. la factura para el seguro
4. la sala de espera

12 1/43 ▸ 4, 5, 6, 7, 8, 9 **En la consulta. Complete el diálogo. Luego escuche y compruebe.**

1. estoy un poco quemado del curro.
2. esta mañana tenía yo 39 grados de temperatura.
3. quería hacer una excursión en bicicleta.
4. me siento fatal, tengo tos y dolor de garganta.

Médico: ¿Qué le pasa?

Paciente: Pues, hace una semana que ____________ ____________________________

Médico: ¿Tiene fiebre?

Paciente: Sí, ____________________________ ____________________________

Médico: A ver, abra la boca y diga «Aaaaa» ... Quítese la camisa y respire hondo. ... Pues tiene gripe. Mire, para la garganta le doy unas pastillas. Tómese cuatro al día. Para el dolor de cabeza, tómese una aspirina y, para la tos, tómese esto.

Paciente: ¿Es grave?

Médico: No, no se preocupe, no es nada grave.

Paciente: Bueno. Mañana ____________________ ____________________________

Médico: ¡No! Quédese en la cama, descanse y beba mucha agua. No haga deporte los próximos días. Vea los deportes por televisión. En unos días va a estar mejor.

Paciente: Vale, gracias. La verdad es que también ____________________________

Médico: Pues de eso hablamos otro día. Adiós, que se mejore pronto, cuídese mucho.

13 **Juego de roles: Tiren una moneda para decidir quién es médico y quién paciente. Piensen un problema de salud, preparen el diálogo y represéntenlo en clase.**

\+ ¿Cara o cruz?
– ¡Cara!
\+ ¡A ver! ¡Uy! Cruz.
– Entonces eliges tú.
\+ Vale, yo soy el médico.
– Y yo el paciente. Ya me duele todo ...

Cultura e intercultura

Curas, hechizos y gualichos

14 **Mire las fotos y marque su opinión. Compare con sus compañeros. Lea el texto y compruebe.**

- ☐ Para mí que se trata de una religión.
- ☐ Yo creo que es todo un montaje comercial.
- ☐ Puede ser, pero a mí me parece superstición.
- ☐ Los indios saben mucho. Su cultura es antigua.

En Latinoamérica hubo y hay una gran simbiosis cultural. En los Andes, los indígenas siguen con sus ritos e ídolos como antes de la llegada de los españoles. La santería se está extendiendo cada vez más y los inmigrantes la traen hasta Europa. Es un culto parecido al vudú del Caribe o a la macumba brasilera. Tiendas y mercados venden hierbas medicinales, algunas muy efectivas. También ofrecen amuletos, ídolos y fetiches de todas clases, por cierto, algunos hechos en China. Brujos y chamanes curan enfermos, adivinan la suerte leyendo hojas de coca, hacen ceremonias mágicas para proteger la casa o para evitar el «mal de ojo». Además, preparan «gualichos y hechizos» para enamorar muy rápido a la persona deseada.

15a 1/44 **Lean el minidiccionario, escuchen los diálogos y marquen a qué se refieren. Después discutan.**

- ☐ **empacho:** Dolor de estómago muy frecuente entre los niños. Hay distintos remedios para curarlo, con plantas medicinales, algunos muy efectivos. En América Latina, muchas veces los médicos mismos son quienes recomiendan ir a los curanderos para su tratamiento.
- ☐ **mal de ojo:** En muchas culturas se cree que mirando fijamente a una persona se la puede hacer enfermar. No es necesario el contacto directo, una foto, un pelo o incluso una prenda de ropa son suficientes. Para defenderse hay que cruzar los dedos y decir «cruz diablo». Los motivos son muchos: envidias, rivalidades o venganzas. Lo contrario de hacer el mal de ojo es «mandar energía positiva».
- ☐ **gualichos:** Para enamorar a una persona hay hechizos y rituales de muchas clases. Muy efectivos parecen ser los gualichos. La fórmula de estos brebajes es secreta, pero dicen que se preparan, entre otras cosas, con piel de serpiente en una noche de luna llena.

15b 1/44 **Escuche otra vez los diálogos. Elija uno. Describa la situación y continúe la historia.**

Ejercicios

1 **Complete el crucigrama. Con las letras de las casillas amarillas va a encontrar la solución.**

Horizontales
1. Si bailamos toda la noche nos duelen los ...
2. Están encargados de la reproducción.
3. Para dar un abrazo necesitamos los ...
4. Tenemos dos. Las usamos para coger cosas.
5. El ... es una parte del pie.
6. Nos dice si estamos enamorados o no.
7. Pueden ser verdes, azules, marrones, negros o grises.

Verticales
1. Con ellas podemos caminar o correr.
2. Los músicos tienen buen ...
3. Cuando estamos resfriados nos duele la ...
4. Usar la ... significa «pensar»
5. (De abajo a arriba) Cuando comemos mucho nos duele el ...

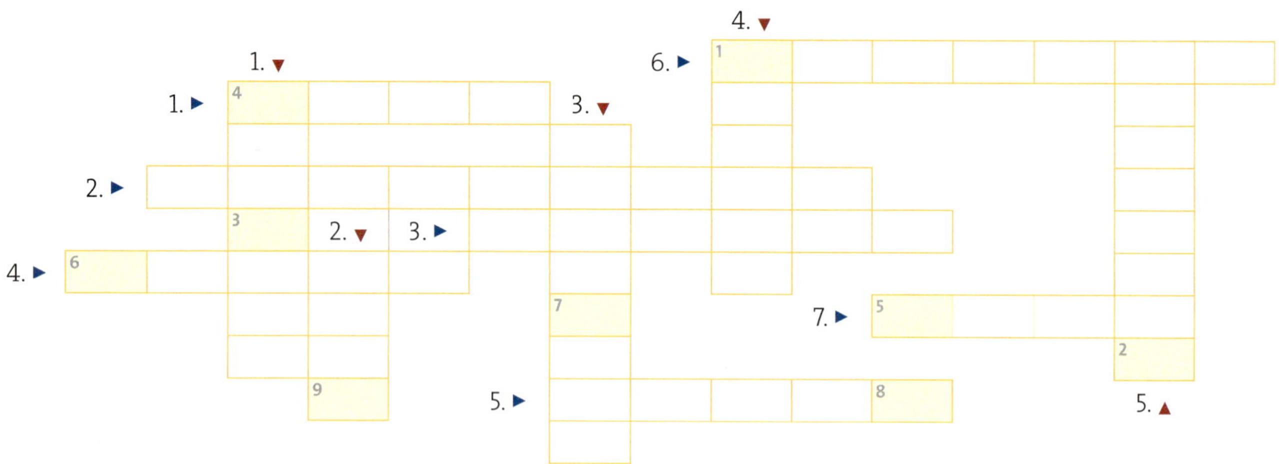

Solución: ¿Sabe cómo se dice «menschlicher Körper» en español?

	U					H	U				
1		2	3	4	5			6	7	8	9

2 **¿Qué les pasa a las personas? Escriba qué les duele debajo de cada dibujo.**

a

A Jorgito y a Julito les duelen ____________________

b

A Genoveva le duele ____________________

c

A Juliana y a Ángela ____________________

d

A Joaquín ____________________

e

A Eugenia ____________________

f

A María y a Ana ____________________

3 Lea el texto «¡Sé positivo y disfruta de la vida!» otra vez. Después, relacione.

1. Las personas que hablan mucho de enfermedades
2. No te quedes en casa,
3. No vivas para el trabajo,
4. Come despacio y
5. Llama a tu madre,
6. Las personas con muchos amigos

a) ¡es bueno para la salud!
b) vete de vacaciones con tu pareja.
c) lleva un bocadillo al trabajo.
d) sal con tus amigos.
e) llevan una vida más sana.
f) enferman más.

4a ¿Qué le dicen al señor Guevara?

____

____

____

____

____

____

4b ¿Y qué le dice su amigo?

Ejemplo: ir a la fiesta = **¡No vayas a la fiesta!**

1. comprar dulces ___________________
2. tomarse un cortado ___________________
3. comer patatas fritas ___________________
4. beber cerveza ___________________
5. hacer surf ___________________
6. bailar en el carnaval ___________________
7. ir a los encierros de Pamplona ___________________

5 Un amigo está muy nervioso porque ha dejado de fumar. ¿Qué consejos le da usted?

- comer muchos dulces
- ir a museos o al cine
- salir con gente que fuma
- ir al gimnasio con amigos
- beber mucha agua
- comprar tabaco
- leer libros sobre el tema
- ¿otro consejo?

No comas muchos dulces.

6 ¿Lo hago o no lo hago? ¿Conoce el problema? Un ángel y un diablito le dan consejos y usted no sabe qué hacer. Complete la tabla con los imperativos afirmativos y negativos y sustituya los complementos directos por pronombres.

¿Hago los deberes?	¡Hazlos!	¡No los hagas!
¿Llamo a mi novia?		¡No la llames!
¿Compro pasteles?	¡Cómpralos!	
¿Saco al perro?	¡Sácalo!	
¿Me levanto temprano?	¡Levántate temprano!	
¿Voy al trabajo?		
¿Le escribo a mi abuela?		¡No le escribas!
¿Apago la tele?		

7 Escuche y diga a qué se refieren los diálogos.

1/45

1. ☐ los plátanos 2. ☐ el perro 3. ☐ la película 4. ☐ el ex-novio

8a Ordene el diálogo en la consulta y compruebe con el CD.

1/46

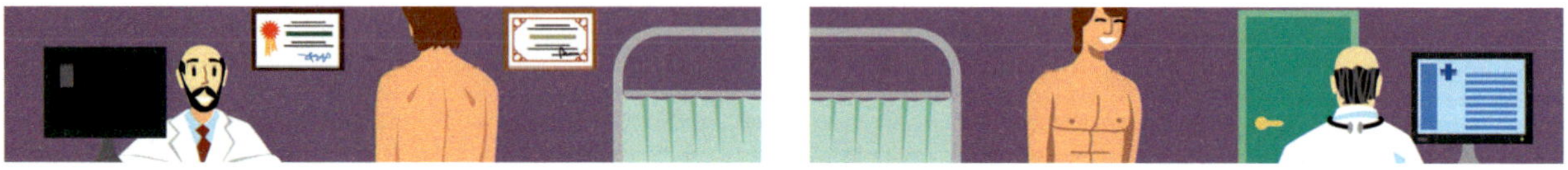

☐ Adiós y cuídese.
☐ ¿Desde cuándo se siente así?
1 Buenas tardes, señor Mancilla.
☐ ¿Ha bebido mucho alcohol?
☐ ¿Qué le pasa?
☐ Usted está deshidratado. No tome el sol hoy y beba mucha agua.
☐ No, esta noche va a estar mejor, pero no beba alcohol y mañana no tome el sol al mediodía.
☐ Y, ¿ha tenido fiebre?
12 ¿Es algo grave, doctor?
☐ Tengo un dolor de cabeza terrible y me siento muy cansado.
☐ Vale. Muchas gracias, doctor.
☐ Creo que no, pero tampoco tengo ganas de comer.
☐ Desde ayer, doctor.
☐ Hola, doctor.
☐ Mmm, unos mojitos, pero hoy he descansado todo el día en la playa.

8b ¿Qué le pasa al señor Mancilla y qué le recomienda el médico?

9 Lea el texto, marque las frases con las que se identifica y escriba a la revista.

Más del 50 % de las ausencias laborales se debe a problemas psíquicos y al estrés. El estrés afecta al sistema inmunitario y causa muchas enfermedades. Además, el estrés es el factor número uno en los conflictos familiares. A continuación, algunas quejas típicas de los estresados:
1. Me levanto y salgo corriendo sin desayunar. 2. En la oficina nunca tengo tiempo para nada.
3. Al mediodía como sólo un bocadillo mientras trabajo. 4. El fin de semana solo quiero dormir.

10 Escuche ahora el poema de un enamorado y marque los problemas.

1/47

☐ no puede comer ☐ no puede dormir ☐ no tiene hambre ☐ no puede pensar en nada

11 **Lea el siguiente artículo y complete los consejos con los imperativos. Luego relacione cada consejo con el texto correspondiente.**

Todas las personas del mundo, sin importar la edad, el sexo, la religión o la nacionalidad, tenemos algo en común: todos buscamos la felicidad. Pero, como dice el catedrático en Psiquiatría Enrique Rojas, la felicidad no se busca, se encuentra. Aquí tiene algunos consejos para ser feliz.

1. ¡_______________ (elegir) tu felicidad!
2. ¡_______________ (jugar)!
3. ¡_______________ (celebrar) tus pequeños triunfos!
4. ¡No _______________ (aplazar) tu felicidad!
5. ¡No _______________ (perder) el control de tu vida!

a) No importa si son éxitos pequeños. Lo importante es ver que hemos hecho algo bien.
b) Muchos estudios dicen que tener el control sobre nuestro trabajo, nuestras relaciones, es básico para ser felices.
c) Mucha gente piensa que jugar es solo cosa de niños. Cuando jugamos, nos divertimos, nos relajamos y olvidamos los problemas.
d) Mucha gente trabaja en el presente para tener un futuro feliz y olvida que puede ser feliz en este momento.
e) Todos queremos lo mismo. ¿Por qué? Porque la publicidad nos habla de productos que nos dan felicidad. Pero, ¡ojo!, decide tú mismo qué te hace realmente feliz.

Adaptado de la revista «Clara»

12a **Lea la noticia en el periódico y diga quiénes son los padres de la futura niña. Discuta con sus compañeros.**

*Ricky Martin espera otra vez la cigüeña**

El famoso cantante latino Ricky Martin y su marido acaban de encargar un nuevo hijo, mejor dicho, esta vez quieren tener una hija. Y lo de encargarla hay que tomarlo «al pie de la letra», pues la han mandado hacer, eligiendo de un catálogo a la madre donante del óvulo. También han alquilado a una mujer como madre temporal. Durante nueve meses y hasta el día del nacimiento de la niña, esta madre recibirá un alto alquiler por la pequeña «habitación» donde crece la niña. Ricky y su marido dicen que les encanta tener hijos y les emociona la palabra «papá». Hoy en día, todo es posible y también las parejas homosexuales pueden tener hijos propios con la ayuda de la tecnología médica.

CULTURA

Para los niños pequeños, la cigüeña es quien trae a los bebés. Antes se decía que los trae desde París.

12b **Escriba una carta a Ricky Martin y dígale lo que piensa de esta manera de ser padre.**

Comunicación

1 Preguntar por la salud ...

+ ¿Cómo estás? ¿No te sientes bien?
+ ¿Te sientes mal? ¿Te duele ...?
+ ¿Qué te pasa?
+ ¿Qué fue lo que tuviste? ¿Fue gripe?
+ ¿Y cómo estás ahora?
+ ¿Tienes dolor de muelas?
+ ¿Y tú te has roto algo alguna vez?

... y responder

– No, no estoy bien. Estoy muy cansado/-a.
– No sé, creo que me voy a resfriar.
– Me caí en el hielo y me hice daño en las rodillas.
– Sí, tuve gripe la semana pasada.
– Ya me siento mucho mejor.
– Sí, y odio ir al dentista,
– No, por suerte no.

2 Contar un problema ...

+ Me rompí una pierna.
+ Estaba esquiando y ¡zas! Me caí y ...
+ Me duele mucho la cabeza.
+ No, no. Es que anoche estuve en una fiesta y ...
+ ¡Sí, nunca más voy a beber tanto!
+ No puedo salir, me he quemado mucho.
+ No, no. He estado todo el día en la playa y ...
+ Creo que me he resfriado.
+ No, no, fiebre no tengo.
+ Otra vez tengo dolor de oídos.
+ Me duele el estómago.
+ Puede ser, fuimos de tapas y ...
+ No, no. No es necesario. Solo tengo náuseas.
+ Sí, tengo ganas de vomitar.

... preguntar cómo ha sido y reaccionar

– ¿Y cómo fue?
– ¡Qué mala suerte!
– ¿Estás enfermo?
– ¿Bebiste demasiado? ¿Es la resaca?
– Seguro que hiciste demasiada mezcla.
– ¿Has tenido un accidente?
– ¡Con este sol! ¿Cómo puedes ...?
– ¿Y has ido al médico?
– Pues todo el mundo está resfriado.
– Normal, ¡con este invierno tan frío!
– ¿Has comido demasiado?
– ¿Llamo al médico?
– ¿Quieres pasar al baño?
– ¡Uf, pobre!

3 Hablar del trabajo y el lugar donde se vive

+ ¿Cómo has elegido tu lugar de trabajo?
+ ¿Y tú? ¿Dónde trabajas? ¿Por qué?
+ ¿Dónde te gustaría vivir?

4 Dar buenos consejos

Sé positivo.
Sal con tus amigos.
Ten paciencia.
Llama a tu madre.
Canta en la ducha.

¡No hables de enfermedades!
No hagas todo hoy.
No comas tantos dulces.
No vivas para el trabajo.
No pienses en tu ex.

5 Hablar de temas de actualidad ...

+ El otro día leí en el periódico ...
+ Yo he oído que ...
+ Conozco un caso parecido ...
+ Hoy en día, no es problema.
+ Sí, por un lado, hay que pensar que ...

... y opinar al respecto

– Pues, yo en ese caso ...
– Es difícil, pero me parece que ...
– No sé, creo que ...
– Claro, es un problema ético.
– Eso es verdad, pero por otro lado ...

6 Hablar de películas

+ El otro día vi una película en la tele sobre ...
+ No recuerdo cómo se llamaba, pero ...
+ A mí no me gustó mucho. Tiene mucha violencia.
+ Puede ser, pero tiene escenas muy duras.
+ La película es muy humana, es buena.

– ¡Ah! Es un tema de gran actualidad.
– Pues, creo que yo también la vi.
– Pero es realista, ¿no?
– Trata con gran sensibilidad.
– Lamentablemente no tiene final feliz.

Gramática

A Estar + gerundio in der Vergangenheit

María llegó cuando **estaban viendo** la tele.
¿Qué **estabas haciendo**? – **Estaba jugando**.
Todo el día **he estado esperando** tu llamada.

Estar + **Gerundio** wird verwendet, um den Verlauf einer Handlung in der Vergangenheit zu beschreiben.

B Das Verb doler

Me duele la cabeza.
A Juan le duelen las muelas.

Das Verb **doler** verhält sich wie die Verben **gustar**, **encantar**, **interesar**. Es wird fast ausschließlich in der 3. Person verwendet und verlangt ein indirektes Objekt.

C Der verneinte Imperativ – regelmäßige Bildung

	-ar	-er / -ir
[tú]	**no** tom**es**	**no** com**as** / escrib**as**
[Ud.]	**no** tom**e**	**no** beb**a** / escrib**a**
[Uds.]	**no** tom**en**	**no** bab**an** / escrib**an**

Die Formen des verneinten Imperativs unterscheiden sich nur in der Du-Form von denen des bejahten Imperativs.
Der verneinte Imperativ wird ausgehend vom Verbstamm der 1. Person Singular Präsens des Verbs gebildet. An diesen werden folgende Endungen angehängt:
- Verben auf **-ar**: **-e**, **-es**, **-en**, z. B.
  [yo] **tomo** → [tú] **no tomes** – [Ud.] **no tome** – [Uds.] **no tomen**,
- Verben auf **-er** und **-ir**: **-a**, **-as**, **-an**, z. B.
  [yo] **como** → [tú] **no comas** – [Ud.] **no coma** –[Uds.] **no coman**.

Die Verneinung **no** steht vor dem Verb.

o → ue-: no d**ue**rmas, no j**ue**gues
e → ie-: no p**ie**rdas, no c**ie**rres
e → i-: no p**i**das, no s**i**gas
c → zc-: no tradu**zc**as

1. Person Singular Präsens auf **-go: no hagas, no salgas**

Weisen Verben in der 1. Person Singular Präsens eine Stammveränderung auf, so findet sich diese auch in der Du- und Sie-Form des verneinten Imperativs wieder, z. B.
[yo] **vuelvo** → [tú] **no vuelvas** – [Ud.] **no vuelva** – [Uds.] **no vuelvan**.

D Der verneinte Imperativ – unregelmäßige Formen

dar:	[tú] **no des**	– [Ud.] **no dé**	– [Uds.] **no den**
ir:	[tú] **no vayas**	– [Ud.] **no vaya**	– [Uds.] **no vayan**
ser:	[tú] **no seas**	– [Ud.] **no sea**	– [Uds.] **no sean**

Einige Verben bilden unregelmäßige Imperativformen, z. B. **dar**, **ir**, **ser**.

E Der verneinte Imperativ – die Stellung der Pronomen

\+ Quiero comprar este vestido.
– ¿Este vestido tan feo? **No lo compres,** por favor.

\+ ¿Has oído ya lo de Jaime y Cristina?
– **No me lo cuentes.** No quiero saberlo.

\+ ¿Es algo grave?
– No, no. **No se preocupe.**

Anders als beim bejahten Imperativ stehen die Objekt- und Reflexivpronomen beim verneinten Imperativ direkt vor dem Verb.

8 FELICIDAD ERES TÚ

¡Muchas felicidades!

- felicitar, brindar, expresar deseos
- expresar acuerdo y desacuerdo
- hablar de costumbres
- conocer fiestas y tradiciones
- el presente de subjuntivo

1 **Lea y relacione cada felicitación con el motivo correspondiente.** GRAMÁTICA A, B

1. boda
2. trabajo
3. Navidad
4. inauguración
5. cumpleaños
6. nacimiento
7. examen
8. competición

a ¡Te felicito, Mario! Cinco a uno, es realmente increíble. Ya veo: Maradona, Messi ... y Mario. ¡Que te diviertas con tu nuevo balón!
Tu abuelo Pancho

b ¡Je, je, je! ¡Tú siempre detrás de mí y nunca me alcanzas! Bueno, espero que lo celebres bien y que cumplas muchos. Lástima no poder estar allí. ¡El año que viene quiero que lo celebremos juntos! Saludos a los amigos.

c ¿Una floristería? ¡Qué buena idea! Tú siempre has tenido buena mano para las plantas. Me alegro mucho y por supuesto voy a ir el sábado. ¡Y espero que vaya mucha gente!

d ¡Hola a todos! Espero que lo paséis muy bien en familia, comáis mucho turrón y cantéis muchos villancicos. No os preocupéis por mí, estoy muy bien, claro que aquí en Pekín es todo muy diferente. Mil abrazos de vuestra Gloria.

e ¡Vaya, Alicia! ¡Qué éxito, ya has terminado tus estudios y en tan poco tiempo! Enhorabuena. Estoy orgullosa de tener una hermana así. ¡Qué pena que ya termine la vida de estudiante!

f ¡Qué buena noticia! ¡Que seáis felices y comáis perdices! Y ya sabéis, «No hay camino, se hace camino al andar.» Un abrazo, vuestro viejo amigo Federico

g ¿Es verdad lo de los «cazatalentos»? ¡Guau, siempre he dicho que eres un genio, pero esto no me lo esperaba! ¡Ojalá te paguen también como a un genio! Tu madre y yo estamos muy, muy orgullosos.

h ¡Felicidades a los dos! ¿Así que ¿Made in Germany con tecnología española? ¡Viva la Unión Europea! ¿Ya tiene nombre? Espero que suene bien en los dos idiomas. Desde ya, ¡bienvenido/-a al mundo!

2 **Relacione las columnas y forme frases.**

1. Me alegro mucho de vuestra boda.
2. Te mando un balón.
3. Te felicito por tu cumpleaños.
4. Feliz Navidad y próspero Año Nuevo.
5. ¡Bienvenido/-a al mundo!
6. Enhorabuena por el trabajo.
7. Mucho éxito en la nueva empresa.

Espero que ...
Ojalá ...

a) ... lo celebres con los compañeros.
b) ... tenga un nombre bonito.
c) ... seáis muy felices.
d) ... lo paséis bien y comáis cosas ricas.
e) ... te diviertas jugando con él.
f) ... vaya mucha gente a la inauguración.
g) ... te guste y te paguen bien.

3a **Pregunte a su compañero/-a qué es importante para su felicidad. ¿Hay respuestas comunes?**

muy importante   poco importante   bastante importante   nada importante

+ Para mí es importante ir bien vestido/-a.
– Pues para mí eso no es demasiado importante. Prefiero estar cómodo/-a.

quedar con mis amigos   dormir muchas horas
conducir un coche rápido   comer en buenos restaurantes   salir con una persona guapa
ir a muchas fiestas   ganar mucho dinero

3b **¿Qué es la felicidad? Cada uno/-a apunta su definición en un papel. La clase elige las tres definiciones más originales.**

+ Para mí, la felicidad es subir a una montaña, mirar el paisaje y escuchar el viento.
– Para mí, depende. A veces la felicidad es tomar un baño caliente, leer una revista y olvidarse del mundo.

3c **Lea lo que dicen algunos escritores y compare.**

▶ 1

La felicidad no existe en la vida. Solo existen momentos felices.
(Jacinto Benavente, escritor español)

La felicidad es como la neblina: cuando estamos dentro de ella, no la vemos.
(Amado Nervo, escritor mexicano)

Solo un idiota puede ser totalmente feliz.
(Mario Vargas Llosa, escritor peruano)

Tenemos solamente la felicidad que hemos dado a otras personas.
(Eduardo Pailleron, escritor francés)

El dinero no da la felicidad, pero ayuda.
(dicho popular)

Lo que dice ... es verdad, pero ...

Yo pienso que ... tiene razón.

Yo (no) estoy de acuerdo con ...

La definición de ... es casi como la de Ute.

Año nuevo, vida nueva

4 2/1 **Escuche los diálogos y marque las expresiones que oye. Escuche otra vez y compruebe.** GRAMÁTICA C, D, E

- [ ] ¡Que te mejores!
- [ ] ¡Feliz Año Nuevo!
- [ ] ¡Que aproveche!
- [ ] ¡Buena suerte!
- [ ] ¡Bienvenido!
- [ ] ¡Buen viaje!
- [ ] ¡A tu salud!
- [ ] ¡Chinchín!
- [ ] ¡Salud, amor y dinero!

5a **Lea los diálogos y complete las frases con los deseos de cada uno.**

▶ 2

Maribel: ¡A tu salud!
Fernando: Y que se cumplan todos tus deseos.
Maribel: ¡Ojalá! Y tus deseos también.

Lorenzo: ¿Cuál es tu mayor deseo?
Teresa: ¡Que vivamos todos en paz! ¿Y tú, qué quieres?
Lorenzo: Que se case mi hija y lleguen los nietos.

Julia: Ojalá recibas por fin tu pensión.
Abuelo: Sí, espero que este año me paguen.
Julia: ¡Ya es hora! Pues, ¡ojalá tengas suerte!
Abuelo: Y tú también, Julita, ¡que conozcas a un chico bien guapo!

Teresa: ¡Salud, amor y dinero!
Fernando: ¡Y tiempo para gastarlo!
Teresa: Espero que este año vendáis mucho en la tienda!
Diego: ¡Gracias! ¡Ojalá todos tengamos un buen año!

1. Fernando quiere que ...
2. Lorenzo quiere que ...
3. El abuelo espera que Julia ...
4. Diego espera que todos ...
5. El deseo de Teresa es que ...
6. Julia espera que el abuelo ...
7. Teresa espera que Fernando ...
8. Teresa quiere que Diego ...

5b **Descubrir** **Complete la tabla con el presente de subjuntivo. Complete el ¡MIRA! y conjugue los verbos.**

▶ 5, 6, 7, 8, 9

terminar	vender	vivir
termine	venda	viva
______	vendas	vivas
termine	venda	viva
terminemos	vendamos	______
terminéis	______	viváis
terminen	vendan	vivan

¡MIRA!

hacer	yo **haga**
tener	yo ______
llegar	yo **llegue**
pagar	yo ______
conducir	yo **conduzca**
conocer	yo ______

GRAMÁTICA

Ausdrücke des Wünschens und Hoffens wie ______, ______ oder ______ erfordern **presente** de **subjuntivo**. Die Formen werden von der 1. Person des Indikativs abgeleitet. Verben auf **-ar** bekommen ein **e**, Verben auf **-er** und **-ir** ein **a**. Bei einigen Verben passt sich die Schreibung der Aussprache an.

¡Feliz Nochevieja!

6 2/2

¿Qué le ocurrió al autor? Escuche el relato, mire los dibujos y ordénelos. Después cuente la historia mirando sólo los dibujos. Lea el texto y compare.

1. El chico fue a una fiesta y pidió una cerveza.

¡Otra vez Nochevieja! ¡Qué estrés! Empieza ya con la ropa interior, después la cena y a preparar las doce uvas ... Cuando por fin llegan las doce, en toda España se oye lo mismo: cla, cla, cla, cla ... Ding-dong ...Y toda la familia a darse besos: «¡Feliz Año! ¡Felicidades!»
¡Qué estrés, de verdad! Pero como es Nochevieja, ¡tienes que divertirte! Así que después te vas a una fiesta donde ya hay más de cinco mil personas. ¡Muy bien! Ahí te puede pasar de todo, como me pasó a mí el año pasado. Yo estaba tan tranquilo con mi cerveza, cuando de repente alguien me cogió de un brazo y me dijo: ¡¡¡COOONGAA!!!*
Y, claro, tienes que bailar. Bueno, pues íbamos bailando, cuando, de repente, vi venir otra conga conducida por un vikingo. Para no chocar, giramos a la derecha ... ¡contra un espejo! El resultado: ¡doce heridos y un enorme espejo roto!
Me desmayé y desperté en una sala de urgencias, con todos los de mi conga. Como allí también era Nochevieja, el médico llevaba dientes de Drácula. Cuando salí me quería ir a dormir, pero terminé, a las ocho de la mañana, en un bar.
– Oiga, póngame un chocolate con churros. – Pues, los últimos se los han comido los de una conga. ¡Había un gordo con un casco de vikingo que tenía un cachondeo* increíble!

Texto adaptado de «El club de la comedia»
Santillana Ediciones

* **bailar la conga**: bailar en fila, uno detrás de otro
* **cachondeo**: diversión

7 ▶ 3

Actividad **Pregunte a sus compañeros cómo pasan ellos la Nochevieja.**

¿Cómo pasas la Nochevieja?
¿Con quién/es la pasas?
¿Dónde os reunís?
¿A qué hora empieza la fiesta?
¿Tomas todos los años lo mismo?
¿Qué hacéis?
¿Hay algún ritual especial?
¿A quién felicitas primero?
¿Ves los fuegos artificiales?
¿Cuándo termina la fiesta?

COMUNICACIÓN

Nosotros nos reunimos en casa de mis amigos y jugamos a las cartas.
Mi abuelo hace un ritual con plomo para adivinar el futuro.
A medianoche, salimos a la calle y tiramos cohetes y miramos los fuegos artificiales.
Después bailamos. Nos acostamos a las ...

8

Escriba un relato autobiográfico con uno de estos títulos:

«Una fiesta inolvidable», «¡Qué cachondeo!» o «¡Uf, otra vez Nochevieja / Carnaval!»

Español práctico

La magia de los Reyes

9 **Lea el texto y compare con las costumbres de su país. Discuta con sus compañeros.** GRAMÁTICA F, G
¿Cuándo se hacen los regalos? ¿Quién(es) los trae(n)? ¿A quiénes se les regala algo?

+ Eso aquí es muy diferente ...
– Depende, pues aquí también ... No sé, en mi familia ...

En el mundo hispano las Navidades son fiestas alegres. Generalmente se reúne toda la familia en casa de los abuelos para comer y charlar. Algunas familias cantan villancicos o van a la iglesia. Sin embargo, la fiesta más importante es la de Reyes, el seis de enero, porque son los Reyes Magos quienes traen los regalos.
Por la noche, los niños sacan sus zapatos al balcón y esperan que haya regalos al día siguiente. Algunos dejan también agua para que los camellos beban después del largo viaje. Como hay tantos niños y tan poco tiempo, los Reyes necesitan ayuda. Por eso, muchas tiendas hacen publicidad para que sepan cuáles son las últimas novedades. Padres y abuelos compran los regalos con gusto, porque quieren que los niños estén contentos y sean felices.

10 **Lea los anuncios y diga de qué tienda es y de qué artículos hacen publicidad.**

una zapatería	una juguetería	una tienda de ropa

¡MIRA!
tantos niños (adjetivo)
tan poco tiempo (adverbio)
tan bonita (adverbio)

Juguetes Pinocho
Gran surtido de juguetes educativos para que los niños aprendan jugando. Mañana abierto hasta medianoche para que Melchor, Gaspar, y Baltasar busquen tranquilos el regalo para cada niño.

Oferta especial Día de Reyes
Ropa deportiva, cómoda y bonita para que sus hijos no pasen frío.
¡Ahora tan bonita como siempre pero más cómoda!
Todas las tallas y colores.
Chic & Tincitos. Ropa para niños.

Hoy y mañana – Día de Reyes
Venga con sus niños a
«El Gato con Botas»
Los Reyes Magos presentan los mejores zapatos y botas.
Para que sus hijos vayan a jugar con alegría y usted esté contento. Por cada par de zapatos un regalo sorpresa.

11a **Descubrir** ¿Para qué? Lea otra vez los textos de los ejercicios **9** y **10** y pregunte a sus compañeros los motivos.
+ ¿Para qué sacan los zapatos al balcón?
+ ¿Para qué les dejan agua a los camellos?

¡MIRA!
para que + subjuntivo
Para que **busquen** tranquilos.

11b **Subraye las formas verbales. Apunte aquí la primera persona y conjugue los verbos en su cuaderno.**

GRAMÁTICA
Presente de subjuntivo, formas irregulares

Ser	estar	saber	ir	haber (hay)
sea	______	______	______	______

12 **Actividad** **Hagan una lista de regalos para sus compañeros y discutan para quién y para qué puede ser cada cosa.**
▶ 10

+ A Martin le podemos regalar el reloj, ¿no?
– Sí, para que siempre sepa qué hora es y no nos pregunte todo el tiempo.

un diccionario
zapatillas
un reloj

Cultura e intercultura

La Nochevieja y sus rituales

13 ▶ 4, 11, 12 **En el mundo hispano hay muchas costumbres similares, otras varían de región en región. Describa los dibujos. ¿Conoce estos rituales? Imagine para qué son. Después lea y compruebe.**

tener suerte | obtener dinero | encontrar el amor | tener buena salud | alejar malos espíritus

En el dibujo a, están ...

Me parece que es un ritual para ...

España
A las doce de la noche se toman las doce «uvas de la suerte», delante del televisor, mirando el reloj de la Puerta del Sol. Con cada campanada hay que comer una uva. Este ritual lo inventaron en 1909 porque había demasiadas uvas y hoy en día es tradición en toda España. Para muchos la fiesta dura toda la noche: ven los fuegos artificiales, se disfrazan, bailan ... A las 8 o las 9 de la mañana los mayores se van a la cama y los jóvenes van todavía a tomar el tradicional chocolate con churros en un bar.

Venezuela y Colombia
En Venezuela se preparan «hallacas» para los amigos y vecinos. Es una comida típica, que se cocina en paquetes hechos de hojas de plátano o de maíz, un método muy ecológico y muy práctico ya que no hay que lavar platos. En Colombia hay distintos rituales: por ejemplo encender velas y cerrar las puertas para que no entren los malos espíritus. Para tener buena salud, hay que esperar la medianoche en acción y para encontrar el amor, besar primero a alguien del otro sexo. Y no se olvide, si usted quiere viajar, debe salir a pasear con una maleta bien grande.

Cono Sur
En Sudamérica las fiestas de Fin de Año son al aire libre, pues allí es verano. La gente bebe sidra, cerveza o zumos. A medianoche es costumbre poner un anillo en la copa y brindar por la «felicidad y prosperidad». En Buenos Aires muchas familias arrojan confeti desde los altos edificios y piensan sus deseos. ¡Y se cumplen! Los chilenos son los últimos en despedir el año, cuando el sol desaparece en el Pacífico. Los jóvenes festejan en la playa: miran los fuegos artificiales en el mar y arrojan al agua sus zapatos viejos para olvidar el pasado.

México y Caribe
En México es muy popular el pastel de sorpresas, con pequeños regalos. También es costumbre limpiar la casa para alejar los malos espíritus. En Cuba y en Puerto Rico se tira agua a la calle con el mismo objetivo. Por otro lado, para obtener dinero hay que poner una moneda en los zapatos. Lo mejor es ponérsela a otra persona sin que se dé cuenta. Muy importante es el color de la ropa interior: el amarillo trae buena suerte, pero para encontrar el amor debe ser roja. ¡Si no lo cree, pruebe usted mismo!

14 **Apunten el vocabulario relacionado con la Nochevieja y preséntenlo.**

15 **Actividad** **¿Conoce otros rituales de Nochevieja o de otros países? ¿Qué significado tienen?**

Ejercicios

1 **Relacione las dos columnas y encontrará seis citas famosas.**

1. Las personas felices
2. La felicidad es amor, no otra cosa.
3. Felicidad no es hacer lo que se quiere,
4. Para ser feliz basta con tener buena salud
5. Con las flores, los libros y la luna,

a) El que sabe amar es feliz. *Hermann Hesse*
b) ¿quién no sería perfectamente feliz? *Oscar Wilde*
c) y mala memoria. *Ingrid Bergman*
d) es querer lo que se hace. *Jean-Paul Sartre*
e) no tienen historia. *Simone de Beauvoir*

2 **¿Que expresiones utilizan las personas? Complete.**

3a 2/3 **Pronto es Fin de Año. Escuche y complete la tabla. Después explique detalladamente.**

	lo que van a hacer	lo que les gustaría	por qué no lo hacen
Carla			
Luis y Ana			
El señor Oliva			

3b **Informe sobre cómo va a pasar usted las fiestas y cómo le gustaría hacerlo.**

4a **Las costumbres de Nochevieja: ¿Qué costumbres asocia con qué países?**

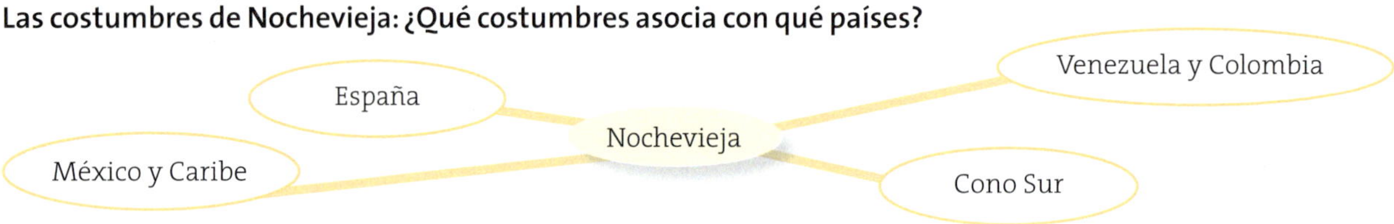

4b **¿Qué costumbres le gustan? ¿Qué costumbres no le gustan? ¿Por qué?**

5 **Complete la tabla con las formas del subjuntivo.**

estudiar	comer	escribir
estudies		
		escriba

conocer	tener
conozca	
	tengamos

6 **Practicar** Haga frases.

Espero que Quiero que Ojalá	(tú) todos mi novio Ana (nosotros)	trabajar menos comprar un coche viajar mucho terminar pronto ganar el Gordo

7 **Complete las frases.**

1. Ojalá Pedro ______________ (conocer) la situación.
2. Espero que tú me ______________ (llamar) por teléfono.
3. ¡Ojalá Marta y Jorge ______________ (tener) suerte!
4. Espero que ______________ (tomar) juntos un cava, ¿no?
5. Quiero que vosotros me ______________ (escribir) un SMS.
6. ¡______________ (vivir) los novios!
7. Stefan quiere que yo ______________ (estudiar) alemán.
8. Espero que nuestro viaje de boda ______________ (ser) por Alemania.

8 **Complete los deseos con las formas correctas de los verbos que faltan.**

beber | llegar | pagar | hacer | escribir | venir | trabajar | salir

1. Mis colegas están de viaje. Espero que me ______________ una postal.
2. Todavía no habéis venido a ver mi piso. Espero que ______________ a verlo.
3. El jefe nunca hace nada. Siempre quiere que nosotros ______________ todo.
4. Todavía no nos han pagado. Ojalá nos ______________ pronto.
5. Trabajo muchísimo. Mis padres no quieren que ______________ tanto.
6. El abuelo bebe demasiado. El médico quiere que ______________ menos.
7. Él no sale nunca de casa. Espero que en primavera ______________ más.
8. Juan, tú siempre llegas tarde. Quiero que mañana ______________ a tiempo.

9 **Actividad** **Escriban una postal a un/a familiar o un/a amigo/-a para desearle un feliz Año Nuevo.** Ejemplo:

Querida Marga:
Muchas gracias por las fotos. Espero que pases una feliz Nochevieja genial en la playa y que tengas un feliz Año Nuevo. Ojalá vengas a Alemania pronto, sería genial. Ya sabes, quiero que conozcas a mi novio ... y a su «hermanito», ¡que está muy bien!
Un abrazo, Susanne

10 **Conteste las preguntas según el ejemplo en su cuaderno.**

1. ¿Para qué me das dinero? – Ir (tú) al cine.
   Para que vayas al cine con tus amigos.
2. ¿Para qué me lo dices? – Saber (tú) lo que pasa.
3. ¿Para qué nos lo dices? – Estar (vosotros) tranquilos.
4. ¿Para qué nos llamas? – Saber (vosotros) cuándo llego.
5. ¿Para qué me dices cuándo llegan? – Ir (tú) a recogerlos al aeropuerto.
6. ¿Para qué cocinas tanto? – Comer (vosotros) bien antes de la excursión.
7. ¿Para qué pones azúcar a los espárragos? – Estar (los espárragos) más ricos.
8. ¿Para qué les explicas tanto? – No haber problemas.

11a **¡Qué suerte! Mire la foto, lea el artículo y póngale un título.**

«¡Me ha tocado! ¡Me ha tocado!», decía y repetía una joven con lágrimas en los ojos, y Francisco, un jubilado, sonreía. «Ahora tengo que ir al banco». Los vecinos de Las Navas brindaban con cava y se abrazaban, saltaban y bailaban de alegría porque les había tocado el «gordo de Navidad» y tenían en sus manos 10 de las 170 series del número ganador. La gente salió a la calle e hizo una fiesta. La policía tuvo que cortar el tráfico. No era para menos, pues era el Gordo más grande de la historia y todos tenían ya mil planes. Además querían pintar el pueblo y plantar árboles y flores.

La Lotería de Navidad se juega desde 1812. Es la más antigua y la más grande del mundo ya que da el 70 % del importe recaudado. Se sortea el 22 de diciembre, de ahí su nombre. El 98 % de los españoles y muchos extranjeros compran una participación. Normalmente comparten un número con compañeros de trabajo, amigos o vecinos. Todos tienen la ilusión de hacerse ricos.

Compartir la esperanza es excitante y por supuesto compartir un premio es mejor todavía. Por eso, durante las cuatro horas que dura el sorteo, hay poca gente por la calle. Año tras año, los niños del Colegio de San Ildefonso de Madrid cantan los números ganadores y mucha gente sigue el sorteo por la tele.

11b **¿Correcto o falso? Corrija las frases que no son correctas y resuma el texto.**

	correcto	falso
1. El «Sorteo de Navidad» existe en España desde 1812.	☐	☐
2. Los niños del Colegio de San Ildefonso de Madrid ganaron el sorteo.	☐	☐
3. Durante el sorteo, la policía tiene que cortar el tráfico durante cuatro horas.	☐	☐
4. Compartir la esperanza es más excitante que compartir el premio.	☐	☐

12 ¿Tan o tanto/-a/s? Complete el diálogo.

+ ¡Qué zapatos ______ bonitos! ¡Tengo ______ ganas de comprármelos!
– ¡Pero Noemí, ya tienes ______ zapatos y tenemos ______ poco dinero!
* ¡Uf! Tú no lo entiendes, para ti no es ______ importante estar bien vestido.
* Bueno, sí, pero la verdad es que ¡hay ______ cosas más importantes!
* ¡Ya sé, ya sé! No discutamos ______! Tengo ______ ganas de salir hoy ...

13 Corin Tellado hizo felices a millones de mujeres con sus novelas rosa. Lea las siguientes expresiones e imagine su vida. Después complete el texto, escuche y compruebe.

2/4

1. pionera de la literatura 2. amor y desamor 3. autora más vendida 4. secreto del éxito

Corín Tellado fue probablemente la autora más famosa de la literatura popular española del siglo XX. Publicó unas 4 000 «novelas rosa» y muchas fotonovelas. La mayoría están traducidas y algunas filmadas para el cine o la televisión. Sus novelas tratan de ______ y están cargadas de conflictos y sentimientos. Sus protagonistas son mujeres que viven historias románticas, pasiones, aventuras, matrimonios rotos, etc. Viven en el presente y luchan día a día con su destino. Las novelas de Corin Tellado fueron un fenómeno sociológico. En la España de Franco se vendían en los quioscos y eran las lecturas preferidas de amas de casa y empleadas del hogar, pues ponían color y fantasía en sus vidas. Las lectoras se identificaban con ellas. Ese era quizás el ______.
Llama la atención que Corin Tellado les daba ánimo, valor y coraje mostrándoles por ejemplo protagonistas con coche propio en una época en que España pocas mujeres conducían. Sin embargo, la censura franquista tuvo gran influencia. En sus novelas hay muchos besos, pero pocas descripciones. Además, todas terminan en boda. La autora cuenta que «le enseñaron a insinuar, a sugerir más que a mostrar».
Corín Tellado fue una ______ romántica. También fue la primera en publicar una novela completa en la Red, antes que Stephen King. Con más de 400 millones de ejemplares vendidos, es la ______ en lengua castellana, y figura en el *Libro Guinness de los Récords*. Sus obras tuvieron un éxito especial en Latinoamérica, donde impulsaron la creación de las telenovelas, los famosos culebrones que ponen todos los días en la tele.

14 Escriba una escena o un resumen de una «novela rosa» con los siguientes elementos. ¡Con final feliz!

salir tarde del trabajo | perder el autobús | tener buena suerte
hablar con chico/-a guapo/-a | ir al cine | encontrar un billete de lotería

Comunicación

1

Felicitar las fiestas ...
+ ¡Felices fiestas!
+ Feliz Navidad y próspero Año Nuevo ...
+ ¡Salud a todos! ¡Felicidad y prosperidad!
+ ¡Salud, dinero y amor!
+ ¡**Ojalá** que **tengamos** un buen año!

... y agradecer
– Gracias, lo mismo a vosotros.
– ¡Que lo paséis bien y lo celebréis con vuestra gente!
– La salud es lo primero.
– ¡Y tiempo para gastarlo/disfrutarlo!
– ¡Sí, y que vivamos en paz!

2

Hablar de las fiestas de fin de año ...
+ ¿Cuándo se dan los regalos?
+ ¿Quién(es) los trae(n)?
+ ¿A quiénes se les regala algo?

... y comparar
– **Eso aquí es muy diferente ...**
– **Depende**, aquí también ...
– No sé, en mi familia ...

3

Felicitar y expresar buenos deseos ...

Te felicito por tu cumpleaños.
Felicidades por vuestra boda.
Enhorabuena por el bebé.
Le mando un osito de peluche.
Espero que la abuela se mejore pronto.

Espero que se cumplan todos tus deseos.
Me alegro mucho y espero que seáis felices.
Bienvenido/-a al mundo.
Espero que se divierta jugando con él.
Nunca hay que perder la esperanza.

4

Expresar deseos en el ámbito profesional
+ **Mucha suerte en** tu examen.
+ **Ojalá** encuentres un buen trabajo.
+ **Mucho éxito en** la nueva empresa.
+ ¡Que tengas mucho éxito!
+ **¡Que tengas suerte!**

... y reaccionar
– Gracias. Espero terminar pronto mis estudios.
– **Lo principal es que** sea interesante.
– Pues, sí. **Ojalá tenga** buenos compañeros.
– ¡Ojalá me paguen bien!
– **Y tú, ¡que conozcas** a un chico bien guapo!

5

Expresar finalidad

Le regalamos un libro **para que lea** en el viaje.
Lee bien todo **para que sepas** de qué se trata.
Te dejo mi abrigo **para que no pases** frío.
Dime cuándo llegas **para que vaya** a recogerte.

6

Hablar de supersticiones

Ponte ropa roja **para que** encuentres el amor.
Tiran agua **para que se vayan** los malos espíritus.
Arrojan confeti **para que se cumplan** los deseos.
Ponen un anillo en la copa **para que les traiga** suerte.

7

Intercambiar opiniones

Para mí es importante ...
Depende, a veces ...
Lo que dice ella **es verdad, pero** ...

Para mí **eso no es demasiado importante**.
Yo (no) estoy de acuerdo con ...
Yo pienso que él (no) **tiene razón**.

Gramática

A Der Subjuntivo Präsens

¡Ojalá (que) **tengas** suerte!
Espero que este año **termines** tus estudios.

Der **Subjuntivo** im Spanischen kommt sehr häufig vor und wird ganz anders gebraucht als der Konjunktiv im Deutschen.

B Gebrauch

¡Ojalá (que) tengas suerte!
¡Que lo pases bien!
Espero que te vaya muy bien.
Queremos que se cumplan todos tus deseos.
Te escribo **para que** sepas todo.

Yo / nosotros	**Quiero que vayamos** al campo.
Yo / yo	**Quiero ir** al campo.

Subjuntivo wird verwendet:
- in Wünschen, die mit **¡Que ...!** anfangen.
- in Wunschsätzen nach **¡Ojalá ...!**.
- bei Willensäußerungen nach **esperar que ...** oder **querer que ...**
- bei Zweckangaben, nach **para que ...**

Achtung: Der **Subjuntivo** wird nur verwendet, wenn Haupt- und Nebensatz sich auf unterschiedliche Personen beziehen.

C Regelmäßige Formen

Verben auf **-ar**	Verben auf **-er**	Verben auf **-ir**
tom**e**	beb**a**	viv**a**
tom**es**	beb**as**	viv**as**
tom**e**	beb**a**	viv**a**
tom**emos**	beb**amos**	viv**amos**
tom**éis**	beb**áis**	viv**áis**
tom**en**	beb**an**	viv**an**

Der **Subjuntivo** Präsens wird von der 1. Person Singular Präsens abgeleitet. An den Stamm der 1. Person Singular Präsens werden bestimmte Endungen angehängt.
Bei den Verben auf **-ar**: **-e, -es, -e, -emos, -éis, -en**.
Bei den Verben auf **-er** und **-ir**: **-a, -as, -a, -amos, -áis, -an**.

D Verben mit unregelmäßigem Stamm in der 1. Person Singular Präsens

Verben auf **-go**:
tener: yo **teng**o → **teng**a

Verben auf **-cir** / **-cer**:
traducir: yo **traduzc**o → **traduzc**a
conocer: yo **conozc**o → **conozc**a

Die Verben, die in der 1. Person Singular Präsens auf **-go** oder **-zco** enden, weisen diese Stammänderung auch im **Subjuntivo** Präsens auf. An den unregelmäßigen Stamm werden die regelmäßigen **Subjuntivo**-Endungen angehängt.

E Verben mit Änderungen der Schreibung

c zu **qu**: comunicar → comuni**qu**e
g zu **gu**: llegar → lle**gu**e

Einigen Verben müssen die Schreibung der Aussprache anpassen.

F Unregelmäßige Formen ser, estar, saber, ir

(yo) sea esté sepa vaya

Ser, **estar**, **saber** und **ir** haben unregelmäßige Formen im **Subjuntivo Präsens**.
Der **Subjuntivo** Präsens von **hay** lautet **haya**.

G tan – tanto

– ¡Hola! ¿Qué tal? ¡**Tanto** tiempo sin verte!
\+ ¡Es verdad! ¡Tengo **tantas** cosas que contarte!
– ¡Lástima que tengas **tan** poco tiempo!
\+ ¿Siempre tienes **tantos** problemas?
– Bueno, sí. Es que trabajo **tanto**, ¿sabes?

Tan (so) benutzt man wie **muy** mit Adjektiv oder Adverb. Es ist unveränderlich.
Tanto (soviel) benutzt man wie **mucho** mit Verb oder mit Substantiv. Bei Substantiven passt es sich an.

9 ¡... Y QUE SEA BARATO!
En el Rastro

- preguntar el precio y negociar
- describir un cuadro
- presente de subjuntivo: verbos con cambios vocálicos
- oraciones de relativo
- **ir – venir, llevar – traer**

1 **Hable con sus compañeros sobre los mercadillos.**

¿Les gustan los mercadillos? ¿Por qué?
¿Qué compran allí? ¿Regatean los precios?
¿Cuáles han sido sus mejores compras? ¿Hay algo que nunca comprarían?

2 **Haga una lista de los objetos que se venden en un mercadillo. Lea el texto y compare. Cuente algo sobre el Rastro.**
¿Qué hace la gente allí? ¿Cómo se puede llegar?
¿Qué día se puede comprar en el Rastro?

El Rastro es uno de los mercadillos más antiguos de Madrid y sin duda el más popular. Los domingos muchos madrileños van a pasear por allí: disfrutan del ambiente, miran los puestos y toman una caña o un vino con unas ricas tapas. Algunos buscan un objeto determinado, como un cuadro o una lámpara, a otros simplemente les gusta ver cosas y regatear los precios. En el Rastro hay de todo: cosas nuevas y cosas usadas, mascotas, ropa, relojes, bisutería, artesanía de madera o de plata, muebles antiguos, libros y revistas. Eso sí, es bueno ir temprano porque a partir del mediodía, a pie, en metro o en autobús, llega una avalancha de gente y ya no se puede ni caminar por las calles.

CULTURA

En España	En Hispanoamérica
mercadillo	mercado de pulgas

3 **Mire los objetos y adivine de qué material son.**
▶ 1, 2
Los abanicos son de seda.

cristal | lana | algodón | oro | seda | plata | plástico | cuero | madera

4 **Mire los dibujos, escuche los diálogos y relacione.**
2/5
▶ 3
Escuche otra vez y diga de qué material es cada objeto. Después, explique con otras palabras lo que significa:

de segunda mano | una ganga | exclusivo | cursi

5a Usted ha encontrado un cuadro que le gusta. ¿Qué ve en el cuadro? Relacione.

1. ☐ la campesina
2. ☐ el volcán
3. ☐ el árbol
4. ☐ la cesta
5. ☐ el sombrero
6. ☐ el lago
7. ☐ la casa
8. ☐ la escalera
9. ☐ la colina
10. ☐ la iglesia
11. ☐ la vasija
12. ☐ la roca

5b Juego de roles. Usted cree que su cuadro es auténtico. Llame a un amigo experto en arte. ¡Él quiere saber todos los detalles y hace mil preguntas!

\+ Hola, Rubén, estoy en un mercadillo y he encontrado un cuadro fantástico.
– ¡Ojo con los mercadillos, hay muchas falsificaciones!
\+ Ya lo sé, pero se trata de un auténtico González Escobar.
– ¡Hombre, tranquilo, que Escobar está en los museos y no en los mercadillos!
\+ Claro, pero el motivo, los colores, el paisaje, todo es auténtico.
– A ver, ¿puedes describirme el cuadro?
\+ Pues, en primer plano se ven ...

CULTURA
González Escobar es un pintor guatemalteco. Pinta sobre todo mercados mayas, iglesias y procesiones.

COMUNICACIÓN

En el cuadro	Arriba / abajo	hay
En primer plano	Al lado de ...	se puede/n ver
En el centro del cuadro		está/n caminando, hablando, vendiendo, etc.
Al fondo		está/n sentado/s
Al lado derecho / izquierdo		está/n

6 (2/6) Escuche y compare. ¿Se mencionan los mismos detalles? Complete su descripción.

7 Y a usted, ¿le gusta el cuadro? ¿Por qué? ¿Por qué no? Comente con sus compañeros.

(No) me gusta el motivo / el estilo ...

A mí (no) me gusta el paisaje porque ...

Los colores me parecen muy ...

8 **Tarea** Preparen un mercadillo con objetos como bolígrafos, relojes, móviles, etc. Hablen en parejas y hagan comentarios. Elijan un objeto y negocien con su dueño.

\+ ¡Mira, Inge, qué pulseras tan bonitas!
– ¡Es verdad! Oiga, ¿de qué son esas pulseras?
* ¿Estas? Son de plata mexicana. Cuestan 20 euros.
\+ ¿Tanto? ¿No hay descuentos para estudiantes?

Tablones de anuncios

9 **Los tablones. Lea e informe. ¿Dónde hay tablones en su ciudad ? ¿Qué se busca y qué se ofrece?**
Hoy en día todo se vende, se alquila o se regala. En todas partes se ven tablones de anuncios, en el supermercado, la tienda del barrio, la parada de autobús y, por supuesto, en la Red.

10a **Lea los anuncios y pregunte a sus compañeros.** GRAMÁTICA A, B

¿Qué se busca? ¿Cómo tiene que ser? ¿Cuáles son los requisitos? Se busca un hombre que sea fuerte y pueda ayudar en el jardín.

Canguro
Busco persona de confianza que viva cerca y pueda venir dos o tres veces por semana a cuidar a mis dos hijos de dos y cuatro años, y que duerma aquí de vez en cuando.
Tel. 958 776 539

¡MIRA!
Wie soll ... sein
Un/a ... que + subjuntivo
Un hombre que me ayude en el jardín.

Atención: *Agencia Turística* busca chicas y chicos que conozcan bien el barrio y quieran ganar su propio dinero repartiendo publicidad a domicilio.
info@viajestramontan.es

Intercambio inglés – catalán
Somos tres secretarias inglesas y buscamos jóvenes que hablen y escriban catalán, que entiendan un poco de inglés y quieran hacer tándem con nosotras.
gladys.taylor@iberlandia.es

Estudiante busca escritorio
que esté en buen estado y que sea gratis o no cueste demasiado. Ir a recogerlo no es problema.
Móvil:
627 453 100 627 453 100 627 453 100 627 453 100 627 453 100 627 453 100

Me llamo Fifí y busco pensionistas que tengan tiempo y no pidan nada más que mi cariño. Quiero que me saquen a pasear por la mañana y por la tarde, si es posible, siete días por semana.
Teléfono 958 21 63 35

Hombre fuerte
Necesito un hombre que me ayude en el jardín, repare y pinte los muebles y haga otros trabajitos.
No puedo pagar mucho, pero cocino muy bien.
Interesados llamen al 696 577 090 y pregunten por Doña Lola.

10b **Lea otra vez los anuncios y discuta con sus compañeros para quién son interesantes.**

Ramiro: Tiene 65 años, pero se siente joven. Sabe hacer de todo, menos cocinar.
Rosario: Es viuda y vive sola. Los días son largos para ella, a veces se aburre un poco.
Jordi: Es estudiante. Le gustaría trabajar un tiempo en Australia para tener experiencia.

11 **Marque los requisitos en los anuncios. Lea la regla y conjugue el presente de subjuntivo de los verbos: entender, poder, sentir, pedir y dormir.**
▸ 4, 5, 6, 7, 8

GRAMÁTICA
Verbos con cambios vocálicos
Verben mit Vokalwechsel im Indikativ ändern den Stamm auch im **subjuntivo**:
– Verben auf **-ar** und **-er**, in denselben Personen wie im Indikativ Präsens.
– Verben auf **-ir**, in allen Personen. – Bei **dormir** (**ue**) aber **durmamos**, **durmáis**.

12 **Escriban un anuncio y expliquen lo que necesitan. Cuelguen los anuncios en el aula. Luego discutan para quién puede ser interesante cada anuncio.**

Este anuncio podría ser interesante para ... porque le gusta ...

Creo que este es ideal para ti.

No, este no me interesa.

Arte por teléfono

13 **Mire el cuadro del pintor argentino Quinquela Martín. Descríbalo y piense un título. Pregunte a sus compañeros si les gusta o no y por qué.**

14a **Lea el texto y diga qué prefiere la mayoría de la gente y qué prefiere usted.**

¿Ha pensado alguna vez en su cuadro ideal? ¿Qué colores prefiere? ¿Le gustan los motivos abstractos o prefiere formas concretas? Vitaly Komar y Alexander Melamid, dos artistas rusos que viven en los Estados Unidos, han preguntado por teléfono a numerosas personas sus preferencias y han usado las respuestas como base para sus propias obras.

Hay muchos gustos similares. Por ejemplo, a la hora de elegir el motivo, el 88 % de los entrevistados prefiere paisajes, en especial paisajes con agua. Eso explica por qué el azul y el verde son los colores preferidos, mientras que el amarillo ocupa el último lugar y los colores ambiguos están en lugares intermedios. El paisaje ideal es abierto, con mucha luz, algún árbol y quizás algún animal. A la mayoría de la gente no le gustan los cuadros abstractos. Respecto al tamaño, en Rusia el 70 % de los entrevistados prefiere cuadros pequeños, en los Estados Unidos grandes como una lavadora y en China más grandes todavía. En lo que casi todos están de acuerdo es en la forma de mirar un cuadro: nos gusta «mirar por una ventana abierta» y ver un paisaje tranquilo.

14b **Haga una encuesta en la clase y compare sus resultados con los de Komar y Melamid.**

tamaño	mediano / DIN A 3 / no muy grande	**colores**	favoritos / desagradables
tema	gente / retratos / paisajes / ciudades	**motivo**	abstracto / formas concretas
estilo	realista / surrealista / barroco / naif	**técnica**	óleo, acuarela, acrílico, collage

\+ ¿Te gustan los motivos abstractos? – No, prefiero paisajes, me gustan las acuarelas.

15 ▶ 9 **Pregunte a sus compañeros: ¿Les gusta ir a los museos? ¿Qué tipo de cuadros prefieren? ¿Cuál fue la última exposición que vieron? ¿Cuál es su pintor/a preferido/-a y por qué?**

COMUNICACIÓN

A mí me encanta / me gusta / (no) me gusta ir a los museos.
(No) me gusta el arte moderno / el expresionismo / el impresionismo / la pintura del siglo XVI ...
(No) me gustan los cuadros abstractos / los paisajes / los retratos / los cuadros oscuros / con luz y color.
La última exposición que vi fue la de un pintor español / de pintura clásica ...
Mi pintor/a preferido/-a es ... porque sus cuadros son muy alegres / tiene un estilo abstracto ...

16 **Tarea** **Traigan postales o fotos de sus cuadros favoritos y hagan una exposición. Busquen un nombre para cada sala. Apunten información sobre cada obra. Luego hagan visitas guiadas. El público puede hacer preguntas.**

Español práctico

Si quieres, llevo algo ...

17 2/7

Escuche las llamadas y apunte quién lleva qué a la fiesta.

música paella pan carne
bebidas ensalada

¡MIRA!

ir + **llevar** → **allí** – *dahin, vom Sprecher weg*
venir + **traer** → **aquí** – *hierher, wo der Sprecher sich befindet*
\+ ¿Vienes a la fiesta? – *Kommst du (zu mir) zur Party?*
– Sí, voy con Jorge y llevo el vino. – *Ich komme mit Jorge / ich gehe mit Jorge hin und ...*
\+ ¿Traes el pan también?

18 2/8

▶ 10, 11, 12, 13

Complete los diálogos.
Después escuche y compruebe.

voy (2x) va viene va y viene trae (3x)
venís hemos ido vais he traído has traído
vamos han traído

1. **Irene:** Hola, Sofía, hemos venido temprano porque ____________ primero al aeropuerto.

   Sofía: Hola. ¿Habéis llevado a tu hermana?

   Irene: Sí, se ____________ otra vez a Chile. Ella ____________ dos veces por semana. Es azafata, ¿sabes?

   Sofía: Sí, ya lo sé. Y cuando viene, ¿os ____________ muchos regalos?

   Irene: A mí, no, pero a los niños siempre les ____________ algo.

   Sofía: ¡Qué bien! Bueno, ¿ ____________ el pan, Irene?

   Irene: Sí, claro y ____________ también unos churros para la merienda. Está todo en el coche, ____________ a buscar las bolsas.

   Sofía: Mira, allí ____________ mi hermano. Él te ayuda.

2. – ¡Hola, Sofía! El bufé es fantástico! ¿Quién ha hecho tantas cosas?

   Sofía: Mis amigos ____________ todo. Pero falta la fruta. ¿Puedes ir rápido al pueblo?

   – Claro, ____________ en la moto y vuelvo enseguida ¿Qué frutas traigo?

   Sofía: Pues ____________ lo que encuentres. Aquí tienes dinero y llévate una bolsa.

   Bueno, ¿qué hacéis todos en la cocina? ¿Por qué no os ____________ afuera?

   – Eso, ____________ afuera, chicos. ¿Podemos llevar algo?

   Sofía: Pues, claro, los platos, el pan, las ensaladas.

   Padre: ¡Chicos, la barbacoa está lista! ¿Por qué no ____________ ?

19 **Elijan un anuncio del ejercicio 10 y preparen un diálogo telefónico. Presenten el diálogo a la clase.**

\+ ¿Diga? – ¡Hola! Soy Anabel Torres. Llamo por el anuncio de la lavadora. ¿Me la traen a casa?

Cultura e intercultura

Los secretos del abanico

20 **¿Qué es típico español? Comente con su compañero/-a.**
Para mí, las castañuelas, las fiestas, el flamenco ... ¿Y para ti?

21a **Lea el artículo y cuente.**

¿Dónde se usó el abanico? ¿Cuándo se puso de moda? ¿Quién inventó el abanico moderno? ¿Para qué se usó mucho tiempo? ¿Cómo llegó a Europa? ¿Y ahora, cuándo se usa?

El abanico es, en efecto, un objeto típico español. Sin embargo, ya se usaba antes en otras culturas. En Grecia, Roma y en el antiguo Egipto, por ejemplo, los esclavos tenían que dar aire a sus señores con grandes abanicos.

En el siglo XVI llegaron a Europa los abanicos plegables. Según la leyenda, fue un japonés quien lo inventó después de observar cómo un murciélago abría y cerraba sus alas. María Antonieta puso de moda estos abanicos y pronto empezaron a usarse en toda Europa. Materiales nobles y motivos pintados por artistas famosos lo convirtieron en un símbolo de estatus y en un valioso objeto de colección. Una de las más conocidas coleccionistas fue la Reina Isabel I de Inglaterra.

Durante mucho tiempo los abanicos venían de Filipinas, lo mismo que los mantones y otros productos de seda. Los barcos iban y venían de Manila a Acapulco y de ahí a Sevilla. Pero en México había que transportar todo por tierra y luego volver a embarcarlo, y el camino era muy largo, por eso se dejaron de importar las sedas y se empezaron a fabricar en Andalucía, con nuevos motivos, como las populares rosas.

En la España del siglo XVII, el abanico se convirtió en un complemento femenino imprescindible con el que las mujeres solían mandar mensajes y flirtear a distancia. Un lenguaje secreto servía para concertar citas amorosas en situaciones delicadas, como el teatro, las fiestas populares o incluso la Misa Mayor.

21b **¿Qué significa qué? Mire las fotos y adivine. Compare con sus compañeros.**
– Pues, yo supongo que la foto c significa ...
+ No, yo creo que no. Me parece que ...

– Te quiero.
– Espérame a la salida.
– Estoy casada.
– No me gustas nada.

a

b

c

d

21c **Lea otra vez el artículo y subraye las expresiones con el siguiente significado.** GRAMÁTICA C

▶ 14, 15

etwas regelmäßig tun
etwas wieder tun
etwas tun müssen
anfangen etwas zu tun
aufhören etwas zu tun
man muss etwas tun

Ejercicios

1 **¿Qué se puede comprar en un mercadillo? Complete el asociograma.**

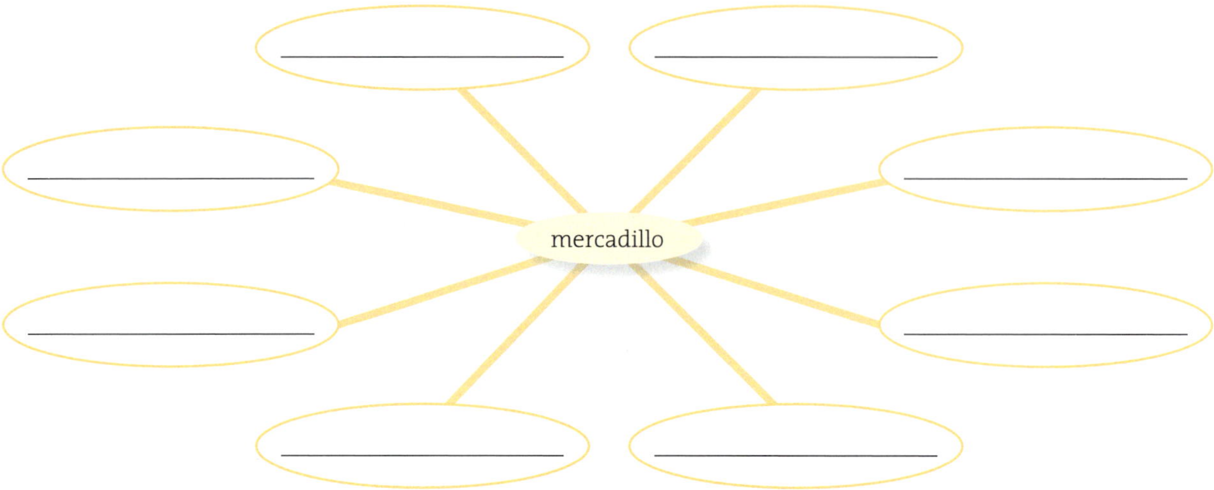

2 **Ordene las siguientes palabras debajo de la categoría correcta. Luego busque para cada categoría dos palabras más.**

silla | zapatos | pantalones | anillo | pulsera | mesa | bolso | jersey

de oro / de plata	de madera / de papel	de algodón / de lana	de cuero / de plástico
______	______	______	______
______	______	______	______
______	______	______	______

3 **Usted está en el Rastro de Madrid y quiere comprar una lámpara. Complete el siguiente diálogo.**

Usted: ______________________________

Vendedor: Sí, tengo estas dos. Una es clásica y la otra más moderna.

Usted: ______________________________

Vendedor: Pues, veinte euros cada una.

Usted: ______________________________

Vendedor: ¿Solo de cristal? !Ah, sí! Tengo una, pero es más cara. Vale 50 euros. Se la traigo ahora mismo.

Usted: Esa me gusta, ¿y ______________________________

______________________________?

Vendedor: ¿El precio definitivo? Ya está a buen precio.

Usted: ______________________________

Vendedor: ¿35? No, mejor 40 euros.

Usted: ______________________________

Vendedor: Muchas gracias, aquí tiene la lámpara. Adiós.

Usted: ______________________________

4 Buenos deseos. Complete con el subjuntivo de los verbos indicados en la casilla.

¡Que ____________ un buen viaje!
– ¡Y que ____________ a la gente!

Bueno, tenéis una hora para el examen.
¡Que ____________ mucha suerte!

entender	pasar
venir	tener
gustar	tener

Muchas felicidades. – ¡Que te ____________ mi regalo!

¡Adiós, adiós! – ¡Que lo ____________ muy bien!

¡Ojalá que ____________ todos a la fiesta!

5 ¡Todos buscan algo! Una las columnas y forme frases.

1. Busco chico o chica	que	tenga coche para viajes fuera de la ciudad.
2. Buscamos chicas		esté en buen estado y sea barata.
3. Para nuestro coro necesito persona		pueda planchar dos veces por semana.
4. Estudiante busca estantería		quieran trabajar de vendedoras en verano.
5. Busco señora		ayude en el jardín.
6. Buscamos un pensionista		sepa cantar en inglés.

6 Practicar Complete las oraciones de relativo con subjuntivo.

1. Vivo en un piso bonito, pero cuesta mucho. Busco uno que ____________ menos.
2. Mi secretaria entiende español pero no italiano. Busco una que ____________ los dos idiomas.
3. Ese curso empieza muy tarde. ¿No hay uno que ____________ antes?
4. Yo nunca recuerdo los nombres. Necesito una secretaria que me los ____________.
5. Iberstar no vuela los sábados. ¿Hay alguna línea que ____________ todos los días?
6. Este autobús va sólo hasta Flores. ¿No hay uno que ____________ hasta Floresta o que ____________ (seguir) hasta el centro?

7 Practicar Haga frases como en el ejemplo.

Ejemplo: 1. Buscamos un tren en el que se pueda llevar bicicletas.

1. (nosotros) – buscar – un tren – en el que poder llevar bicicletas
2. Marta y Jorge – querer – una casa – encontrarse en un lugar bonito
3. Silvia – buscar – un coche – costar poco
4. mi jefe – necesitar – chicos – empezar a trabajar a las cinco de la mañana
5. (yo) – preferir – un bolso – servir para todo
6. (ellos) – buscar – personas – querer colaborar en el proyecto

8 Ramón Salinas, famoso director de cine español, busca actores y actrices para su próxima película. ¿Qué busca? Escriba las frases usando la forma correcta del subjuntivo.

Ramón Salinas busca actrices y actores que:

1. (saber español y catalán) ______
2. (vivir cerca de Barcelona) ______
3. (no llevar gafas) ______
4. (poder trabajar también los fines de semana) ______
5. (fumar y beber) ______
6. (tener coche propio) ______
7. (conocer Barcelona muy bien) ______

9 **Actividad** Mire el cuadro «Los trabajadores» de Oswaldo Guayasamín y descríbalo. Después marque su opinión y comente con sus compañeros. ¿Qué te parece este cuadro?

«Los trabajadores»

los colores: ☐ tristes ☐ oscuros ☐ claros ☐ alegres

las personas: ☐ personas satisfechas ☐ obreros explotados ☐ empleados cansados

el ambiente: ☐ alegre ☐ serio ☐ divertido ☐ triste

10 **Practicar** Complete las frases con **ir**, **venir**, **llevar** o **traer**.

1. \+ Pedro, ¿a qué hora ______ al colegio?
   – A las nueve.
   \+ ¿Y ______ a casa a comer?
   – Creo que no. ______ por la noche a cenar.

2. \+ ¡Hola, Raúl!, ¿cuándo ______ a casa? Yo termino la traducción a las siete y media.
   – Termino a las siete y cuarto. Si quieres, ______ a buscarte.

3. \+ Abuela, ¿me ______ un vaso de zumo?
   – Vale, y te ______ también un bocadillo.

4. \+ Rosa, ¿me ______ esta carta a la oficina de Correos, por favor? Y si pasas por el supermercado, ¿me ______ una lata de mejillones?

11 ¿Organizamos una fiesta? Yo traigo, tú traes ... Complete con el verbo **traer**.

Luis: Entonces, todo está claro, ¿no? La fiesta es el sábado, aquí, en el piso de mi hermano.

Todos: ¡Vale, fenomenal!

Luis: Bien, José ______ las películas, nosotros ______ algo para comer, vosotros ______ las bebidas ... ¿y tú Pepe? ¿Qué ______ tú?

Pepe: ¿Yo? Yo ______ a mis amigos ...

12 **Complete las frases con las formas correctas de llevar o traer.**

1. + Mamá, olvidé la toalla y ya estoy en la ducha. ¿Me ___________ una, por favor?
   – Sí, hija, ahora te la ___________.
2. + ¡Hola Tere! ¿Y qué haces con todos esos libros?
   – Son muchos, ¿verdad? Tengo que ___________ los libros a la biblioteca de la uni. Ya no los necesito.
3. + José, ¿me ___________ esta carta a Correos y me ___________ cuatro sellos de 1 euro?
   – Vale, vale, ¿algo más?

13 2/9 **Vender y comprar. Complete las frases con traer, venir, llevar o ir. Después escriba el principio y el final del diálogo. Escuche el diálogo y compare su versión con la versión original.**

Mujer: ___________________________

____

Hombre: ___________________________

Mujer: Llamo por el sofá. El precio me parece bien. ¿Me lo puede ___________ a casa?

Hombre: Sí, bueno, pero la próxima semana. Antes no puedo ___________ a su casa. ¿Y no puede usted ___________ a buscarlo? Yo vivo en el centro.

Mujer: Lo siento pero no tengo transporte. Mejor si usted puede ___________. No me importa esperar unos días. ¿Puede ___________ el lunes, o el martes?

Hombre: Vale, entonces se lo ___________ el martes por la mañana. ¿Cuál es su dirección?

Mujer: ___________________________

____

Hombre: ___________________________

Mujer: ___________________________

14 **Relacione las columnas y forme frases.**

1. Mi novio	has empezado a	aprender italiano.
2. Ellos	solíamos	pasar el verano en Gijón.
3. Mañana	ha dejado de	llevar mi coche al mecánico.
4. ¿Ya	vuelven a	levantarte muy temprano.
5. El lunes	tienes que	estudiar para tu examen?
6. Antes	hay que	jugar al fútbol.

15 **Practicar** **Complete las frases.**

1. Cuando yo era pequeña, ___________ jugar con la ropa de mamá.
2. ¡Por fin ___________ fumar!
3. Ayer ___________ llevar mi coche al mecánico.
4. Los domingos ___________ dormir hasta el mediodía.
5. En las vacaciones Tere y Ramón ___________ pintar toda la casa, pero todavía no han terminado.
6. En verano hay muchos mosquitos, por eso ___________ cerrar las ventanas por la noche.
7. ¿Qué le pasa a Marta? ¿___________ discutir con su novio?

suelo | solía | ha vuelto a | tuve que | has dejado de | empezaron a | hay que

Comunicación

1 Intercambiar opiniones sobre mercadillos

+ ¿Te gustan los mercadillos? ¿Por qué?
+ ¿Qué haces allí?
+ ¿Qué compras?
+ ¿Regateas los precios?
+ ¿Cuáles han sido tus mejores compras?
+ ¿Por qué hay tanta gente?
+ ¿Qué quieren comprar?
+ ¿Cuándo es mejor ir? ¿A qué hora?

– Pues sí. Porque hay un ambiente muy especial.
– Disfruto del sol, paseo, miro los puestos ...
– Normalmente no compro nada. Solo a veces ...
– Sí, si compro, regateo, eso es lo más divertido.
– Una vez compré una lámpara preciosa.
– No sé. A algunos les gusta mirar todo.
– Algunos buscan algo determinado, otros no.
– Por la mañana, pues después hay mucha gente.

2 Regatear en un mercadillo

+ ¿Cuánto cuesta ese reloj?
+ Le doy cincuenta euros, ¿vale?
+ Sesenta euros y me lo llevo.
+ Por ese precio me compro uno nuevo.
+ He encontrado una oferta fantástica.
+ Lo sé, lo sé, pero me han hecho descuento.

– Ochenta euros. Es algo exclusivo.
– No. Se lo doy por setenta, por ser usted ...
– Es un reloj muy valioso, es de oro.
– Está bien, sesenta euros, de acuerdo.
– ¡Ojo, que hay muchas imitaciones!
– ¿Y funciona el reloj?

3 Describir un cuadro

+ A ver, ¿puedes describirme el cuadro?
+ ¿Cual es el motivo?
+ ¿Cómo son los colores?
+ ¿Qué hay en primer plano? / ¿en el centro?
+ ¿Y al fondo?
+ ¿Y alrededor?

– Pues, en primer plano se ven ...
– El motivo es un mercado maya.
– Los colores son vivos y alegres.
– Hay un grupo de indios vendiendo cosas.
– Al fondo se ve un volcán.
– Al lado derecho / izquierdo / arriba / abajo hay ...

4 Requisitos y exigencias

Busco un coche **que sea** rápido y barato.
Necesito un hombre **que** me **ayude** en el jardín.
Se buscan chicos **que hablen** bien inglés.

Queremos un piso **que tenga** mucha luz.
Tiene que ser una persona **que conozca** todo.
Deseo un ordenador **que** nunca **dé** problemas.

5 Verbos de movimiento

+ ¿**Vienes** a la fiesta hoy?
+ ¿**Traes** el vino?
+ ¿Puedes **traer** algunas copas también.
+ No, eso es todo, pero **ven** temprano.

– Sí, **voy** por la tarde y te ayudo.
– Sí, claro. El vino, lo **llevo** yo.
– Sin problemas. ¿**Llevo** algo más?
– Claro, claro, ya **voy** para tu casa.

6 Expresiones de todos los días

+ ¡**Hay que hacer** algo, chicos!
+ Podemos **empezar a cocinar**, ¿no?
+ Pero **sabes leer**, ¿verdad?
+ No, **hay que buscar** la receta en Internet.
+ Bueno, **deja de jugar** y **ponte a buscar**.
+ ¡Hombre! Hallacas, con hache.

– Sí, pero ¿qué **podemos hacer**?
– Pues, es que yo no **sé cocinar**.
– Eso sí. **Tienes que darme** un libro de cocina.
– Ah, sí, **suele haber** recetas muy prácticas.
– ¿Me **vuelves a decir** qué tengo que buscar?
– ¡Ah, aquí están. **Suelen ser** de carne y verdura.

7 El lenguaje del abanico

Te quiero.
Estoy casada.
Ten cuidado, nos espían.
¡Estoy celosa!

Espérame a la salida. ¡Deseo hablarte!
No me gustas nada.
¡Me gustas mucho!
¡Te amo, y sufro!

Gramática

A Subjuntivo Präsens der Verben mit Stammvokalveränderungen

Verben auf **-ar** und **-er**

	Gruppe e → ie	Gruppe o → ue
	pensar	**poder**
[yo]	piense	pueda
[tú]	pienses	puedas
[él / ella / Ud.]	piense	pueda
[nosotros/-as]	pensemos	podamos
[vosotros/-as]	penséis	podáis
[ellos/-as / Uds.]	piensen	puedan

Verben auf **-ar** und **-er** mit Stammvokalwechsel (**e** zu **ie**, **o** zu **ue**) wechseln den Stammvokal auch im **Subjuntivo** in denselben Personen wie im Indikativ.

Verben auf **-ir**

	Gruppe e → ie	Gruppe o → ue
	sentir	**dormir**
[yo]	sienta	duerma
[tú]	sientas	duermas
[él / ella / Ud.]	sienta	duerma
[nosotros/-as]	sintamos	durmamos
[vosotros/-as]	sintáis	durmáis
[ellos/-as / Uds.]	sientan	duerman

Verben auf **-ir** mit Stammvokalwechsel (**e** zu **ie** und **o** zu **ue**) wechseln den Stammvokal auch im **Subjuntivo** in denselben Personen wie im Indikativ.
In der 1. und 2. Person Plural wird das **e** zu **i** und das **o** zu **u**.

	Gruppe e → i
	pedir
[yo]	pida
[tú]	pidas
[él / ella / Ud.]	pida
[nosotros/-as]	pidamos
[vosotros/-as]	pidáis
[ellos/-as / Uds.]	pidan

Verben auf **-ir** mit Stammvokalwechsel **e** zu **i** wechseln im **Subjuntivo** den Stammvokal in allen Formen.
An den Stamm werden dann jeweils die **Subjuntivo**-Endungen angehängt.

B Gebrauch des Subjuntivo in Relativsätzen

Busco una secretaria **que sepa** inglés y alemán.
Necesito un hombre **que** me **ayude** en el jardín.
Necesitamos una casa **que sea** grande.

Der **Subjuntivo** steht in Relativsätzen, die ...
- eine Bedingung,
- einen Wunsch,
- eine Vorstellung enthalten.

Ansonsten steht in Relativsätzen der Indikativ.

C Verbale Umschreibungen mit dem Infinitiv

soler hacer algo	*etwas zu tun pflegen*
empezar a hacer algo	*anfangen etwas zu tun*
volver a hacer algo	*etwas wieder tun*
dejar de hacer algo	*aufhören etwas zu tun*
tener que hacer algo	*etwas tun müssen*
hay que hacer algo	*man muss etwas tun*

Verbale Umschreibungen sind Verbindungen aus einem konjugierten Verb und dem Infinitiv. Zwischen beiden Verben kann eine Präposition oder das Wort **que** stehen.
Im Spanischen werden verbale Umschreibungen häufig verwendet, um Handlungen genauer und lebendiger zu beschreiben.

10 EL FUTURO ESTÁ AQUÍ
La revolución de la vida cotidiana

- hablar del futuro
- expresar suposición y conjetura
- hablar de cambios en distintos ámbitos: clima, medicina, población, tecnología, etc.
- el futuro simple

a

b

c

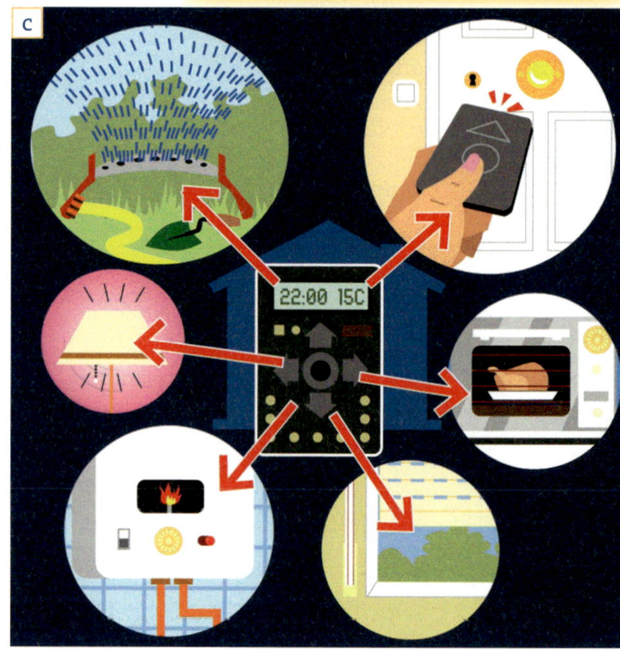

d

e

1 ▶ 1 **Mire las ilustraciones, descríbalas y explique lo que le sugieren. Después lea los textos y compruebe.** GRAMÁTICA A, B, C, D

1. **Carritos inteligentes.** Hacer la compra cansa. Buscar los productos, ponerlos en el carrito, hacer cola delante de la caja, sacar todo en la caja, meterlo en bolsas, llevarlo al coche ... ¡Uf! ¿Quién no ha soñado con un carrito automático? ¡Ese carrito ya existe! Usted lo llenará con todas sus cosas y saldrá del supermercado directamente. Un pequeño chip calculará el valor de la compra y descontará automáticamente el importe de su cuenta bancaria.

2. **Compras personalizadas.** Hoy en día todos estamos controlados. Llevamos nuestros datos en los carnés de identidad, en las tarjetas de sanidad y de crédito, en las pólizas de seguros, etc. Pronto las ofertas serán personalizadas. Ya al entrar a una tienda una persona lo saludará por su nombre, le mostrará dónde se encuentran los productos que suele comprar y le presentará las novedades. Y los precios los recibirá discretamente por SMS.

3. **Hogares digitales.** Un ordenador de bolsillo permitirá programar el riego del jardín y encenderá la cocina para que la comida esté lista cuando usted llegue. Por supuesto, la casa estará siempre limpia pues un «duende» pasará la aspiradora. Nunca más perderá las llaves: una tarjeta electrónica abrirá las puertas, encenderá las luces, la tele o el MP 5. Y si usted tiene una mascota, ningún problema, el «duende» le dará agua y comida todos los días.

4. **Coches con sentimientos.** Los nuevos automóviles serán capaces de «pensar». Si el conductor está cansado, una taza de café sugerirá una pausa. Si se duerme, una mano lo despertará, pero, si ha bebido demasiado, el coche no se moverá. Y aún más, tendremos coches que cambiarán de color según sus «estados de ánimo»: azul si tiene poca gasolina, rojo si acaba de frenar bruscamente, o naranja si está recién lavado. ¿Se lo puede imaginar?

5. **Zapatillas que hablan.** ¿Un reproductor MP 5 para bucear? ¿Ropa de esquiar con móvil incluido? ¿Hacer surf conectado a Internet? Parecen cosas de locos, pero algunas ya existen, y otras vendrán muy pronto. Si usted practica algún deporte, las zapatillas controlarán su salud, el pulso, la velocidad, todo. Además, se comunicarán con otras zapatillas, así que será muy fácil ligar. ¡En las zapatillas se apuntarán los números de teléfono! Parece ciencia ficción, pero no lo es.

2

¿Qué asocia con qué? Una las dos columnas y explique la asociación.

1. El supermercado
2. las tiendas grandes
3. El tiempo libre
4. La casa
5. El coche que puede pensar

a) tarjeta para abrir puertas y encender luces.
b) azul, rojo y naranja.
c) nadar con un MP3, tabla de surf con ordenador.
d) el carrito inteligente de la compra.
e) ofertas personalizadas.

3

Pregunte a sus compañeros. ¿Qué avances tecnológicos de los últimos años consideran importantes? ¿Cuáles usan? ¿Están todos de acuerdo? Preparen un póster con la información.

\+ Nosotros tenemos todos un MP3 y Sonja tiene un MP4.
– ¿Y para qué?
\+ Aprendemos vocabulario mientras hacemos deporte.
– ¿De verdad?

COMUNICACIÓN

Creo que algo como un ... es totalmente innecesario. Es tirar el dinero, ¿no crees?	MP3 / MP4
Pienso que ... es útil.	el ordenador / el acceso al banco por Internet / la televisión de plasma, la televisión tridimensional
Un avance importante ha/n sido ...	el biodiésel / los coches eléctricos
Para mí, lo mejor de todo son ...	los paneles solares / los libros electrónicos
A mí me parecen muy útiles ...	los móviles.

El futuro es cosa de todos

4a 2/10 **Escuche una discusión en una tertulia televisiva. Marque quiénes son los invitados.**

- ☐ futurólogo/-a
- ☐ médico/-a
- ☐ climatólogo/-a
- ☐ político/-a
- ☐ ciberespecialista

4b **Lean y resuman las opiniones de los participantes.**

Locutora: Buenas tardes y bienvenidos a nuestro programa «Perspectivas». El tema de hoy es: ¿Qué nos traerá el futuro? A ver ... ¿Qué piensa usted, Dr. López?

Dr. López: En la medicina todo cambia rápido, y el futuro ya está aquí. Por ejemplo, ya hay equipos de rayos X en tres dimensiones. Estos mostrarán cada vez con más detalle dónde están las partes afectadas.

Locutora: Y así se podrá ahorrar tiempo, ¿no?

Dr. López: Tiempo y dinero. Un reconocimiento más exacto dará un diagnóstico más exacto y eso significará un tratamiento más adecuado. Los pacientes saldrán antes del hospital ... La gran noticia es que tendremos vacunas para curar el sida o el cáncer.

Locutora: ¡Qué buena noticia! ¿Y qué opina usted, Sra. Nieto?

Sra. Nieto: Bueno, un aspecto negativo del futuro es el cambio climático. Habrá mucha sequía. Faltará agua para la agricultura y para la higiene personal ...

Dr. López: ... con lo que aumentarán las enfermedades.

Locutora: ¡Terrible! ¿Qué dice usted, señor Navarro? ¿El futuro no nos traerá nada positivo?

Sr. Navarro: Pues claro que sí, habrá más cultura y mayor bienestar. Todos tendremos acceso a la información, Wikipedia seguirá creciendo y contribuirá al desarrollo de los países emergentes. Algún día terminaremos con la pobreza.

Sra. Nieto: ¡Ojalá!, pero es difícil creerlo ...

Dr. López: La señora Nieto tiene razón. Hay mucho analfabetismo y ciertos gobiernos prohibirán la llegada de información crítica.

Sr. Navarro: Pero llegará igual, como sucedió en Túnez, donde el pueblo terminó con la dictadura. Como dijo Neruda «podrán cortar todas las flores, pero nunca terminarán con la primavera».

Locutora: Bueno, esperemos que el poeta tenga razón. ¡Muchas gracias a todos y hasta el próximo domingo!

4c **¿Están de acuerdo con el Sr. Navarro? ¿Por qué cita a Neruda?**

5 **Descubrir** **Vuelva a leer el texto y marque las expresiones que se refieren al futuro. Complete la tabla.**

▶ 2, 3, 4

GRAMÁTICA

Das Futur der regelmäßigen Verben bildet man mit dem Infinitiv und den Endungen:

-é, -ás, ________, ________, **-éis**, ________.

Manche Verben ändern den Stamm, wie beim Konditional. An den unregelmäßigen Stamm werden dann die gleichen Änderungen angehängt.

haber (hay)	→ ________	poder	→ ________	________	→	querr-
________	→ pondr-	tener	→ ________	________	→	vendr-

hacer → har-**é** → decir → dir-**é**

6a Complete las promesas de un político de Jaujalandia. ¿Qué piensa usted? ¿El candidato cumplirá sus promesas? Discuta con sus compañeros.

▶ 5, 6, 7, 8, 9, 10, 11

Todas las personas ______________________ casa.
No ______________________ niños sin educación.
La comida ______________________ barata.
Todos ______________________ suficiente dinero para vivir.
Los hospitales ______________________ gratis.
La gasolina no ______________________ de precio.
Los impuestos ______________________.
Yo ______________________ un buen presidente.

ser | tener | ganar | bajar | haber | ser | subir | ser

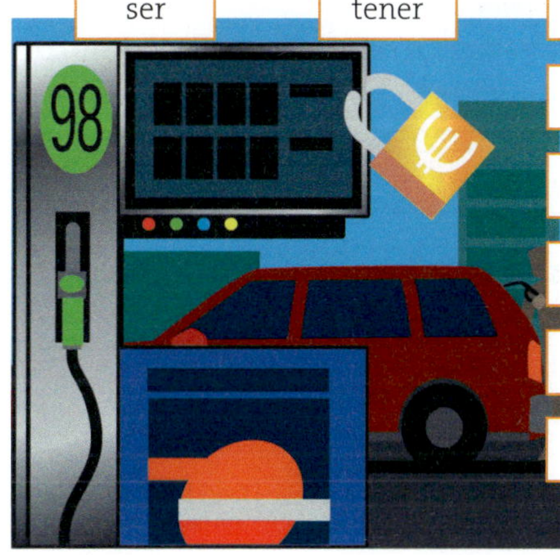

6b **Tarea** Ustedes son los candidatos. ¿De qué partidos son? Presenten sus programas. Sus compañeros observan. ¿A quién van a votar? ¿Quién tiene ...?

mejores argumentos | más carisma | más posibilidades

7a El público opina. ¿Con qué opinión se identifica usted? Marque su opinión y compare con sus compañeros.

GRAMÁTICA E

– Creo que el SDA construirá nuevas viviendas y terminará con ese problema.
+ Yo no creo que construya casas porque el gobierno no tiene dinero.
* Seguro que subirán los impuestos para poder hacer todo lo que prometen.

– Voy a votar el SDA, estoy seguro que el candidato cumplirá lo que dice.
+ Yo no creo que el candidato del SDA cumpla todo lo que promete.
* Espero que por lo menos haga algo para los más pobres.

– Creo que en Jaujalandia pronto se hablará solo *espanglish*.
+ No, ¿qué va! Yo no creo que dejen de hablar castellano.
* ¡Oh! Ya ahora en muchas familias se habla solo *espanglish*.

7b **Descubrir** Mire los verbos en los ejemplos. ¿Qué le llama la atención?

Creo que + presente o futuro simple

No creo que + ______________________

7c ¿Y usted? Haga promesas.

Ejemplo: Si tengo tiempo, ordenaré las fotos.

Español práctico

¿Quién será esa chica tan guapa?

8 **Miren el dibujo e imaginen quiénes estarán en la fiesta y qué harán. Hagan diálogos.**

¿Quién será ese que está en el bufé?
¿Cuántos años tendrá el novio?
¿Cuándo tocarán música?
¿Por qué esa chica no bailará?
¿Dónde estarán Javi y Bea?
¿Qué habrá de postre?

9 **Eva y Mónica están en una fiesta y no conocen a mucha gente, pero tratan de adivinar quién es quién. Complete con los verbos que faltan. Después compare con su compañero/-a.**

costar	regalar	saber	anunciar	querer	tener	ser	ganar	vivir	estar

Eva: Mira, mira quién llega allí: Rodolfo García. ¡Oh, pero no está solo! ¿Quién __________ la chica?

Mónica: Ni idea, pero qué guapa es! Y ese vestido __________ más que mi nuevo coche!

Eva: Bueno, __________ un buen trabajo y __________ mucho dinero.

Mónica: No lo creo. Seguro que Rodolfo le __________ todo, ya sabes cómo es él.

Eva: Quién sabe. ¿Qué crees? ¿__________ juntos? ¿Lo __________ la ex?

Mónica: ¿Por qué no? Ya sabes, en Argentina decimos «pueblo chico, infierno grande». Aquí todos saben todo.

Eva: Pues sí. Entonces, seguro que a medianoche __________ la boda.

Mónica: ¿Tú crees que Rodolfo __________ casarse por tercera vez?

Eva: ¡Pregúntaselo a él! Pero qué raro que todavía no estén Marta y Jorge.

Mónica: __________ buscando aparcamiento. ¡Ah, mira ahí llegan! ¡Uy, uy, uy!

¡MIRA!

Futur I benutzt man oft für Vermutungen in der Gegenwart.
El vestido costará más que mi coche.
Oft auch: Futur 1 + Gerundium
Estarán buscando aparcamiento.

10a ***Poco antes de que den las diez*** **es una conocida canción de Joan Manuel Serrat. Antes de escucharla, imagine cuál es el tema. Comente con sus compañeros de qué tratará:** Será la hora de ...

comer	empezar a trabajar	volver a casa	luchar por la libertad

10b 2/11 **Escuche la canción y haga suposiciones. ¿Cómo se imagina a los protagonistas?**

¿Quién será la chica?
¿Cuántos años tendrá?
¿Adónde irá a las diez?
¿Y él, quién será?
¿Cómo se lo imagina?
¿Vivirá solo?

11 **Intercambie experiencias y opiniones.**

- ¿A qué hora tenía que estar usted en su casa a los 16 años? ¿Quién ponía las reglas?
- ¿Y cómo es ahora? ¿Los jóvenes de hoy tienen más libertad? ¿Es bueno o no?
- ¿Y cómo será en el futuro? ¿Existirán reglas? ¿Cambiarán las estructuras familiares?

Cultura e intercultura

¿Qué idioma se hablará?

12a **¿Qué es el *espanglish*? Marque con una cruz. Lea el texto y compruebe su respuesta.**

☐ lengua antigua ☐ lengua nueva ☐ lengua de Gibraltar

12b **Lea otra vez el texto y conteste las siguientes preguntas.**

¿Qué es el espanglish? ¿Dónde se habla? ¿Cómo se ha formado? ¿Por qué?
¿Cómo se expande? ¿Están todos de acuerdo? ¿Es solo una lengua oral?

El ***spanglish***, ***ingañol***, ***espaninglis***, ***espanglish***, ***espanglés***, o ***pocho*** es la mezcla de inglés y español que se habla en los Estados Unidos, donde actualmente viven más de 40 millones de hispanos. Si usted va a Florida, Nuevo México o Texas tendrá que aprender *espanglish*. También en los barrios «latinos» de Nueva York y en Puerto Rico esta lengua se habla más que el inglés, pues la mayoría de la población es de origen hispano. El nuevo idioma comenzó a formarse con los inmigrantes que buscaban un futuro mejor en los EE.UU. Como no tenían un buen nivel de inglés, al comunicarse mezclaban los dos idiomas. Pronto esta lengua se extendió a toda la comunidad hispana a través de los medios de comunicación. Hay periódicos, programas de radio y televisión, películas e incluso literatura en *espanglish*.
Una de las obras más conocidas es *La casa en Mango Street*. Su autora, Sandra Cisneros, cuenta la historia de una niña latina que vive en los barrios pobres de Chicago. La novela tiene un marcado carácter autobiográfico y la protagonista lleva un nombre muy simbólico: Esperanza.

Algunos critican el *espanglish* y dicen que quienes lo hablan muestran falta de interés por la nueva cultura. «Si no aprenden bien inglés, no se integrarán nunca». Sea como sea, es una realidad y ya hay diccionarios e incluso acaba de publicarse una versión del Quijote en *espanglish*, que por cierto ha originado grandes discusiones.

2/12 **13** **Escuche un diálogo en *espanglish*. Después lea y marque las particularidades:**

- «Hola, *good morning*, cómo estás?»
- «*Fine*, y tú?»
- «Todo bien. Pero tuve problemas *parqueando my car this morning*.»
- «Sí, *I know*. Siempre hay problemas *at this time*». Luisa no puede venir.
- *What a pity*. ¿Dónde está?
- Ella hace *un viaje redondo*, (ida y vuelta)
- Oh, *I call* Luisa *back*.
- Bueno, pero primero «*lonchamos jamaneg*» (comemos huevos con jamón).

palabras inglesas
palabras españolizadas
traducciones literales del inglés

¡MIRA!
Realer Bedingungssatz
Si-Satz = Präsens
Hauptsatz = Präsens oder Zukunft
Si **llegas** tarde, no **quedan** aparcamientos.
Si no **aprenden** inglés, no se **integrarán**.

14 ¿Y en su país?
¿Qué palabras extranjeras se usan? ¿Está usted de acuerdo? Comente con su compañero/-a.

\+ Ahora mucha gente dice «Kids» o «sorry».
No me parece necesario usar palabras extranjeras.
– A mí me parece bien, es moderno y lo importante es entenderse.

Ejercicios

1 **¿Qué palabras se encuentran en la serpiente. Sepárelas y apúntelas abajo.**

carritodelacomprainternetpantalladeplasmasistemainformáticohogardigitaltarjetaconchipropaconmóviltablaconordenador

____

____

2 **La familia Gallegos tiene proyectos para el próximo año. Una las columnas y forme frases.**

Toda la familia	irá	un coche más rápido.
Graciela, la hija menor	trabajarán	en la universidad.
Los primos, José y Carlos	viajará	un mes a México.
Yo	vivirás	a una escuela privada.
Pedro, el hijo mayor	estudiará	un año más con nosotros.
Tú	necesitaré	los fines de semana.

3 **Subraye la forma correcta del futuro.**

1. Mañana, yo trabajarás / trabajaré muy poco en la oficina.
2. La próxima semana, Carmen y yo viajaremos / viajaré a Perú.
3. En dos días, Teresa se compraremos / comprará un televisor con pantalla de plasma.
4. En 100 años, habrá / habrán paz en el mundo.
5. En el año 2030, el medio ambiente estaréis / estará más limpio.
6. En el futuro, vosotros tendré / tendréis coches que piensan.
7. No te preocupes, en un par de semanas (tú) encontrarás / encontraremos otro trabajo.
8. Ellos seré / serán muy felices. Ya lo (tú) veré / verás.

4a 2/13 **El cantante Joan Manuel Serrat hará un viaje. Complete con las formas del futuro.**

terminar | dar | tener | empezar | trabajar | ir | cantar | viajar | cantar | llevar

Madrid. El próximo verano, el famoso cantante Joan Manuel Serrat ________________ una serie de conciertos en España y Latinoamérica. Este viaje musical ________________ en Zaragoza, el 29 de junio, y ________________ en diciembre, en Montevideo, Uruguay. Serrat ________________ en sesenta ciudades. ________________ con más de diez músicos. Sesenta personas ________________ en la organización y (ellos) ________________ con cinco camiones y dos autobuses que ________________ los equipos, músicos y técnicos. Serrat ________________ cerca de veinte canciones, en castellano y en catalán. Las canciones ________________ diferentes ritmos, letras y estilos. *(Adaptado de El País Semanal)*

4b 2/13 **Ahora escuche y compruebe.**

5 **Complete la tabla.**

GRAMÁTICA

Infinitivo	**Futuro** (6 Personen)	**Infinitivo**	**Futuro** (1. Person)
________	seré	poner	________
traer	________	________	tendré
________	aumentará	venir	________
producir	________	________	saldré
subir	________	hacer	________
________	tendrán	________	diré

6 **Cuidar el planeta es cosa de todos. ¿Es usted un ciudadano con conciencia ecológica? Complete.**

1. Si la gente no separa la basura, en veinte años (haber) ________ basura por todas partes.
2. Si no llevamos nuestra propia bolsa a la compra, (consumir) ________ muchas más.
3. Si no ayudamos a reducir la contaminación, el agujero en la capa de ozono (ser) ________ cada vez más grande.
4. Si no usamos crema para el sol, nuestra piel (sufrir) ________ enfermedades graves.
5. Si no apagamos las luces, el ordenador y los electrodomésticos, (gastar) ________ mucha energía de forma innecesaria.

7 2/14 **Escuche el diálogo y luego marque la opción correcta.**

- ☐ La madre quiere que toda la familia se bañe en la piscina.
- ☐ Según la madre, una ducha gasta cien litros y un baño treinta.
- ☐ En esta familia, desde hoy, está prohibido bañarse porque hay que ahorrar agua.

8 **Todos hablan del cambio climático. Traduzca los conceptos. Después haga frases.**

la sequía — die Dürre — La sequía convertirá grandes partes de España en un desierto.

las inundaciones ________ ________

el huracán ________ ________

el terremoto

la tormenta

el incendio

9 ¿Qué asocia con el cambio climático? Complete el asociograma.

10 Describa la viñeta. Explique qué función tiene la palabra «habrá».

11 Cambie las siguientes frases. Haga suposiciones.

leerá	llegará	estará	habrá

1. En Madrid hay unos cinco millones de habitantes.
2. El bar «Tío Pepe», está, más o menos, a cien metros de aquí.
3. Ricardo lee un libro al mes, aproximadamente.
4. Antonio llega en unas dos o tres horas.

¡MIRA!

Ungefähre Angaben
... hay **unos** cinco millones ...
... está, **más o menos**, a cien metros de aquí.
... **aproximadamente**
... **en unas** dos o tres horas.

12 ¿Por qué esta‹rá allí? Mire la foto y piense quién puede ser, qué hará allí, qué hará después, etc. Escriba sus suposiciones y después compare con su compañero/-a.

¿Quién será esta persona? ¿Adónde irá? ¿Por qué estará allí?

¡MIRA!

Man verwendet **futuro simple** zum Ausdruck von Vermutungen, die sich auf den gegenwärtigen Moment oder auf die Zukunft beziehen.

\+ ¿Y qué hora **será**?
– No sé, **serán** las dos.
\+ ¿Adónde **irá** esa señora?
– No sé. **Irá** de vacaciones a la playa.

13 Haga usted suposiciones. Complete con las formas del futuro simple.

1. \+ ¿Y esa chica que está con Pedro, quién es?
   – No sé. ________________ (ser) su nueva novia.
2. \+ ¿No ha venido hoy Mercedes?
   – No. ________________ (estar) enferma, ayer le dolía mucho la cabeza.
3. \+ Este hombre guapo de la foto es mi primo José.
   – ¿Y cuántos años tiene?
   \+ ________________ (tener) unos 45, creo yo.
4. \+ ¿Cuándo llega Eugenia?
   – Si el avión es puntual, ________________ (llegar) sobre las 10.

14 Haga suposiciones. Se imagina lo que pasará ... ... mañana? ... el próximo año? ... en el año 2030? ... en 100 años? ... dentro de poco? ... pronto?

la gente ____

las familias ____

la naturaleza ____

la medicina ____

los coches ____

los aviones ____

los libros ____

15 ¿Y usted, qué planes tiene? ¿Seguirá aprendiendo español? ¿Y cómo? Escriba una lista con sus «buenos propósitos» para el año que viene.

\+ Yo haré prácticas en Valencia. ¿Y tú? – Pues, yo quiero aprender a bailar salsa.

Comunicación

1 **Hablar del futuro**

Los nuevos equipos ahorrarán tiempo.
Podrán ahorrar tiempo y dinero.
Pronto saldrán los nuevos modelos.
Los inviernos no serán tan fríos.
Habrá mucha sequía.
Todos tendremos acceso a información.
Internet contribuirá al desarrollo.

Mostrarán todo cada vez con más detalle ...
El estrés será cada vez mayor.
Y llegarán las vacunas contra el sida.
Necesitaremos menos calefacción.
Faltará agua para la agricultura.
Wikipedia seguirá creciendo.
Los gobiernos prohibirán su llegada.

2 **Comentar progresos tecnológicos**

\+ Creo que ... es totalmente innecesario, ¿no?
\+ Un avance importante ha sido ...
\+ Para mí, lo mejor de todo ...

– Pues, sí, es tirar el dinero.
– Pienso que es útil en caso de accidente.
– A mí me parece un lujo innecesario.

Hoy en día todos estamos controlados.
Llevamos nuestros datos en los carnés.
Nuestro móvil indicará dónde estamos.
Un ordenador permitirá programar.
Los coches serán capaces de «pensar».

Las ofertas serán personalizadas.
Al entrar, lo saludarán por nombre.
Recibirá los precios por SMS.
Una tarjeta electrónica abrirá las puertas.
Si el conductor ha bebido, el coche no se moverá.

3 **Pedir información**

\+ ¿Y cómo funcionará?
\+ ¿Y para pagar?
\+ ¿Vendrán pronto?

– Un chip calculará el valor de la compra.
– Descontará el importe de su cuenta bancaria.
– Muy pronto, ya se empiezan a producir.

4 **Pedir opinión ...**

A ver, ¿qué piensa usted, Dr. López?
¿Y qué opina usted, como climatóloga?
¿Qué dice usted, señor Navarro?
¿El futuro no nos traerá nada positivo?
¿Se lo puede imaginar?
¿Qué nos traerá el futuro?

... y opinar

¡Qué buena noticia!
Bueno, un aspecto negativo es ...
Algún día terminaremos con la pobreza.
Pues claro que sí, la cultura.
Parece ciencia ficción, pero no lo es.
Pues, de todo un poco, cosas buenas y cosas malas.

5 **Hacer suposiciones**

¿Quién será la chica? ¿Y él, quién será?
¿De dónde será? ¿En qué trabajará?
¡Rodolfo no está solo! ¿Quién será la chica?
Tendrá un buen trabajo y ganará mucho.
¿Vivirán juntos? ¿Lo sabrá la ex?
¿Tú crees que querrá casarse otra vez?

¿Cuántos años tendrán?
¿Vivirán juntos?
Ese vestido costará más que mi nuevo piso.
Seguro que Rodolfo le regalará todo.
¿Anunciarán la boda a medianoche?
Estarán buscando aparcamiento.

6 **Expresar escepticismo**

¡Ojalá!, pero es difícil creerlo.
Algunas cosas parecen de locos.

Gramática

A Das Futur – regelmäßige Bildung

	hablar	comer	vivir
[yo]	hablaré	comeré	viviré
[tú]	hablarás	comerás	vivirás
[él / ella / Ud.]	hablará	comerá	vivirá
[nosotros/-as]	hablaremos	comeremos	viviremos
[vosotros/-as]	hablaréis	comeréis	viviréis
[ellos/-as / Uds.]	hablarán	comerán	vivirán

Die Zukunft der regelmäßigen Verben bildet man, indem man an die Grundform folgende Endungen anhängt: **-é**, **-ás**, **-á**, **-emos**, **-éis**, **-án**.
Auch Verben, die im Präsens unregelmäßig sind, bilden die Zukunft regelmäßig, z. B. **seré**, **estarás**, **dará** usw.

B Das Futur – unregelmäßige Bildung

Infinitiv	unregelmäßiger Stamm	Endungen
decir:	**dir**	
haber:	**habr**	-é
hacer:	**har**	-ás
poder:	**podr**	-á
querer:	**querr**	-emos
saber:	**sabr**	-éis
poner:	**pondr**	-án
tener:	**tendr**	
venir:	**vendr**	
salir:	**saldr**	

Es gibt einige Verben, die unregelmäßig sind. Sie haben einen unregelmäßigen Stamm, an den die regelmäßigen Futur-Endungen angehängt werden.
Der Stamm der unregelmäßigen Verben ist derselbe wie beim Konditional.

C Das Futur – Gebrauch

¿Qué nos **traerá** el futuro?
Habrá muchos problemas.
Necesitaremos más atención médica.

¿Quién **será** esa chica tan guapa?
Ese vestido **costará** más que mi piso.

Estará buscando aparcamiento.
Estarán esperando a los novios.

Das Futur wird verwendet, um
- eine Handlung auszudrücken, die in der **Zukunft** stattfindet
- **Vermutungen** zum Ausdruck zu bringen, die sich auf die Gegenwart beziehen. Im Deutschen wird dies oft mit dem Wort „wohl" verstärkt. Oft werden Vermutungen auch mit **estar** + **Gerundio** geäußert.

D Der reale Bedingungssatz mit si

Si tengo tiempo, **voy** a tu casa.
Si vienes tarde no **encuentras** aparcamiento.

Si no **aprenden** el idioma, no **se integrarán** nunca.
Si no **ahorramos**, no **tendremos** dinero para el piso.

Der reale Bedingungssatz wird verwendet, wenn der Sprecher die Bedingung für tatsächlich erfüllbar hält.
Treffen die Folgen in der Zukunft ein, dann muss folgende Zeitenfolge verwendet werden:
Si-Satz = Präsens; Hauptsatz = Zukunft.

E Creo que ... – No creo que ...

– Creo que Juan **vendrá** enseguida.
+ Creo que **tienes** razón.
* Yo no creo que **venga** ...

– Me parece que la chica **es** simpática.
+ A mí no me parece que **sea** muy simpática.

Meinungsverben stehen mit **indicativo**, wenn sie affirmativ gebraucht werden.
Creo que + presente o futuro simple
Sonst muss **subjuntivo** verwendet werden.
No creo que + subjuntivo

OPCIÓN 2

Mundo hispano: artistas, arquitectos y artesanos

1 **Mire las fotos y lea los nombres. Pregunte a sus compañeros qué saben de estos artistas españoles y si les gustan sus obras o no. Después relacionen con los textos.**

☐ Antoni Gaudí

☐ Joan Miró

☐ Salvador Dalí

☐ Pablo Ruiz Picasso

☐ Eduardo Chillida

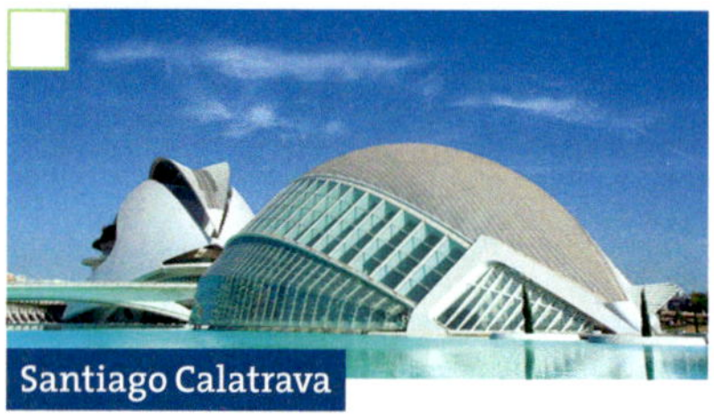
☐ Santiago Calatrava

1 Barcelona, 1893. Fue autor de murales, pinturas, litografías y esculturas surrealistas. Pinta con líneas negras y formas de colores alegres. Sus temas favoritos son la luna y el sol, los pájaros y la mujer. Igual que otros artistas de su tiempo, vivió muchos años en París.

2 Este escultor nacido en San Sebastián en 1924 es conocido por sus esculturas monumentales. De joven fue futbolista profesional, pero por un accidente dejó el fútbol y decidió dedicarse al arte. Pronto descubrió «su» material: el hierro. Sus obras están en los grandes parques y avenidas de toda Europa. Su escultura «Berlín», delante de la Cancillería, se ha convertido en símbolo de la reunificación alemana.

3 Valencia, 1951. Ya a los nueve años ingresa en la Escuela de Bellas Artes y a los trece sus padres lo mandan a París. En Valencia estudia arquitectura y urbanismo, y en Zurich, ingeniería. Se especializa en grandes estructuras y construye puentes, museos, aeropuertos, auditorios y estaciones. Sus obras han revolucionado la arquitectura, pero para sus detractores son poco prácticas y nada ecológicas. La Ciudad de las Artes y las Ciencias, por ejemplo, ofrece poco lugar útil por sus formas irregulares, y consume mucha energía.

4 Nació en 1904 en Figueras y fue uno de los máximos representantes del surrealismo. Pintó sobre todo autorretratos, retratos de su musa Gala, elefantes, relojes y huevos, todo con un estilo muy personal e imaginativo. Fue un artista muy excéntrico al que le gustaba llamar la atención. Además de pinturas, realizó esculturas y fotografías e incluso colaboró en creaciones teatrales y cinematográficas.

5 Málaga, 1881. Fue uno de los grandes genios del siglo XX y el creador, junto con Braque y Gris, del cubismo. Sus pasiones fueron el dibujo y la pintura y, por supuesto, las mujeres. Sus temas: toros, palomas, mujeres ... Fue un artista muy productivo: dejó más de 15.000 obras. Una de las más conocidas es el cuadro *Guernica*, que tiene por tema el bombardeo nazi de esta ciudad durante la Guerra Civil española.

6 Nació en Reus en 1852. Para la creación se basó en la observación de la naturaleza y utilizó sus formas y colores. Quería hacer de Barcelona la capital del Mediterráneo, pero la gente no lo entendía. Se reían de él y consideraban sus ideas cosas de locos. Murió pobre e infeliz. Hoy en día, en cambio, sus obras son muy conocidas, especialmente la Sagrada Familia, sus casas llenas de fantasía y el Parque Güell de Barcelona. Entre sus admiradores estuvo el famoso Hundertwasser.

2 **Miren las fotos y lean los nombres. Pregunte a sus compañeros qué saben de estos artistas latinoamericanos. Después relacionen con los textos y comprueben.**

Jorgelina Hazebrouck

Frida Kahlo

César Pelli

Diego Rivera

Oswaldo Guayasamín

Fernando Botero

1 Coyoacán (México) 1907. Fue la musa y esposa de Diego Rivera. Admiraba su arte y sus ideas, pero no soportaba sus aventuras. Por eso se separaron y divorciaron. Sin embargo, el uno sin el otro no podían vivir, y volvieron a reunirse e incluso a casarse. Su obra es autobiográfica y narra su sufrimiento durante los meses y años que tuvo que pasar en cama, por causa de un accidente.

2 Tucumán, Argentina, 1926. Estudió arquitectura en su país, pero actualmente vive en los Estados Unidos, donde tiene un despacho muy exitoso. Fue decano de la Facultad de Arquitectura de la Universidad de Yale y ha recibido diversos premios por sus diseños. Su obra más famosa son las Torres Petronas, en Kuala Lumpur, que hasta el 2003 fueron los edificios más altos del mundo. Su arquitectura es al mismo tiempo moderna y arcaizante. Las torres Petronas combinan elementos del arte musulmán con moderna elegancia y sobriedad de líneas. En Madrid ha construido la torre de cristal, una de las más altas del país.

3 Medellín (Colombia) 1932. Es el artista latinoamericano más reconocido por la crítica internacional y sus esculturas de simpáticos gorditos cuestan fortunas. De pequeño, iba al liceo de toreros de Medellín, pero un susto con los toros le hizo dejarlo. De adulto vivió mucho tiempo en los Estados Unidos, donde tuvo gran éxito como pintor y escultor. De regreso a Medellín, realizó ilustraciones para un periódico local, de donde lo expulsaron, por considerar obscenos sus dibujos.

4 Nació en Rosario (Argentina) en 1964. Esta artista, licenciada en Bellas Artes, vivió durante quince años en las provincias del Neuquén, La Pampa y Santiago del Estero. Allí desarrolló su actividad artística – pintura, grabado, cerámica y escultura – así como actividad docente y promoción de distintos eventos culturales. Actualmente desarrolla su obra plástica en la ciudad de Rosario donde también escribe sobre artes plásticas locales en el periódico *Arte al Día* y en la página Web *Rosariarte*.

5 Guanajuato, México, 1886. Fue un destacado muralista. De ideología comunista, pintó enormes murales en la Ciudad de México y en otras ciudades para mostrar la realidad social y política del país, así como la conquista, la época colonial y la revolución. Su meta fue representar a los habitantes de México, principalmente a campesinos, indígenas y mestizos, con su cultura, sus costumbres y sus tradiciones.

6 Nació en 1919, en Quito. Hijo de un indígena y una mestiza, siempre se preocupó por las diferencias sociales. En la primera etapa, pinta la miseria y el sufrimiento de los indígenas: madres llorando con sus hijos en brazos, mineros cansados y otros. En una segunda etapa «la edad de la ira», protesta contra la violencia que sufren los indígenas y pinta cuadros agresivos, a veces exagerados. En la última etapa, la «edad de la ternura», pinta paisajes y flores. Nunca abandona a los indios y mestizos y sigue luchando por ellos hasta el fin.

Aprender al vuelo: uso del subjuntivo

Der **subjuntivo** drückt Wünsche, Forderungen und Emotionen aus, die sich immer auf eine andere Person (oder Sache) beziehen.

IMPERATIV

Sie verbieten jemandem, etwas zu tun:

- ¡No fume!
- ¡No coma dulces!
- ¡No vengas tarde!

VORAUSSETZUNG

Sie suchen etwas Bestimmtes:

- Busco un coche que sea barato.
- Necesito una secretaria que hable alemán.
- Quiero una casa que tenga mucha luz.

WUNSCH

Jemand soll nach „Ihren Wünschen" handeln:

Espero que Juan me llame por teléfono.
Quiero que lo celebremos juntos.
Quiero que se case mi hija y lleguen los nietos.

FORDERUNG

Jemand verlangt etwas:

Luis quiere que vaya.
Quiere que le paguen.
Me pide que le ayude.

RATSCHLAG

Sie möchten, dass jemand nach Ihrem Rat handelt:

Te recomiendo que pruebes el pescado.
Elena, te aconsejo que no te cases.

ERLAUBNIS

und erteilen die Erlaubnis dazu:

En este hotel permiten que entren animales.

REAKTION

Sie erfahren etwas und reagieren gefühlsmäßig:

me alegro (de) que
comprendo que
me gusta que
me entusiasma que

siento que
lamento que
temo que
me molesta que

BEWERTUNG

Sie drücken eine allgemeine Einschätzung aus:

es mejor que
es bueno que
es importante que

lo principal es que
lástima que
es necesario que

MÖGLICHKEIT

quizás
tal vez
es probable que
puede ser que
es posible que

ZWECK

para que
a fin de que

Taller de creatividad

3 **Completen en su cuaderno el minidiccionario de fichas y formen frases con los conceptos dados. Después unan las frases e imaginen una pequeña historia. ¡Puede ser un poco surrealista, tener o no tener sentido!**

cara de sapo	enredarse la lengua	lengua de serpiente	fama de venenoso
aflojarse las piernas	tartamudear	desdicha fatal	

4 **Miren el dibujo, imaginen una pequeña historia y escríbanla.**

5a **Lea y ordene el cuento (adaptado) de Galeano. Compare con su historia.**

a) ☐ Ese mediodía, él subió hasta el piso último, tocó el timbre y la puerta se abrió.

b) ☐ Desde abajo veía el balcón de Eleonora, y desde el balcón ella arrojaba las flores a la calle cada día y los automóviles las aplastaban.

c) ☐ El escritor brasileño Nelson Rodrígues estaba condenado a la soledad. Tenía cara de sapo y lengua de serpiente, y a su prestigio de feo y venenoso sumaba la fama de su contagiosa mala suerte*: la gente de su alrededor moría por miseria o desdicha fatal.

d) ☐ La bombardeó con flores. Le enviaba flores a su apartamento, en lo más alto de un alto edificio de Río de Janeiro. Cada día le enviaba un gran ramo de flores, flores siempre diferentes, sin repetir jamás los colores, y abajo esperaba.

e) ☐ Y así fue durante cincuenta días. Hasta que un día, un mediodía, las flores que Nelson envió no cayeron a la calle y no fueron pisoteadas por los automóviles.

f) ☐ Un día Nelson conoció a Eleonora. Ese día, cuando por primera vez vio a esa mujer, una violenta alegría lo atropelló y lo dejó bobo. Entonces, quiso decir alguna de sus frases brillantes, pero se le aflojaron las piernas y se le enredó la lengua y no pudo más que tartamudear ruiditos.

* Zu seinem Ruf als hässlicher und giftiger Mensch kam noch die Tatsache, dass er ansteckendes Pech hatte.

5b **Imaginen el final del cuento. Escriban un pequeño texto:**

¿Quién abrió? ¿Cómo era? ¿Qué dijo? ¿Qué pasó después? ¿Cómo era el piso?

6 **Preparen un diálogo y escenifiquen la escena.**

Aprender jugando

«Pro y Contra»

7

1. Formen grupos y elijan un/a director/a. Cambien de director/a después de cada partida.
2. Luego se tira el dado para elegir un tema de discusión. La suerte decide quién está a favor y quién en contra, para eso se tira nuevamente el dado: los números impares (1, 3, 5) deben buscar argumentos a favor y los pares (2, 4, 6) en contra.
3. Al final de cada discusión, el / la director/a les da a los jugadores un punto por argumento.
4. Gana quien tenga o quienes tengan más puntos.

Comer carne, ¿es bueno para la salud o no?

Los espectáculos públicos con animales son una tradición muy bonita. ¿Qué opina usted?

Consultar la cuenta bancaria a través de Internet es práctico y seguro. ¿Está de acuerdo o no?

Todo el mundo debería vivir un tiempo en otro país. ¿Qué le parece a usted la idea?

En los mercadillos se compran muchas cosas inútiles. ¿Qué piensa usted?

Prohibir fumar en los bares y restaurantes, ¿está bien o no?

Autoevaluación

8 **Lesen Sie die Aussagen links und bearbeiten Sie dann die Aufgaben rechts. Markieren Sie ☒ für „kann ich" und ☑ für „kann ich noch nicht so gut".**

1. Ich kann Körperteile benennen. **U 7** ☐	Nombre las partes del cuerpo. 
2. Ich kann über Krankheiten und gesundheitliche Probleme sprechen und einen Arzt konsultieren. **U 7** ☐	¿Qué síntomas de la enfermedad del viajero conoce?
3. Ich kann Verbote äußern. **U 7** ☐	¿Qué le dice el médico al paciente? 
4. Ich kann über Gefühle sprechen und Gefühlszustände äußern. **U 8** ☐	¿Qué dice usted cuando ...? – Sie glücklich sind. – Sie wütend sind. – Sie Angst haben. – Sie traurig sind.
5. Ich kann über Brauchtum und Traditionen berichten. **U 8** ☐	¿Cómo pasa usted Nochevieja? ¿Qué hace? ¿Con quién está? ¿Le gusta / No le gusta?
6. Ich kann Wünsche und Trinksprüche äußern. **U 8** ☐	¿Qué le desea a la gente en estas situaciones? – Un amigo se va de viaje. – Todos toman cava y usted quiere brindar con ellos. – Es el cumpleaños de un/a amigo/-a.
7. Ich kann Bilder / Fotos beschreiben. **U 9** ☐	Describa la cubierta del libro *Perspectivas Al vuelo* A2.
8. Ich kann nach Preisen fragen, Preisangaben verstehen und Preise verhandeln. **U 9** ☐	Haga un diálogo: Usted está en el rastro y quiere comprar una mesa. Pregunte de qué material es y cuánto cuesta. No quiere pagar tanto y empieza a negociar.
9. Ich kann Kleinanzeigen aufsetzen, verstehen und darauf reagieren. **U 9** ☐	Usted es el / la jefe/-a del restaurante «Sol» y necesita camareras. Tienen que hablar español, alemán e inglés. Escriba el anuncio. Dos días después llama una chica que no sabe ni inglés ni alemán pero habla ruso. Haga el diálogo.
10. Ich kann über die Zukunft sprechen. **U 10** ☐	¿Qué hará usted en el futuro? Nombre tres cosas (Por ejemplo: el primer día de vacaciones, el próximo fin de semana, su primer día de jubilación ...).
11. Ich kann Vermutungen zum Ausdruck bringen. **U 10** ☐	Complete. 
12. Ich kann reale Bedingungen formulieren. **U 10** ☐	¿Qué hace usted en estas circunstancias? Complete las frases. – Si llueve ... – Si no quiero encontrar a nadie ... – Si necesito dinero ... – Si quiero descansar ...

TEST FINAL

1 Vocabulario y estructuras gramaticales

Un artículo periodístico
Lea el artículo, elija la palabra que falta y complete el texto con a o b.

Joven pianista con mucho futuro

Gabriela Montero ___1___ en Caracas en 1970. Pronto su abuela le compró un piano. Gabriela cuenta: «Para mi primera Navidad recibí un pianito, y al año y medio ya tocaba las melodías que ___2___ por la radio». «Es inexplicable la intuición de mi abuela, porque en mi familia no hay nadie que ___3___ a la música».

Cuando cumplió tres años, tocó para sus familiares. A los cinco dio su primer concierto en público y a los ocho tocó con la Orquesta Juvenil de Venezuela y ganó una beca para estudiar en los Estados Unidos. Gabriela recuerda: «Para mí tocar el piano ___4___ jugar». Desde entonces, su carrera ha sido espectacular. Se ha presentado con grandes orquestas en todo el mundo y ha ganado numerosos ___5___ internacionales. Sin duda, es una de las ___6___ pianistas de la actualidad.

Pero lo que más llama la atención es su talento para improvisar. «La improvisación es una parte importante de quien soy», explica Gabriela. «He estado improvisando ___7___ mis manos tocaron un teclado por primera vez, cuando tenía solo ocho meses, pero ___8___ muchos años lo mantuve en secreto».

Cuando termina el programa, Gabriela, con frecuencia, invita al público a participar y como «bis» realiza improvisaciones sobre ___9___ melodía que le dan. Suelen pedirle temas muy variados, desde una Sinfonía de Haydn hasta la Guerra de las Galaxias. «Cuando improviso», dice Montero, «me conecto con mi público y ellos se conectan conmigo». Son composiciones espontáneas, que no se pueden ___10___. Normalmente tienen una mezcla de estilos clásico, jazz y folklore sudamericano. Cuando le preguntan cómo hace para improvisar, responde: «Yo no hago nada, la música me sale de adentro».

1	a nacía	b nació	**6**	a mayores	b mejores
2	a ha escuchado	b había escuchado	**7**	a desde hace	b desde que
3	a se dedica	b se dedique	**8**	a durante	b mientras
4	a era	b estaba	**9**	a algún	b alguna
5	a premios	b precios	**10**	a realizar	b repetir

2 Comprensión auditiva

2/15–19

A Comprensión global

Escuche dos veces y marque las respuestas correctas.

Situación 1: Escuche una llamada telefónica de una voluntaria.

		sí	no
11	¿Le gusta lo que hace?	☐	☐
12	¿Hay algo que no le guste mucho?	☐	☐

Situación 2: Escuche un programa de radio sobre tecnologías del futuro.

		sí	no
13	No será necesario pagar en caja.	☐	☐
14	Se pagarán las compras con un chip.	☐	☐

Situación 3: Escuche la conversación de una pareja, en un bar.

		sí	no
15	¿Han encontrado un piso?	☐	☐
16	¿Liliana tiene problemas con la familia?	☐	☐

Situación 4: Escuche lo que dicen dos colegas en el coche.

		sí	no
17	¿El seminario dura más de un día?	☐	☐
18	¿Han olvidado algo importante?	☐	☐

2/20

B Comprensión de detalles

Escuche y marque la respuesta correcta.

19 ¿Cuántos metros de altura tiene?

a 3.780 b 3.618 c 3.718

20 La madre era ...

a mestiza b indígena c mulata

21 ¿Cuánto paga un chico de 12 años?

a 13 € b 16 € c 23 €

22 ¿En qué grupo cantó?

a La señora Montonera b La sonora Mantequera c La Sonora Matancera

3 Comunicación

2/21 Escuche ahora preguntas de todos los días y reaccione. Elija la respuesta adecuada.

23 ☐
24 ☐
25 ☐

a En invierno voy a esquiar.
b Sí, tengo muchos.
c Me encanta cocinar.

26 ☐
27 ☐
28 ☐
29 ☐

a No sé, ¿será fresco?
b Pues, yo en tu lugar probaría las tortillas.
c ¿Eres vegetariano?
d No, pero me sienta mal.

30 **Sentimientos y estados de ánimo. Complete los diálogos con la palabra correspondiente.**

a triste **b** rabia **c** miedo **d** asco **e** alegre **f** contenta

1. + ¿Por qué esa cara, Alicia? – Estoy muy _______ porque mi gato está enfermo.
2. + ¿No te comes el postre? – ¡Puah! No, no me gusta. En realidad me da _______.
3. + ¡Hija, qué buenas notas! ¡Felicidades! – Gracias. Ahora estás _______, ¿no?
4. + ¡No me grites mamá, que no soy un niño! Me da mucha _______.
5. ¿Hay alguien aquí? ¡Ay, qué _______! No veo nada.
6. + ¿Y por qué estás tan _______?
   – ¡Mañana empiezan mis vacaciones y me voy con mi novia al Caribe!

4 Comprensión lectora

Parte 1

En España viven casi tres millones de extranjeros. Usted debe escribir un artículo sobre el tema y le interesa saber si los inmigrantes están contentos o no.

Lea los informes y clasifíquelos. ☺ 😐 ☹

31 Me llamo Leyla, es un nombre árabe, y es que yo nací en Casablanca. Vine de Marruecos a los 16 años y empecé a trabajar aquí, en este mismo bar. El propietario, don Manolo, estaba muy viejito y ya no podía hacer nada, así que yo era quien hacía todo. Conocía a todos los clientes y la gente me quería, porque yo era rápida y tenía ojos verdes. Pronto pude comprar el bar y le puse mi nombre, Leyla, ya que todos lo llamaban así. Estoy muy contenta y muy orgullosa. Mi único problema es que echo mucho de menos a mi familia. Ellos siguen todos en Casablanca y a veces me gustaría estar allí, comer juntos, sentarme en la alfombra y tomar té con mucho azúcar o fumar una pipa de agua y hablar de todo y de nada como en los viejos tiempos ...

Leyla Albarracín (35) ☐

32 Mis abuelos eran catalanes y tuvieron que emigrar en 1936, porque eran republicanos. Se fueron a la Argentina, donde yo nací, y estuvimos allí hasta el 2000. En esa época, la situación económica del país no era buena. Mi padre no tenía trabajo. Mi madre daba clases de inglés para mantener a la familia. Trabajaba muchísimo, pero llegaba fin de mes y no le pagaban. Un buen día mi padre se cansó y dijo «basta, nos vamos a España»,y nos vinimos aquí. Ahora todos tenemos trabajo, mi padre, mi madre y yo. Ellos han comprado una casita y la están pagando poco a poco. Yo trabajo en turismo y estudio idiomas. Al principio echaba mucho de menos a mis amigos, pero hace poco conocí a un chico español y... ¡ya no me quiero volver por nada del mundo!

Adriana Villanueva (28)

33 Yo soy periodista. He estudiado en Lima y también aquí, en la Universidad de Salamanca. Ahora tengo un contrato con Radio y Televisión Española y escribo guiones para telenovelas. Mi trabajo me gusta mucho, porque es muy creativo y me pagan bien. Sin embargo, quiero irme otra vez al Perú, porque aquí no me siento muy bien. Es que a los latinos nos llaman «sudacas», porque somos de Sudamérica, claro, pero a mí esa palabra no me gusta nada, me parece que nos discrimina. Claro que muchos, como mis colegas, lo dicen sin pensar y hasta con cariño, pero yo prefiero volverme a Lima. Por suerte mi jefe dice que puedo seguir trabajando desde allí y mandar los guiones por Internet.

Álvaro Rey de Castro (45)

Parte 2

Lea el mensaje de texto y decida si las frases son correctas o falsas.

1 Un mensaje

QUERIDA TÍA: ESTAMOS EN PARÍS Y VOLVEMOS A MADRID. QUEREMOS PASAR X TU CASA Y VERTE. ¿TIENES UN SOFÁ? NIÑOS + PERRO PUEDEN DORMIR EN EL SUELO. NO NOS ESPERES A CENAR, COMEREMOS X EL CAMINO. ABRAZOS LOLA + JOSÉ. MÁNDANOS 1 SMS!

La tía debe:

		correcto	falso
34	preparar lugar para que duerman dos adultos, 2 niños y un perro.	☐	☐
35	preparar comida para todos	☐	☐
36	contestar el mensaje	☐	☐

2 Una nota

Querida Mercedita:
Mañana tendré que salir muy temprano para Cartagena. La reunión empieza a las 11 h. Aquí todavía quedan muchas cosas por hacer. ¿Puedes ocuparte tú, por favor? Las fotocopias tienen que estar listas al mediodía. Por la tarde viene el Sr. González a firmar el contrato. Otra cosa: acaban de llamar de Málaga por los catálogos. Imagínate, ¡todavía no han llegado! Tenemos que mandarles urgente un archivo PDF con las fotos de los nuevos productos y los precios. ¡Gracias por todo y hasta el miércoles!

Carmen

37 Mercedita tiene que ir a Cartagena a una reunión, a las 11 h. correcto ☐ falso ☐

38 Hay que hacer las fotocopias antes del mediodía. correcto ☐ falso ☐

39 Mercedita debe mandar los catálogos a Málaga por correo. correcto ☐ falso ☐

40 El Sr. González quiere firmar el contrato mañana por la tarde. correcto ☐ falso ☐

Parte 3
Lea las páginas amarillas.
Usted está de vacaciones y tiene un problema. Busque un médico que le ayude.

41 Usted está totalmente colorado y además tiene cinco picaduras de medusa.

Dra. Beatriz Barrionuevo
- Emergencias de todo tipo
- Accidentes, fracturas
- Intoxicaciones

Dr. Tim Hautdrauf
- Médico para piel
- Tratamiento de hongos en los pies
- Enfermedades en la región genital.

42 Su hijo de cinco años tiene fiebre y tos.

Dra. Sofía Ketóstenés
- Especialista en garganta, nariz y oídos
- Cirugía estética de la nariz.

Dr. Juan González Zorrilla
- Médico para niños.
- Dolor de estómago infantil.
- Resfriados y dolor de oídos.

Postales y anuncios
Lea las postales y marque si es verdad o no.

43 Queridos hijos:
Esperamos que paséis una Nochevieja fenomenal en Chile y que tengáis un feliz Año Nuevo. Debe de ser bonito ver ponerse el sol en el Pacífico. Aquí hace un frío terrible y no nos podemos imaginar estar en la playa. ¡Ojalá el año que viene vengáis a visitarnos! ¡Buen año!
Un fuerte abrazo de vuestros padres
Amalia y Alfonso

Amalia y Alfonso quieren a ir a visitar a sus hijos a Chile. correcto ☐ falso ☐

44 Querida abuela Paquita:
¿Qué es eso de estar en cama, tú que siempre eres tan activa? Te mandamos estas flores para que te pongas bien pronto y puedas venir a festejar el cumpleaños de Gloria. ¡No te olvides de que ya cumple los siete! Bueno, abuelita, ¡que te mejores pronto!
Con cariño
Romira y Danilo

La abuela está enferma y tiene que estar en cama. correcto ☐ falso ☐

Lea las anuncios y marque si es verdad o no

45 En un tablón de anuncios

Muebles baratos en buen estado.
¡Atención, familias!
Por favor, vengan a recoger todos los muebles este fin de semana.
Sobre el precio podemos conversar.
Tengo un nuevo puesto de trabajo en la India y no puedo llevarme nada. Avda. Colón 741, 3° izq.

	correcto	falso
Se regalan muebles a familias de la India.	☐	☐

46 En el periódico local

Editorial Chef busca recetas de cocina tradicionales para hacer un nuevo libro. Pueden estar en catalán. Se ruega mandar fotos. Las que elijan se publicarán con el nombre de la persona que las ha mandado. edit.chef@cocina.es

	correcto	falso
A quien mande una receta o una foto se le pagará una suma determinada.	☐	☐

Hörtexte

¡BIENVENIDOS!

2

1. + ¡Hola, Miriam! ¡Cuánto tiempo! ¡Me alegro de verte!
   – Yo también ... ¿Así que quieres seguir estudiando español?
   + Pues sí, no tengo mucho tiempo, pero lo necesito para el trabajo.
   – ¡Ah! Comprendo. Ojalá este curso sea tan divertido como el otro.
   + Sí, claro, seguro ... Tenemos la misma profesora de antes.
2. + Hola, ¿qué tal? Suerte que el curso sigue. ¿Estamos todos?
   – No, Peter ya no viene. Es que ahora trabaja en Estútgart.
   + Ah, qué bien. ¿En la fábrica de coches?
   – Sí, eso es. Está muy contento. ¡Mira, ahí llega el nuevo profesor!
   + Pues yo ... ¡ya no me acuerdo nada de nada!
   – Yo tampoco, pero seguro que vamos a repasar un poco.
3. + Hola, yo soy Victoria, bueno, Vicky para todos.
   – ¿Eres nueva en nuestro curso?
   + Sí, antes iba al de la señora González, pero ha tenido un bebé.
   – Ah, claro. Pues nuestro curso es muy simpático, siempre nos reímos mucho.
   + Pero, ¿aprenden algo?
   – ¡Vaya, claro! Hablamos mucho y aprendemos jugando.
   + ¡Qué bien! Esas sí que son buenas perspectivas.
   – Sí, ya vas a ver, aprendemos «al vuelo».

4

1. Es de México. Es actriz y directora de cine. Hace muchas comedias.
2. Es una actriz de cine muy atractiva. Es de Madrid y trabaja mucho con Almodóvar.
3. Es muy simpática. Es la princesa de Holanda, pero es de la Argentina.
4. Canta canciones que compone ella misma, en español y en inglés. Es de Colombia.
5. Es muy joven y es un gran deportista. Juega en El Real Madrid, muy lejos de sus padres.
6. Es de Bolivia y es muy popular pues es el primer presidente indígena y se ocupa mucho de los problemas de la gente pobre.
7. Es Nobel de Literatura y *best seller* en todo el mundo. Es de Perú y se llama Mario ...
8. ¡Campeón del mundo! Con su coche, Fernando es el más rápido. Toda España está feliz.

1 EN AMÉRICA

2

+ ¡Hola! Soy Sara. ¿Está Carlos?
– Hola, Sara. Carlos no está. Está en Costa Rica.
+ ¡Ah, qué sorpresa! ¿Y qué hace allí?
– Trabaja en una organización ecologista, en San José, la capital, y en otras partes del país.
+ ¡Qué interesante! ¿Y le pagan?
– No, es voluntario. Pero le dan casa y comida gratis.
+ ¿Y cuánto tiempo va a estar en Costa Rica?
– El trabajo dura tres semanas. Después quiere visitar a unos amigos en Chile.
+ ¡Ah! Entonces, mejor le escribo un correo.
– Vale, Sara, buena idea. Un beso. Adiós.
+ Adiós.

8

Periodista: En nuestro programa de hoy vamos a hablar con la señora Traba, que acaba de llegar de Centroamérica. Buenas tardes, señora Traba, bienvenida a nuestro programa «Viajando». ¿Qué tal su viaje por Guatemala? ¿Cuándo ha llegado a Valencia?
Sra. Traba: Buenas tardes. Pues llegué la semana pasada, fue un viaje muy agradable.
Periodista: ¿Qué hizo en Guatemala, señora Traba?
Sra. Traba: Visité a mi ahijada.
Periodista: ¿Usted tiene una ahijada en Guatemala?
Sra. Traba: Sí, soy madrina de Rebeca, una niña de seis años. ¿Conoce la organización «Intermundo»?
Periodista: ¡Claro que sí! «Intermundo» desarrolla proyectos sociales en países emergentes y apoya a niños necesitados.
Sra. Traba: Sí, así es. Mi ahijada vive en Cocales, un pueblo a orillas del lago Izabal.
Periodista: ¿Y cómo fue el encuentro? ¿Qué dijo usted?
Sra. Traba: Cuando llegué, me puse un poco nerviosa. No supe cómo empezar y no pude decir nada. Pero, por suerte, pusieron música, Rebeca se puso a bailar chachachá y de pronto me dio un beso. Entonces empecé a bailar yo también. Todo fue muy espontáneo y divertido. Saqué muchas fotos de Rebeca, de su madre y de sus cinco hermanas.
Periodista: ¿Y estuvo todo el día en Cocales?
Sra. Traba: Sí, recorrimos el pueblo, dimos un paseo por el lago y Rebeca quiso enseñarme la escuela. Por la tarde vino el resto de la familia, hicimos un asado y comimos todos juntos.
Periodista: ¿Y la despedida?
Sra. Traba: Fue un poco triste, pero fue bonito ver que Rebeca es una niña lista e inteligente y saber que gracias a «Intermundo» va a poder ir a la escuela.
Periodista: Muchas gracias, señora Traba.
Sra. Traba: De nada, con mucho gusto.

16 **Laura:** ¿Qué haces, mamá?
Maite: Estoy haciendo la maleta, ya sabes que me voy a Madrid.
Laura: Pero ... ¿no es un viaje de trabajo? ¿Por qué llevas tantas cosas?
Maite: Bueno, son dos días de trabajo, pero por la noche vamos a ir a un restaurante y por eso necesito algo elegante. También vamos a dar un paseo por la ciudad, así que necesito la cámara de fotos y algo cómodo. Y ya sabes, yo necesito mis cremas.
Laura: Pero son muchísimas cosas. Llevas mucha ropa ... ¡Y un secador de pelo! En los hoteles siempre hay secador ... ¡Y el libro de Maruja Torres! ¿Vas a tener tanto tiempo para leer?
Maite: No voy a tener mucho tiempo allí, pero puedo leer en el tren. Y los documentos y el portátil son para la reunión.
Laura: ¿Y esto? ¿También llevas un osito de peluche?
Maite: Es para la organizadora de la reunión, acaba de tener un hijo.
Laura: Ah, bueno, bueno ...

2 ANTES ERA DIFERENTE

3 **Luisa:** Sí, Tere, como te digo, si un hombre no hace también los trabajos de la casa, pues no me interesa como pareja.
Tere: Pero Luisa, mujer, ¿por qué eres tan difícil? Para mí, lo importante es encontrar un hombre bueno, generoso, simpático, divertido ... Y los trabajos de la casa, pues no son tan importantes.
Luisa: ¿Que no? Y otra cosa: ¡guapo! Mi novio tiene que ser guapo.
Tere: Pues a mí eso tampoco me parece necesario.
Luisa: A mí sí. ¡Ah! Y tiene que ocuparse también de los niños. Eso también es un trabajo de los padres, no solo de las madres. Y, por supuesto, tiene que pasar la aspiradora, lavar los platos, hacer la compra. Es decir, todo igual que yo.
Tere: ¡Ay, mujer! Eres terrible. No piensas que tu marido está trabajando todo el día y llega a casa cansado por la noche. También tiene derecho a descansar, ¿no? Yo estoy feliz si alguna vez me ayuda un poco. No tiene que hacer nada más, para mí él es el rey.
Luisa: ¿Ah, sí? El rey. ¿Y tú? ¿Eres su esclava? Pues no, eso no me gusta nada. Desde luego, chica, eres una anticuada y conservadora. Esa idea del rey ya pasó a la historia. ¿En qué mundo vives?
Tere: Tranquila, mujer, que a mí no me importa.

14 1. + Hola, Marita, ¿qué tal? ¿Cómo pasaste el fin de semana?
– Regular. Fuimos al campo y cuando íbamos por la carretera, ¡zas, un neumático! Y claro, allí no había nada, así que decidimos hacer autostop, pero no pasaba nadie. Por fin vino un camión y nos llevó hasta el próximo pueblo con moto y todo.
+ ¡Uf, qué aventura!
– Sí, pero fue divertido. El conductor del camión estaba contento de tener con quien hablar y nos contó toda su vida. Era de la Alcarria y llevaba miel a Madrid. Como regalo de despedida nos dio un frasco a cada uno y luego siguió su camino.
+ ¡Vaya, tuvisteis suerte!
– Sí, pero a la vuelta condujo Felipe. ¡Yo no quise conducir más!

2. + Nosotros fuimos a casa de Olga, una amiga rusa. A medianoche nos entró hambre. Como ella no tenía nada en casa, Gonzalo pidió unas *pizzas* y nos invitó a todos.
– ¡Qué amable! ¿Pero quién es Gonzalo? No lo conozco.
+ Es un primo de Olga. Yo tampoco lo conocía. Lo conocí el sábado. Es muy simpático.
– ¡Qué bien! ¿Y a qué hora volvisteis a casa?
+ Nos quedamos todos allí porque era tarde y ya no había metro. Además, llovía bastante.
– ¡Caramba! ¿Y dónde durmieron todos?
+ Cada uno durmió donde pudo. Fue estupendo, Olga tradujo unas poesías y conversamos mucho sobre su país.

3. + ¿Y vosotros? ¿Qué hicisteis?
– Pues, el sábado vimos una película argentina en el Consulado.
+ Ah, qué bien. Yo no sabía que allí ponen películas.
– Pues yo tampoco. Lo supo Alicia por su novio, que vio un anuncio en la facultad.
+ ¡Qué bien! ¿Y era buena la película?
– Sí, era muy buena. Se llamaba *El secreto de sus ojos*. Nos gustó porque era crítica pero tenía humor y sentimiento.

EJERCICIOS

4 **Susana:** Abuela, ¿cuántos años estuviste casada con el abuelo?
Abuela: Cincuenta y cinco. Y siempre fuimos felices.
Susana: ¡Caray! ¿Y cómo hiciste? ¿Ustedes nunca discutían?
Abuela: Pues claro que discutíamos, pero nunca nos íbamos a dormir enfadados. Siempre nos dábamos un beso y nos decíamos «Buenas noches».
Susana: ¿Y tienes algún secreto?
Abuela: Sí tengo uno, pero te vas a reír si te lo cuento.
Susana: ¡Cuenta, cuenta, que yo no me río!
Abuela: Pues mira, en una pareja hay siempre tres personas ...
Susana: ¡Pero abuela! ¿Qué dices? ¿Cómo que tres?
Abuela: Pues, sí, mihijita: «yo», «tú» y «nosotros».
Susana: Ah, comprendo, pero «nosotros» es lo principal, ¿no?
Abuela: Claro, pero «tú» y «tu pareja» también necesitan lugar para desarrollarse.
Susana: Tienes razón.

3 Y TÚ, ¿QUÉ HAS HECHO?

13

Sra. Amado: Pues, ahora vas a pasar por los departamentos para conocer a tus compañeros. Nieves, por favor, ¿puedes acompañar a Mercedes?
Nieves: Sí, claro. ¡Hola, Mercedes! Yo soy Nieves, la asistente de dirección. Por aquí, por favor.
Mercedes: Sí, ¡cómo no!
Nieves: Primero vamos al despacho del gerente. El señor Cebolla es el responsable de la empresa. Es un poco serio, pero muy amable. *Toc, toc, toc*
Sr. Cebolla: ¡Adelante!
Nieves: Buenos días, señor Cebolla. Le presento a Mercedes Benítez.
Sr. Cebolla: Mucho gusto. ¿Así que usted es la nueva administrativa?
Mercedes: Sí, así es.
Sr. Cebolla: Pues, mucho éxito. En este momento estoy muy ocupado, pero ya nos vemos.
Mercedes: Naturalmente. Encantada de conocerlo.
Nieves: Ahora vamos a I + D. El departamento de investigación y desarrollo es muy importante para nosotros. ¡Ah, ahí viene la ingeniera! ... Begoña, te presento a Mercedes.
Begoña: ¡Hola! Entonces, ¿ya no voy a estar sola?
Nieves: Mercedes no va a trabajar aquí, va a trabajar en la administración.
Begoña: ¡Qué lástima! Es que soy la única mujer en este departamento, ¿sabes?
Mercedes: ¿Y qué haces? ¿Dibujas todo el día?
Begoña: Sí, soy la responsable del diseño de los productos.
Mercedes: Pues, ¡qué interesante! Bueno, encantada.
Nieves: Este es el departamento administrativo.
Mercedes: ¡Ah! ¿Esta es mi oficina?
Nieves: Sí, claro. ¡Ah! Tu futura jefa está hablando por teléfono. Vamos primero al departamento comercial. *(Schritte, Tür)* ¡Hola, Javier! Esta es la nueva administrativa. El señor Ochoa es el jefe de ventas. Se ocupa de vender nuestros productos en toda España.
Javier: ¡En toda Europa! Bueno, mucho gusto.
Mercedes: Igualmente.
Nieves: Nos falta ver el departamento de marketing. Está aquí al lado. *Toc, toc, toc* ¡Hola, Mariana! ¿Qué tal? ¿Está tu jefa?
Mariana: No, lo siento, tiene una reunión.
Nieves: Bueno, esta es Mercedes. Empieza el lunes con nosotros.
Mariana: ¡Ah, encantada! Yo soy Mariana, soy estudiante en prácticas.
Mercedes: Encantada.
Nieves: Bueno, ya estamos otra vez en recursos humanos.
Mercedes: ¡A la señora Amado ya la conozco!
Nieves: Claro, ella es la jefa de personal. ¿Quieres saber algo más?
Mercedes: Todavía no he visto el departamento de producción.
Nieves: Es que no está en este edificio. La producción está en el polígono industrial.
Mercedes: ¡Ah, comprendo! Otra cosa, ¿quién es el propietario de la empresa?
Nieves: Doña Asunción Martínez Palomar. Es una señora mayor, tiene 73 años y es muy moderna y muy dinámica.

20

1. + SOS, Servicio de Ordenadores Sánchez. Puede dejar un mensaje después de la señal.
   – ¡Hola! Llamo de Casa Prado. Tenemos un problema con el ordenador: no podemos abrir los archivos. Es muy urgente. ¿Nos llaman, por favor?
2. + SOS, Servicio de Ordenadores Sánchez. Puede dejar un mensaje después de la señal.
   – Soy José Lozada, de la empresa Chocolatino. Tengo problemas con el ordenador, no sé qué es lo que pasa. Se ha bloqueado todo y no sé qué hacer. Espero su llamada. Puede llamarme hasta las 12 de la noche. Adiós y gracias. Mi móvil es el 659 697 165.
3. + SOS, Servicio de Ordenadores Sánchez. Puede dejar un mensaje después de la señal.
   – Soy la señora Rozas, de la calle Balcarce. En este momento no puedo acceder a Internet. Ya he llamado a Telefónica, pero ellos me dicen que la conexión está bien. ¿Puede pasar esta tarde por aquí, por favor? Hasta luego y gracias.

23

Moderadora: Desde la década de 1990 la inmigración en España es un fenómeno de gran importancia. La población extranjera es del 12 %. La mayoría son jóvenes y contribuyen con su trabajo al bienestar de todos. Sin embargo, acaban de aprobar una ley para ayudarles a regresar a sus países de origen. ¿Qué opinan ustedes?
Inmigrante subsahariano: Pues, a mí me parece muy mal. Yo vine desde Senegal en un cayuco, arriesgando mi vida, y pagué 2 300 euros por el viaje. Trabajé siempre en la construcción, y ahora he perdido el empleo y tengo que regresar. ¡Y en mi país no hay trabajo!
Empresario: Aquí tampoco hay trabajo. Tenemos mucho paro y entre los jóvenes, más del 40 %. Mi hijo ha terminado el bachillerato y no encuentra nada. El problema es que los extranjeros hacen los trabajos por muy poco dinero, por ejemplo en la agricultura. Para nosotros, en Almería, es mejor trabajar con españoles o latinoamericanos, pues así no hay problemas con la lengua. Desde hace meses buscamos empleados para las plantaciones de tomates, pero no encontramos a nadie.
Joven desocupado: Claro, claro, bonito trabajo, 10 horas en un invernadero con 40 grados de temperatura, una humedad espantosa y pesticidas que te dejan las manos rojas como tomates. Y todo por 12 euros al día, sábado y domingo incluidos. No, gracias, prefiero el paro.
Mujer peruana: Mira, mira. Ahí lo tienen. Yo siempre digo que los españoles son unos pretenciosos. No quieren ensuciarse las manos. Yo vine hace siete años y estoy muy bien. Trabajo en una casa donde limpio, cocino, cuido a los niños y a la abuelita enferma. Trabajo mucho, pero estoy contenta porque la familia es buena, no me paga mucho, pero me trata bien. Y mi marido encontró trabajo en un hotel,en la cocina.
Representante sindical: Entonces ustedes están bien integrados. Enhorabuena.
Mujer árabe: Sí, claro, a los latinos los aceptan, pero a nosotras no. Yo soy maestra y no encuentro trabajo porque no quiero quitarme el velo. Para mí, es muy importante, es un símbolo de identidad y me siento protegida de las miradas de los hombres.
Moderadora: Bueno, pues muchas gracias a todos y buenas noches.

EJERCICIOS

7

1. + Oye, el año pasado fuiste a Vigo, ¿no? – No, el año pasado viajé a Santander, yo nunca he estado en Vigo.
2. + Raúl y Sara, ¿ya habéis visto la película de Iciar Bollain con Gael García Bernal y Luis Tosar? – *¿También la lluvia?* Yo todavía no. ¿Vamos esta noche? * Yo no. Yo la vi ayer. Es magnífica.
3. + Y tú, Pedro, ¿qué hiciste el fin de semana pasado? – Estuve con mi novia en un bar, ¿y tú? + Nada especial. Me quedé en casa y leí un poco.
4. + ¿Cómo estáis? – Estamos muy cansados. Anoche nos encontramos con unos amigos y volvimos muy tarde a casa y esta mañana nos hemos levantado muy pronto.
5. + ¿Quién ha comprado las cervezas para la fiesta de esta noche? – Las chicas las compraron ayer. * Y yo ya las he puesto en la nevera.
6. + ¡Nos encanta Nueva York! – ¿Nueva York? Nosotros nunca hemos estado en Nueva York.

9

1. + El señor Sánchez dijo que venía hoy de Madrid, pero ... – ¿No viene? + ¡Qué va! Primero se ha ido a Barcelona a ver a González. – ¡Uf! ¿Y cuándo viene? + La semana que viene.

– ¿Y el hotel? + Ese es el problema, ya lo he reservado. – ¿Y ahora? + Tiene que ir a otro hotel. Es muy caro, pero ... – Total, lo paga él, ¿no? + Sí, eso sí, pero la reunión ... tengo que aplazarla.

4 ¿TIENES ALGÚN «HOBBY»?

1

Periodista: ¿Y tú? ¿Cómo te llamas? ¿Qué haces?
Nora: Me llamo Nora y soy estudiante.
Periodista: ¿Practicas algún deporte?
Nora: Muchos, pero lo que más me gusta es el submarinismo.
Periodista: ¡Ah, te gusta la aventura! ¡Qué bien!
Nora: Pues sí, me gustan las aventuras de todas clases, ¡pero con final feliz!
Periodista: Muy bien, muy bien. ¿Y dónde haces submarinismo?
Nora: En Hierro. Cada año paso mis vacaciones allí. Es uno de los mejores lugares del mundo para hacer submarinismo.
Periodista: Pero aquí también hay lugares buenos, ¿no?
Nora: ¡Claro! Hay uno en Almuñécar y otro cerca de Málaga.
Periodista: ¿Tienes algún otro *hobby*?
Nora: Sí, mi caballo también es mi *hobby*. Me encanta montar a caballo por la mañana, en el monte o en la playa ...

Periodista: ¿Y usted, señor?
Víctor: ¿Yo? Yo soy Víctor Bustamante. Soy profesor de esquí. Para mí, mi profesión es mi *hobby*.
Periodista: ¡Vaya! ¡Qué suerte tiene! ¿Y practica algún otro deporte?
Víctor: En verano hago esquí acuático, generalmente en Marbella.
Periodista: Ah, claro. ¿Y tiene otros *hobbis*?
Víctor: ¿Otros *hobbis*? Pues, no sé ...
Periodista: ¿Colecciona algo?¿ Le gusta hacer fotos? ¿O toca el piano?
Víctor: No, no, no. Nada de eso. Lo que a mí me gusta es hacer trabajos manuales, ¿sabe?
Periodista: ¿Y qué trabajos manuales hace, por ejemplo?
Víctor: De todo. Ahora estoy haciendo muebles para el jardín.
Periodista: Ah, es un *hobby* muy útil, entonces.

Periodista: ¿Usted también tiene algún *hobby* interesante?
María Rosa: Muy interesante no, pero útil. Mi *hobby* es hacer pasteles.
Periodista: ¡Ah, qué simpático! ¿Y para quién hace los pasteles? ¿Para sus nietos?
María Rosa: Sí, pero también para mis amigos, para los vecinos, para todos. Me encanta hacer pasteles de cumpleaños y a mi nieta le hice la tarta de boda.
Periodista: ¡Qué regalo! ¡Si me la hace a mí, me caso yo también! Otra cosa, ¿practica algún deporte?
María Rosa: Sí, desde que no trabajo, hago deporte.
Periodista: ¿Y qué deporte hace?
María Rosa: Parapente. ¡Es fantástico ver el paisaje! Es impresionante, ¡y no es difícil!
Periodista: ¡Claro, claro.! Pero ...¿cuántos años tiene usted?
María Rosa: Sesenta y siete.
Periodista: ¡Qué bien! Bueno, mucha suerte y gracias por la entrevista.

20

Turista: ¡Es fantástico! ¡Qué guapos son todos, tan atléticos y deportistas!
Lupita: Pues claro, lo hacen todos los días, por eso están bien entrenados.
Turista: Me imagino. Pero, ¡qué valientes son, para saltar desde esa altura, y con los ojos cerrados!
Lupita: ¿Usted cree que son valientes? No sé, yo también saltaba, cuando era joven, pero me moría de miedo cada vez que lo hacía.
Turista: ¿Sí? ¿Usted también saltaba?
Lupita: Claro, pero antes rezaba a la virgen de Guadalupe, que es la patrona de México y también mi patrona. Y bueno, ella me ayudó, pues aquí estoy, como me ve.
Turista: Pero, ¿es muy peligroso?
Lupita: ¡Hombre, claro que es peligroso! Un día salté y caí mal. Sentí un dolor terrible y creí que me moría. Me quedé sorda de un oído, por eso dejé de saltar. De un lado no oigo nada, pero tuve suerte, pues muchos de mis compañeros están peor.
Turista: ¿Sí? ¿Hay muchos heridos?
Lupita: Pues, claro. Pero, ¡de eso no se habla! Aquí, en el Mirador está prohibido hablar de eso.
Turista: No comprendo. ¿Por qué saltan entonces, si es tan peligroso?
Lupita: ¿Por qué? ¿Por qué? Es que aquí no hay casi trabajo y los gringos han cerrado la frontera. Yo tengo tres hijos y mi marido se ha ido con otra. ¡Imagínese usted!

Turista: Bueno, pero ahora trabaja aquí, en el mejor restaurante de Acapulco, ¿no?
Lupita: Pues, sí, soy camarera, pero trabajo solo cuando me necesitan.
Turista: Ah, ¿no tiene contrato?
Lupita: No, nadie tiene contrato aquí. Cuando no hay gente, no hay trabajo.
Turista: ¡Caramba, qué cosa!
Lupita: Así es la vida. Eso sí, a veces tengo suerte. El otro día un yanqui me dio 20 dólares de propina. Estaba medio borracho, pero es igual. Le compré unas zapatillas a mi hija, pues pronto empieza la escuela, ¿sabe?

EJERCICIOS

6

1. + Y ustedes, ¿van muchas veces a los parques de atracciones? – No, qué va! Es que no tenemos coche y los parques están muy lejos del centro. + Ah! ¿Necesitan mucho tiempo entonces para llegar aquí? – ¡Una hora! + Bueno, pero los niños se divierten mucho, ¿no? – Claro, por eso estamos aquí. + Pues gracias por su información y buena tarde.
2. +¿Qué tal, le gusta el parque? – Hum ... La verdad es que creo que es muy peligroso. + ¿Peligroso? No, en este parque no hay peligro. – No sé, no sé. Esos toboganes tan altos ... ¡y las torres y las tirolinas! + ¡Pero señor, de verdad, no pasa nada!
3. + Y a usted, señora, ¿qué le parece el parque? – Pues, todo está bien, pero yo esperaba más lugares verdes, más naturaleza. + Bueno, pero hay árboles grandes, ¿no? – Sí, sí, pero pocos.
4. + Y vosotros, ¿con quién estáis aquí? – Con mi familia y con unos amigos. + ¿Y qué tal? ¿Os divertís? – Sí, claro! + ¿Y hay algo que no os gusta? – Sí, que hay que esperar mucho, porque ¡hay tanta gente!
5. + ¿Qué le parece el parque? – Pues no sé ... es muy caro aquí. No son solo las entradas. Los niños tienen que beber mucho. + ¿Cuánto cuesta aquí una bebida? – Pues, tres o cuatro euros. + ¡Uf, qué barbaridad!

5 COMER CON PLACER

3a

1. + ¿Cuáles son sus hábitos alimenticios, señora?
   – La comida es algo muy importante. Yo cocino para seis personas y eso siete días a la semana. No es fácil, ¿sabe? Tengo que tener en cuenta los gustos de todos y también mirar los precios.
   + ¿Y qué le gusta a su familia?
   – A mi marido le gusta mucho la carne, por eso voy todos los días a la carnicería. Mi hija está haciendo una dieta, así que paso también por el mercado, porque la verdura y la fruta, claro está, tienen que ser frescas. Para mí, lo mejor es el pescado, pero no lo compro casi nunca porque es demasiado caro y a mi hija no le gusta.
2. + ¿Cuáles son sus hábitos alimenticios?
   – Para mí la comida debe ser sana y variada. Por eso compro productos frescos, de la región, sobre todo en tiendas biológicas o en el mercado.
   + ¿Y qué productos come?
   – Como muchos cereales, verduras y fruta. Nunca como carne, pues soy vegetariana. Tampoco tomo leche ni huevos, porque soy alérgica.
   + Entonces cocina todos los días, ¿no?
   – No, lamentablemente no tengo tiempo. Durante la semana como en la cafetería de la empresa y por la tarde solo preparo una ensalada o una sopa. Pero los fines de semana siempre cocino y si tengo tiempo, hago un postre.
3. + ¿Cuáles son sus hábitos alimenticios?
   – Para mí, comer es algo estupendo. Me encanta la buena comida. Compro productos de marca en tiendas gourmet y solo como en buenos restaurantes.
   + ¿Y qué le gusta especialmente?
   – Soy aficionado al pescado y también me gusta mucho la comida francesa. En general me gusta probar cosas nuevas. Por mi trabajo viajo mucho y siempre pruebo las especialidades de la región.
   + ¿Y cocina mucho?
   – No, muy poco. Mis amigos dicen que soy un gurmé, pero la verdad es que, para disfrutar una buena comida hay que tener tiempo, y yo no lo tengo. Muchas veces me compro un bocadillo o un plato precocinado en el supermercado. Pero, a veces, hago una cena, invito a unos amigos y preparo un menú. Mis amigos me dicen que cocino muy bien.

5a

Ramón: ¿Os gusta esta mesa, chicos?
Carlos: Sí, está muy bien.
Camarero: Aquí tienen la carta. Si van a comer pescado, les recomiendo la dorada. Si quieren, pueden verlas allí.
Paola: Hum ... ¿Y cómo las preparan?
Camarero: La especialidad de la casa es a la sal. ¡Es deliciosa!
Paola: Bueno, entonces para mí una dorada a la sal, con arroz, por favor.
Ramón: Para mí, también.
Carlos: ¿Y nosotros? ¿Tomamos el salmón, Maripaz? ¿Te parece bien?
Maripaz: No, ... prefiero un filete de ternera.
Camarero: Un filete para la señora, muy bien. ¿Cómo lo quiere?
Maripaz: No muy hecho, por favor. ¿Con qué viene?
Camarero: Con espárragos y salsa bechamel. Están muy buenos.
Maripaz: ¿Son de la región?
Camarero: Sí, claro.
Maripaz: Ah, muy bien. Pero, la salsa lleva leche, ¿no? Es que soy alérgica, ¿sabe?
Camarero: Le voy a preguntar al cocinero ... *(A Carlos)* ¿Y usted, señor, ya sabe lo que va a comer?
Carlos: Sí, salmón a la marinera. ¿Y nos trae unas patatitas con alioli?
Maripaz: Ah sí, y de primero una ensalada para todos. Y para beber, vino de la casa.

8

1. + Pues sí, Marta. No sé qué hacer con mis padres. ¡Todo les molesta! Si viene Juan, si llego tarde, si la música está demasiado alta ... ¡Estoy harta!
   – Yo que tú, me buscaría un piso y me iría.
2. + Como te decía, Eugenia ... ¡Ya he probado de todo! Voy al gimnasio, hago dieta, pero nada, no he perdido ni un kilo.
   – Pues, yo no bebería tantos cócteles.
3. + Pues sí, Antonio, tengo problemas con el trabajo. Ayer ese compañero me invitó por quinta vez a cenar. Le he dicho mil veces que no tengo ningún interés. Eso es acoso, ¿no? ... Y no sé qué hacer.
   – No sé, pero en este caso yo hablaría con el jefe.
4. + Me gustaría ir de vacaciones, pero estoy pagando la casa ...
   – Yo, en tu lugar, compraría un billete de lotería.
5. + ¡Nuria no me habla! Creo que está enfadada y no sé por qué.
   – Yo le preguntaría qué le pasa.
6. + No sé si Estela me quiere ... La verdad, ¡no sé qué hacer!
   – Yo, en tu lugar, la invitaría a cenar.

10

+ ¡Hola! Soy Néstor, el sobrino de María de los Ángeles, de Bolivia.
– ¡Ah, hola! ¿Qué tal? Paola me dijo que nos escribiste. ¿Ya estás en Europa?
+ Sí, unos amigos y yo estamos recorriendo España y justo estamos en Tarragona. Nos gustaría pasar a saludarlos esta tarde.
– ¿Esta tarde? ... Bueno, ¿por qué no? ¡Encantados!
+ Estupendo. Somos siete y llegamos a las siete. Queremos pasar el fin de semana con vosotros y el lunes seguimos para Barcelona. ¿Está bien?
– Pues sí. ¡Muy bien!
+ Gracias, ¡hasta luego!

14a

1. + La paella está muy buena, ¿verdad?
   – Sí, pero está un poquito quemada. Es una lástima.
2. + ¿Qué tal el salmón?
   – Hum, está un poco salado.
   + ¡Pues qué lástima, parece tan rico!
3. + ¡Pero, Gerardo, ¿qué te pasa?
   – Estas bravas no se pueden comer, están demasiado picantes.
4. + Le pedí las chuletas no muy hechas, pero estas no están nada hechas, están crudas. ¿Me las puede poner otra vez en la parrilla, por favor?
   – Sí, por supuesto.
5. + Bueno, basta de charlas y a comer la sopa, que ya está fría y la sopa fría está horrible.
   – Y caliente también.
6. + Necesito otro café para tomar con los pasteles.
   – ¿Por qué? ¿No están buenos?
   + Para mí están demasiado dulces. ¿Quieres uno?
   – No, gracias, a mí no me gustan los pasteles.
7. + Otras veces la salsa está más rica. Hoy la encuentro algo sosa.
   – ¿Puedo probarla?
   + ¡Claro, aquí tienes!
   – ¡Creo que le falta un poco de pimienta!
8. + Todo está bien, pero hay una cosa que no me gusta nada.
   – ¿Qué?
   + ¡La cerveza caliente!
   – Tienes razón. ¡Y con este calor!

EJERCICIOS

2

Son grandes amigas del queso y de la cerveza, pero van bien con todo. Se comen generalmente de entrada, pero también en muchas ensaladas. A mí me encantan para decorar la comida. Las hay verdes y negras, pero yo prefiero las negras.

6

Camarero: ¿Qué van a comer?
Cliente: No sé. ¿Qué nos recomienda?
Camarero: Pues, esta semana es la semana del atún.
Cliente: ¿Y cómo lo preparan?
Camarero: Frito, asado, al horno o en empanadillas.
Cliente: Hum ... ¿Qué llevan las empanadillas?
Camarero: Huevos, cebollas, tomate y, claro, atún.
Cliente: Entonces, empanadillas para cuatro.
Camarero: Muy bien. ¿Solas o con ensalada?
Cliente: Con ensalada de tomate. Y rápido, si es posible, por favor.

10

1. + El solomillo está bueno, pero está medio crudo. Y tus chuletas, ¿qué tal?
   – Todo lo contrario, están demasiado hechas.
2. + El gazpacho está rico cuando está bien frío, pero este está un poco caliente.
   – Bueno, los médicos dicen que las cosas demasiado frías son malas.
3. + ¡Uf! Mis enchiladas con carne están terribles, ¡más chile que carne!
   – Pues las comidas mexicanas son generalmente muy picantes.
4. + ¿Quién ha preparado la ensalada? ¿Roxana?
   – Sí, le ha puesto un kilo de sal, está demasiado salada.
5. + A mí las patatas al horno me encantan, pero estas están negras.
   – Sí, la verdad, están un poco quemadas. ¡Qué lástima!

6 DEL OTRO LADO DEL MAR

1 Ya se conoce el recorrido definitivo del *rally* Dakar 2011, por tierras de la Argentina y del Norte de Chile, casi en la frontera con Bolivia y Perú. Parte el 1 de enero de Buenos Aires, y después de quince días y 9.000 km de pistas, dunas y carreteras, vuelve a la capital argentina. La primera etapa pasa por la ciudad de Rosario, cruza el inmenso Río Paraná por un puente de sesenta kilómetros de largo y llega a Victoria. De allí el recorrido sigue a Córdoba, Tucumán y San Salvador de Jujuy. El quinto día cruza la frontera a Chile y llega a Calama. De allí sigue a Iquique y a Arica donde hay un día de descanso. La segunda parte del *rally* es la más dura, pues atraviesa el desierto de Atacama, que es el desierto más seco del mundo, pasando por las ciudades de Antofagasta y Copiapó. Después el *rally* cruza otra vez la cordillera de los Andes y llega a las temibles dunas blancas de Fiambalá en la Argentina, pasa por el impresionante Valle de la Luna en San Juan, regresa a Córdoba y llega a Buenos Aires, donde finaliza.

15
Valeria: ¡Hola, Miguel, soy yo, Valeria! ¿Cómo estás?
Miguel: ¡Hola, Valeria! ¡Qué alegría!
Valeria: Oye, habla más alto, que no oigo nada.
Miguel: ¡Vale! Cuenta, cuenta, ¿cómo es la ciudad?
Valeria: Fantástica, pero hay mucha criminalidad.
Miguel: Pues, ten cuidado, ¡hazme el favor!
Valeria: Sí, sí. Pero, si no estás tranquilo, ven a visitarme ...
Miguel: ¡Dame tu dirección! Mañana voy para allá.
Valeria: Hablo en serio, Miguel, la cosa aquí no está para bromas.
Miguel: Bueno, bueno ... Y, ¿qué tiempo hace?
Valeria: ¡Uf! Hace un calor terrible, siempre hace sol.
Miguel: ¿Eso es malo? Pues ponte bronceador.
Valeria: Sí, claro. ¡Bueno, tengo que colgar ya ... hasta pronto!
Miguel: ¡Cuidate mucho, ya sabes lo mucho que te quiero! *(Kuss)*

17
Ana María: Empresa Torres, buenos días.
Sra. Álvarez: Soy yo otra vez, Luisa Álvarez, de Caracas. Quiero comunicarle que ya tengo la fecha de viaje. ¿Está bien el día 13 para ustedes?
Ana María: Sí, nos va bien. ¿Viene directamente?
Sra. Álvarez: No, voy primero a Madrid, estoy tres días allí. Hay un AVE que llega a las nueve a Barcelona.
Ana María: Ah, ¿viaja en tren? Entonces, la recogemos en la estación.
Sra. Álvarez: No es necesario. Voy a alquilar un coche porque tengo el tiempo muy justo. Explíqueme, por favor, cómo llegar.
Ana María: Sí, le explico. Usted llega a Sants, ¿no? El hotel está a cinco minutos, en el Recinto Ferial. Salga hacia la derecha y tome la calle de Tarragona. Siga ...
Sra. Álvarez: Un momentito, por favor, que lo estoy apuntando.
Ana María: Sí, perdone. Mire, es un poco difícil de explicar. Mejor le mando un plano.
Sra. Álvarez: Muy bien. ¿Me lo manda por fax?
Ana María: Sí, se lo mando enseguida.
Sra. Álvarez: Perfecto, gracias. Es la extensión 482.

18
Ana María: Sí, ¡diga!
Sra. Álvarez: Soy yo, Luisa Álvarez. He tenido que hacer un desvío. Estoy en la Gran Vía. ¿Voy bien por aquí?
Ana María: No, no. Tiene que dar la vuelta.
Sra. Álvarez: ¿Y después? Es que el navegador está loco y no sé cómo seguir ...
Ana María: Ningún problema, yo la guío.
Sra. Álvarez: ¡Suerte que hay móviles!

EJERCICIOS

15 + ¡Diga! – ¡Hola, Jose! Soy Juanjo. + ¡Juanjo! ¿Qué tal? ¿Por fin has terminado tu proyecto? – Pues ... creo que el proyecto termina conmigo. Pero sí, he terminado ya y ... he decidido ir a visitaros. +¡Qué sorpresa! ¿Y cuándo piensas venir? Seguro que Elena se va a alegrar mucho. – Pues, he mirado en Internet y he encontrado un vuelo baratísimo para ... esta noche. + ¿Esta noche? ¡Juanjo! – Pero, José, ¡no te preocupes por mí, hombre! Yo solo quiero descansar después de todo este trabajo. Quiero estar todo el día en la playa, comer, dormir ... + ¿Viene tu hija también? – No, esta vez no, mi hija Patricia está de vacaciones con su madre. Pero la próxima vez voy con ella. Está tan mayor. Como voy solo, llevo pocas cosas: el bañador, las gafas de sol ... Ah! Y llevo algo para tu hija y para Elena. + ¡Ah! Bueno ... Les voy a decir a Elena y a Natalia que vienes, pues tenemos que hacer sitio para ti, aquí en el piso. – Hombre, no te preocupes. Esta vez voy a un hotel. + ¡Ah! ¡A un hotel! – Sí, es que ahora hay muchas ofertas.

7 LA SALUD ES LO PRIMERO

2a
1. Ayer estaba esquiando y me caí. Me rompí una pierna y me hice daño en la cara.
2. ¡Qué fiesta! ¡Qué resaca! Me duele mucho la cabeza. ¡Nunca más voy a beber tanto!
3. Estoy enferma. Tengo dolor de oídos.
4. He estado todo el día en la playa y, con este sol, pues ... me he quemado.
5. He tenido una gripe con mucha fiebre. Por suerte ahora ya me siento mejor.
6. ¡Qué invierno tan frío! Me he resfriado.
7. Tengo dolor de muelas. Odio ir al dentista, pero mañana voy a tener que ir.
8. He comido demasiado y ahora me duele el estómago. Tengo náuseas. Creo que voy a vomitar.

3b **Dr. Luis D. Sastre:** ¿A quién no le gusta la playa? Por eso he elegido Alicante para trabajar. En mi tiempo libre tomo el sol para relajarme, corro por la playa o hago surf. En verano tengo mucho trabajo. Los turistas no son muy responsables. No usan protectores solares y por eso llegan a la clínica con quemaduras hasta de tercer grado. Muchos llegan deshidratados, y no solo por insolación, sino también por exceso de alcohol. A veces llegan pacientes con picaduras de medusas o con dolor de estómago porque han comido demasiado. La gente en vacaciones siempre come y bebe más de lo normal y después dicen que se sienten mal, claro.

Dra. Elsa B. Lotodo: A mí me encantan las montañas. Para mí significan tranquilidad. En mi tiempo libre doy un paseo para mirar el paisaje, escalo o monto a caballo. Lamentablemente en invierno no me queda mucho tiempo libre, porque a los Pirineos vienen miles de turistas para esquiar o hacer «snowboard», y claro, hay muchos accidentes. La mayoría de mis pacientes tienen problemas bastante serios. Llegan con un brazo roto, una pierna rota o algo aún peor. Bueno, también hay pacientes con cosas menos serias. Algunos vienen con problemas en los ojos, porque no han usado las gafas de sol, o con dolor de oídos. Y claro, muchos están simplemente resfriados porque llevan ropa muy bonita, pero no muy adecuada. Llegan muertos de frío, con escalofríos.

10a El otro día vi una película policiaca, no recuerdo cómo se llamaba. Me gustó mucho porque trataba un tema de gran actualidad. Bueno, quizás más bien un tema del futuro. Una pareja quiere tener un hijo. Espera años, pero el hijo no llega. Entonces la mujer decide quedarse embarazada mediante inseminación artificial. Su hijo, Lito, es simpático y muy musical. Pronto llama la atención del director del coro. Él y su mujer «se enamoran» del niño; lo invitan a su casa, le hacen regalos y quieren llevarlo de viaje con ellos. Los padres de Lito no están de acuerdo. Un día, el director del coro ve una foto vieja y comprende por qué quiere tanto al niño. Lito es idéntico a él cuando era pequeño. De repente, recuerda cómo financió sus estudios, donando sangre y semen ...
La película es muy buena, muy humana, trata el tema con gran sensibilidad y tiene un final feliz.

11
\+ Buenos días.
– Buenos días. Tengo hora con el doctor Balcázar.
\+ Su nombre, por favor.
– Emilio de la Rocha.
\+ De la Rocha, de la Rocha ... ¿Está seguro de que tiene hora de visita hoy? Pues no le veo en la agenda.
– Pero si he llamado esta mañana ... Es que me siento muy mal.
\+ Vamos a ver si el doctor tiene tiempo. Mientras tanto, ¿puede darme su tarjeta del seguro médico?
– Aquí la tiene.
\+ Muy bien, gracias. ¡Ah! ¿Usted no es español?
– No. ¿Es un problema?
\+ No, no. Pero en este caso tenemos que hacerle por la consulta una factura que puede presentar en su seguro.
– Sí, es verdad.
\+ Bueno, pase, por favor, a la sala de espera.

12
Médico: Buenos días
Paciente: Buenos días.
Médico: ¿Qué le pasa?
Paciente: Pues, hace una semana que me siento fatal, tengo tos y dolor de garganta
Médico: ¿Tiene fiebre?
Paciente: Sí, esta mañana tenía yo 39 grados de temperatura.
Médico: A ver, abra la boca y diga «Aaaaa».
Paciente: Aaaaaaa
Médico: Quítese la camisa y respire hondo. ... Pues tiene gripe. Mire, para la garganta le doy unas pastillas. Tómese cuatro al día. Para el dolor de cabeza, tómese una aspirina y, para la tos, tómese esto.
Paciente: ¿Es grave?
Médico: No, no se preocupe, no es nada grave.
Paciente: Bueno. Mañana quería hacer una excursión en bicicleta.Pero así no puedo, ¿verdad?
Médico: ¡No! Quédese en la cama, descanse y beba mucha agua. No haga deporte los próximos días. Vea los deportes por televisión. En unos días va a estar mejor.
Paciente: Vale, gracias. La verdad es que también estoy un poco quemado del curro.
Médico: Pues de eso hablamos otro día. Adiós, que se mejore pronto, cuídese mucho.

15
1. + Me parece que mi esposo sale con su secretaria.
– ¡No puede ser! ¿Luis Alfredo? ¡No me lo puedo creer!
\+ Yo tampoco, pero llega tarde, está cansado, no tiene ganas de nada ...
– ¿Por qué no le preparas un gualicho?
\+ ¿Sabes la fórmula?
– Yo no, pero le puedo preguntar a mi abuelita.
\+ Hay cosas que no sabemos cómo funcionan, pero ... ¡funcionan!
– Pues, claro, hay que probar.

2. + Yo no iría nunca a un curandero, ¿y tú?
– ¿Por qué no? Si hasta algunos médicos dicen que ayudan.
\+ No sé, yo simplemente no puedo creerlo.
– Pues mira, Esperancita, la hija de mi hermana ...
\+ No me digas que tu hermana va al curandero.
– Pues, sí. Esperancita tuvo el mes pasado un empacho terrible.
\+ ¿Y por qué no fue al médico?
– Fue a muchos, pero Esperancita seguía enferma. Un médico le recomendó ir al curandero.

3. + ¿Qué te pasa, Amarilis? ¿Estás enferma?
– No sé, estoy muy cansada, no me siento bien, no sé qué me pasa.
\+ ¿Quizás el mal de ojo?
– ¿Quééé? ¿Tú crees en eso?
\+ No, no, yo no pero mucha gente dice que existe.
– ¡Bah, todo son supersticiones!
\+ Pues no sé ...

EJERCICIOS

7

1. + ¡Mira! Quiere salir. – ¿Lo sacas tú? + No, sácalo tú. Yo lo he sacado esta tarde. – ¡Ay! Antonio, sácalo, no seas así. Míralo, pobrecito. + ¡Ay! Está bien ... ¡Nerón! ¡Vamos! ¡Vamos a pasear! ¡Vamos!
2. + ¿Qué hago? – Pues, ... no sé. Llámalo, si te sientes mejor. * ¡No! ¡No lo llames! + ¿Por qué? * Pues ... ¡es que ya tiene otra! + ¿¡Ya!? * Pues, hoy lo he visto con otra. – Tal vez es la hermana. * ¡Qué va! ¡No, no! ¡No lo llames! ¡Ay! ¡Estos hombres!
3. + ¿Y, qué tal? – Buenísima, tienes que verla. * ¡Uy! ¡No! No la veas. A mí me ha parecido aburridísima. – ¡Qué va! Ve a verla. Es buenísima. Además, los actores son muy buenos. + ¡Ajá! ¿A quién creo? * Pues a mí. Créeme, es aburridísima y larguísima. – No, a mí. Sí, me ha gustado, es muy buena. * ¡No! ¡No! No la veas. ¡No!
4. + Oye, ¿me los llevo o no? – Sí, llévatelos. Bueno, no, mejor no. + ¿No? – Pues es que ya tenemos manzanas, fresas, el mango ... + Sí, ya es suficiente.

8

Médico: Buenas tardes, señor Mancilla.
Sr. Mancilla: Hola, doctor.
Médico: ¿Qué le pasa?
Sr. Mancilla: Tengo un dolor de cabeza terrible y me siento muy cansado.
Médico: ¿Desde cuándo se siente así?
Sr. Mancilla: Desde ayer.
Médico: ¿Y ha tenido fiebre?
Sr. Mancilla: Creo que no, pero tampoco tengo ganas de comer.
Médico: ¿Ha bebido mucho alcohol?
Sr. Mancilla: Hum ... unos mojitos, pero hoy he descansado todo el día en la playa.
Médico: Usted está deshidratado. No tome el sol hoy y beba mucha agua.
Sr. Mancilla: ¿Es algo grave, doctor?
Médico: No, esta noche va a estar mejor, pero no beba alcohol y mañana no tome el sol al mediodía.
Sr. Mancilla: Vale. Muchas gracias, doctor.
Médico: Adiós y cuídese.

10 Por la mañana no puedo comer, porque te quiero y pienso en ti. Al mediodía no puedo comer, porque te quiero y pienso en ti. Por la noche no puedo dormir, porque tengo hambre.

8 FELICIDAD ERES TÚ

4a

Fernando: ¡Felicidades, Maribel!
Maribel: Gracias. ¡A tu salud!
Fernando: Y que se cumplan todos tus deseos.
Maribel: ¡Ojalá! Y tus deseos también.
Fernando: Gracias. ¿Bailamos?
Maribel: ¡Venga, vamos!

Lorenzo: ¡Feliz Año, Tere! ¿Cuál es tu mayor deseo?
Teresa: ¡Que vivamos todos en paz! ¿Y tú, qué quieres?
Lorenzo: Quiero que se case mi hija y lleguen los nietos.
Teresa: ¡Ah, no me digas! ¿Tiene novio ahora Julita?
Lorenzo: ¡No! ¡Ni tiene ni quiere!
Teresa: Nunca hay que perder la esperanza.

Julia: ¡Chinchín! ¡Salud, abuelo!
Abuelo: Eso, Julita. La salud es lo primero.
Julia: Claro. Además, ojalá recibas por fin tu pensión.
Abuelo: Sí, espero que este año me paguen.
Julia: ¡Ya es hora! Pues, ¡ojalá tengas suerte!
Abuelo: Y tú también, Julita, ¡que conozcas a un chico bien guapo!

Diego: ¡Feliz Año Nuevo, sobrino!
Fernando: Gracias, tío, para ti también. ¡Salud, tía!
Teresa: ¡Sí, salud, amor y dinero!
Fernando: ¡Y tiempo para gastarlo!
Teresa: Espero que este año termines los estudios.
Fernando: ¡Vaya! Y vosotros, ¡que vendáis mucho en la tienda!
Diego: ¡Ojalá que todos tengamos un buen año!
Teresa: Oye, ¿conoces a Julita?

EJERCICIOS

3

1. + ¡Hola, Carla! ¿Qué tal? ¿Qué vas a hacer para Fin de Año? ¿Quieres venir a la fiesta del club? ¡Va a ser genial!
   – ¡Uf, ya tengo cinco invitaciones! Pero gracias igual.
   + ¿Cinco fiestas? ¡Qué suerte tienes, chica! ¿Y a cuál vas a ir?
   – Pues, la verdad, no tengo ganas de ir a ninguna. Preferiría trabajar en la gastronomía. ¡Pagan muchísimo!
   + Pero, Carla, no puedes hacer eso. ¡Es la oportunidad de conocer a alguien!
   – Sí, ya lo sé. Voy a ir a la fiesta de la compañía. Dicen que es divertida, y bueno, hay que pensar en el futuro.
2. + ¡Ah, Luis, qué sorpresa! Iba a llamarte estos días para invitarte a festejar juntos este Fin de Año.
   – ¡Qué casualidad! Yo también iba a llamarte. Bueno, suerte que nos encontramos, ¿no?
   + Pues, mira, Ana y yo vamos a celebrarlo en el piso nuevo. ¿Por qué no vienes?
   – Vale, buena idea. Pero, ¡qué milagro! ¿Tú vas a hacer una fiesta?
   + Pues sí, es idea de Ana. A mí me gustaría más cenar tranquilos en un buen restaurante y después escuchar música y soñar, tomados de la mano y con un buen cava, claro ...
   – ¡Hombre! ¡Eso lo puedes hacer a los sesenta!
3. + ¿Que cómo vamos a celebrarlo? Pues, como todos los años: con una buena comida, un poco de televisión y después ... ¡a la cama!
   – Pero, ¿no van a esperar a la media noche? ¿Mirar los fuegos artificiales?
   + ¡Qué va, en nuestro pueblo no hay nada!
   – En realidad, yo pasaría la fiesta en las Canarias, tomando el sol.
   + ¿Y por qué no se van unos días de vacaciones?

– Es que a medianoche llaman nuestros hijos. Ya es tradición, ¿sabe? Y claro, es bonito oírlos. Las pequeñas cosas son las más importantes, y bueno, es un ritual, año tras año.

13 Corín Tellado fue probablemente la autora más famosa de la literatura popular española del siglo XX. Publicó unas 4 000 «novelas rosa» y muchas fotonovelas. La mayoría están traducidas y algunas filmadas para el cine o la televisión. Sus novelas tratan de amor y desamor y están cargadas de conflictos y sentimientos. Sus protagonistas son mujeres que viven historias románticas, pasiones, aventuras, matrimonios rotos, etc. Viven en el presente y luchan día a día con su destino.
Las novelas de Corin Tellado fueron un fenómeno sociológico. En la España de Franco se vendían en los quioscos y eran las lecturas preferidas de amas de casa y empleadas del hogar, pues ponían color y fantasía en sus vidas. Las lectoras se identificaban con ellas. Ese era quizás el secreto del éxito.
Llama la atención que Corin Tellado les daba ánimo, valor y coraje, mostrándoles por ejemplo protagonistas con coche propio en una época en que España pocas mujeres conducían. Sin embargo, la censura franquista tuvo gran influencia. En sus novelas hay muchos besos, pero pocas descripciones. Además, todas terminan en boda. La autora cuenta que «le enseñaron a insinuar, a sugerir más que a mostrar». Corín Tellado fue una pionera de la literatura romántica. También fue la primera en publicar una novela completa en la Red, antes que Stephen King. Con más de 400 millones de ejemplares vendidos, es la autora más vendida en lengua castellana, y figura en el *Libro Guinness de los Récords*. Sus obras tuvieron un éxito especial en Latinoamérica, donde impulsaron la creación de las telenovelas, los famosos culebrones que ponen todos los días en la tele.

9 ¡... Y QUE SEA BARATO!

4

1. + ¡Hola, Marita! ¿Tú por aquí? ¿Cómo estás?
   – Bien, bien ... ¡Mira lo que me he comprado!
   + ¡Oh, un bolso! Pero es de segunda mano, ¿no?
   – ¿Y qué? ¡Es de marca y ha sido una ganga!
   + ¿De qué es? ¿De cuero?
   – No, mujer. Es de plástico, pero no importa.
   + Ahora necesitas zapatos del mismo color ...
   – Sí. Allí hay un puesto con botas bonitas. Voy a ver lo que encuentro. ¡Nos vemos!
   + Sí, después me cuentas. ¡Adiós y suerte!
2. + ¿Cuánto cuesta este reloj? ¿Este? Doscientos ochenta euros.
   – ¡Por ese precio me compro un Rolex!
   + ¡No es lo mismo! Es algo exclusivo.
   – También el precio es exclusivo ... Le doy 100 euros, ¿vale?
   + Es un reloj muy valioso, de oro ... Se lo doy por 180 euros, por ser usted.
   – 150 euros y me lo llevo.
   + Está bien, de acuerdo.
3. + Necesito un regalo para la boda de Margarita.
   – Pues, ¿por qué no le compras algo aquí, en el mercadillo?
   + Sí, ¿por qué no?
   – ¡Mira esas copas de allí! Son muy finas.
   + ¿Esas? ¿No son muy cursis?
   – ¡Qué va! Son de estilo modernista y parecen de cristal.
   + Pues, tienes razón. Perdone, ¿cuánto cuestan las copas?
   * ¿Estas? 48 euros, joven. Son de cristal de Bohemia.
   + ¡Es una ganga! Aquí tiene.

6 El pintor José Antonio González Escobar nos presenta en este cuadro una típica escena de la cultura maya: un mercado delante de una iglesia. La escena tiene colores vivos, y por lo tanto mucha luz. La iglesia es blanca y contrasta con el color verde de los árboles que aparecen por detrás de ella y con el color azul turquesa del lago a la derecha. A la derecha del lago, se ven los techos de algunas casas en la calle que baja hacia el lago. Al fondo hay un volcán, bastante alto, de color verde y marrón claro. Al lado izquierdo de la iglesia se ve una pequeña casa, de color verde claro con el techo rojo. Por la escalinata de la iglesia va subiendo una pareja de indígenas.
Delante de la iglesia se instala el mercado. Los indígenas vernden sus productos típicos: verduras, vasijas de cerámica, sombreros de paja con cintas de colores.
En primer plano se puede ver a los indígenas, que están reunidos en pequeños grupos. Unos están sentados en el suelo, o sobre alguna caja, y otros están de pie.
La ropa de los indígenas es de muchos colores. Ellos tienen pantalones blancos, azules, y camisas rojas, lilas y también azules. Algunas mujeres llevan blusas blancas, otras llevan blusas y faldas de colores fuertes.

17

1. **Sofía:** Hola, Irene. El sábado es mi cumpleaños. ¿Vienes a la fiesta?
   Irene: ¡Por supuesto que voy! ¿Dónde lo celebras? ¿Puedo llevar a los niños?
   Sofía: Sí, no hay problema. La fiesta es en la casa de campo, hay mucho espacio.
   Irene: ¿Quieres que lleve algo? Si quieres te preparo una ensalada andaluza.
   Sofía: ¡Genial! ¡Gracias! ¿Y podrías traer el pan también?
   Irene: Claro. ¿Qué pan compro?
2. **Sofía:** Hola, Juanjo. El sábado es mi cumpleaños. ¿Vienes a la fiesta?
   Juanjo: Pues claro. Voy temprano, así te ayudo a preparar todo. ¿Necesitas un pinchadiscos?
   Sofía: Sí, magnífico. ¿Y puedes traer algunos cedés?
   Juanjo: Claro, llevo los últimos cedés de salsa rock.
   Sofía: ¡Vale, perfecto! ¿A qué hora vienes?
3. **Sofía:** Hola, papá. Mamá me ha prometido una paella. ¿Y tú traes la carne, ¿no?
   Padre: Pues, claro, es mi regalo. ¿Cuántas personas sois?
   Sofía: Hasta ahora 36, bueno, con mamá y tú y los chicos, 40.
   Padre: ¡Uf! ¿Cuántos kilos de carne necesitamos para la barbacoa?
   Sofía: Ni idea, pregunta en la carnicería. Ah, y ¿traes las bebidas también?
   Padre: ¿Por qué no las lleva Carlos, que tiene un coche más grande?

18 1. **Irene:** Hola, Sofía, hemos venido temprano porque hemos ido primero al aeropuerto.
Sofía: ¿Habéis llevado a tu hermana?
Irene: Sí, se va otra vez a Chile. Ella va y viene dos veces por semana. Es azafata, ¿sabes?
Sofía: Sí, ya lo sé. Y cuando viene, ¿os trae muchos regalos?
Irene: A mí, no, pero a los niños siempre les trae algo.
Sofía: ¡Qué bien! Bueno, ¿has traído el pan, Irene?
Irene: Sí, claro, y he traído también unos churros para la merienda. Está todo en el coche, voy a buscar las bolsas.
Sofía: Mira, allí viene mi hermano. Él te ayuda.

2. **Hermano:** ¡Hola, Sofía! El bufé es fantástico! ¿Quién ha hecho tantas cosas?
Sofía: Mis amigos han traído todo. Pero falta la fruta. ¿Puedes ir rápido al pueblo?
Hermano: Claro, voy en la moto y vuelvo enseguida ¿Qué frutas traigo?
Sofía: Pues, trae lo que encuentres. Aquí tienes dinero y llévate una bolsa. Bueno, ¿qué hacéis todos en la cocina? ¿Por qué no os vais afuera?
Hermano: Eso, vamos afuera, chicos. ¿Podemos llevar algo?
Sofía: Pues, claro, los platos, el pan, las ensaladas.
Padre: ¡Chicos, la barbacoa está lista! ¿Por qué no venís?

EJERCICIOS

13 **Mujer:** Buenos días, llamo por el anuncio del periódico.
Hombre: ¡Hola! Sí. ¿Por el sofá o por la estantería?
Mujer: Llamo por el sofá. El precio me parece bien. ¿Me lo puede traer a casa?
Hombre: Sí, bueno ... pero la próxima semana. Antes no puedo llevarlo a su casa. ¿Y no puede usted venir a buscarlo? Yo vivo en el centro.
Mujer: Lo siento, pero no tengo transporte. Mejor si usted puede traérmelo. No me importa esperar unos días. ¿Puede venir el lunes, o el martes?
Hombre: Vale, entonces se lo llevo el martes por la mañana. ¿Cuál es su dirección?
Mujer: Estupendo, mi dirección es Calle Los Rosales, 32.
Hombre: Muy bien. ¡Hasta luego!
Mujer: ¡Hasta luego, adiós!

10 EL FUTURO ESTÁ AQUÍ

10
Te levantarás despacio
poco antes de que den las diez
y te alisarás el pelo
que con mis dedos deshilé.
Y te abrocharás la falda
y acariciarás mi espalda
con un «hasta mañana»
Y te irás sin un reproche
te perderé con la noche
que llama a mi ventana.
Y bajarás los peldaños
de dos en dos, de tres en tres.
Ellos te quieren en casa
poco antes de que den las diez
Vete
Se hace tarde
Vete ya
Vete ya.
Y en el umbral de mi puerta
poco antes de que den las diez
borrarás la última huella
que en tu cara olvidé.
Y volverás la cabeza
y me dirás sin tristeza
«adiós» desde la esquina
y luego te irás corriendo
la noche te irá envolviendo
en su oscura neblina.
Tu madre abrirá la puerta,
sonreirá y os besareis,
la niña duerme en casa
y en un reloj darán las diez.

EJERCICIOS

4 Madrid. El próximo verano, el famoso cantante Joan Manuel Serrat *dará* una serie de conciertos en España y Latinoamérica. Este viaje musical *empezará* en Zaragoza, el 29 de junio, y *terminará* en diciembre, en Montevideo, Uruguay. Serrat *cantará* en sesenta ciudades. *Viajará* con más de diez músicos. Sesenta personas *trabajarán* en la organización y *viajarán* con cinco camiones y dos autobuses que *llevarán* los equipos, músicos y técnicos. Serrat cantará cerca de veinte canciones, en castellano y en catalán. Las canciones *tendrán* diferentes ritmos, letras y estilos.

7 **Madre:** Atención, familia, algo importante: desde hoy NADIE puede bañarse en esta casa.
Todos: ¿Qué? ¡Mamá! Pero, ¡qué dices!
Hija: ¿Cómo que no me puedo bañar?
Madre: Quiero decir que os podréis duchar, pero no bañar. ¿Entendido? DUCHAR.
Todos: Pero, ¡mamá!
Madre: Sí, porque si nos bañamos gastamos mucha agua, ¡casi cien litros! En cambio con una ducha se gastan unos treinta litros.
Hijo: ¡Ay, mamá! ¡Tú siempre con el ahorro!

Lista alfabética

Rechts neben den Einträgen finden Sie einen Verweis auf die Stelle, an der die einzelnen Wörter und Wendungen das erste Mal vorkommen (z.B. **5.5** bedeutet **Unidad 5, Übung 5; 4.E.7** bedeutet **Unidad 4, Ejercicios Übung 7; 3.C.2c** bedeutet **Unidad 3, Comunicación, Absatz 2c**). Fakultativer Wortschatz ist kursiv gedruckt.

Abkürzungen
a/c: alguna cosa, algo – *etwas*
adv.: adverbio – *Adverb*
alg.: alguien – *jemand/en/em*
(c → zc) – *Verb mit Stammkonsonantenwechsel*
(e → i) – *Verb mit Stammvokalwechsel*
(e → ie) – *Verb mit Stammvokalwechsel*
etw.: etwas
inf.: infinitivo – *Infinitiv*
interj.: interjección – *Interjektion*
jdm.: jemandem
jdn.: jemanden
lat.am.: latinoamericano – *lateinamerikanisch*
m.: masculino – *maskulin*
(o → ue) – *Verb mit Stammvokalwechsel*
pl.: plural – *Plural*
sg.: singular – *Singular*
(u → ue) – *Verb mit Stammvokalwechsel*
* Verb mit Besonderheiten in der Konjugation

A

a favor *für (Meinung)* **4.11b**
a finales de *Ende …* **2.8**
a la marinera *mit Weißwein, Zwiebeln und Tomaten* **5.5**
a la parrilla *gegrillt* **5.5**
a la plancha *auf dem heißen Blech gebraten* **5.5**
a la sal *im Salzmantel gebacken* **5.5**
a pesar de que *obwohl* **1.5a**
el abanico *Bogen, Fächer* **6.E7**
abierto/-a *offen* **2.E5**
abrazarse *sich umarmen* **4.10b**
abstracto/-a *abstrakt* **9.14a**
aburrirse *sich langweilen* **7.5**
el acceso *Zugang* **3.C4**
el accidente *Unfall* **2.8**
la aceitera *Ölkännchen* **5.6b**
aconsejar a/c a alg. *jdm. etw. raten* **6.E7**
el acoso *Belästigung, Bedrängung* **5.8a**
acostumbrarse a a/c *sich an etw. gewöhnen* **6.5**
el acrílico *Acryl(bild)* **9.14a**
la actitud *Haltung* **7.5**
el/la actor/actriz *Schauspieler/in, handelnde Person* **0**
la actualidad *Aktualität* **6.20**
la acuarela *Aquarell(bild)* **9.14a**
la acústica *Akustik* **6.E7**
adecuado/-a *angemessen, adäquat* **2.13**
adelgazar *abnehmen* **6.E8a**
la adicción *Sucht, Abhängigkeit* **7.9**
adicto/-a *abhängig, süchtig* **7.9**
la adivinanza *Rätsel* **5.E2**
adivinar *erraten* **1.19**
administrativo/-a *Verwaltungs-* **3.12**
la administración *Verwaltung* **3.12**
el/la admirador/a *Bewunderer/-in* **OP2**
la adrenalina *Adrenalin* **6.4**
adversativo/-a *Adversativ-* **1.E11**
afectado/-a *betroffen* **10.4b**
el afecto *Zuneigung* **OP1**
la afición *Hobby, Leidenschaft* **4.1**
la afinidad *Wesensverwandtheit, Nähe* **OP1**
afirmativo/-a *bejahend, zustimmend* **6.E3**
aflojar *lockern, weich werden* **OP2**
el afrodisíaco *Aphrodisiakum* **1.5a**
afuera *draußen, hinaus/heraus* **9.18**
ágil *gewandt* **4.10b**
agradecido/-a *dankbar* **3.C6**
la agresividad *Aggressivität* **6.12**
la agricultura *Landwirtschaft* **3.23**
el agujero *Loch* **10.E6**
el/la ahijado/-a *Patensohn/-tochter* **1.8a**
ahorrar *sparen, einsparen* **10.4b**
al horno *gebacken* **5.5**
al rato *bald, kurz darauf* **OP1**
el (la) ala *Flügel* **9.21a**
el/la alcalde/alcaldesa *Bürgermeister/in* **2.8**
alcanzar *erreichen, einholen* **8.1**
el alcohol *Alkohol* **2.5**
la aldea *kleines Dorf* **2.17**
alegrarse de a/c *sich über etwas freuen* **0**
alejar a/c *vertreiben* **8.13**
el/la alérgico/-a Allergiker/in **5.1**
el alféizar *(Fenster)Laibung* **OP1**
algún/-no/-na *irgendein/e/r/s* **4.3**
la almendra *Mandel* **5.17**
el/la alpinista *Kletterer/-in, Alpinist/-in* **4.23**
alrededor de a/c *um … herum* **6.13**
alternar *abwechseln* **6.13**
alto/-a *hier: laut* **5.8a**
la (el) ama de casa *Hausfrau* **8.E13**
amar *lieben* **6.13**
el ámbito *Bereich* **10**
la amenaza *Drohung, Bedrohung* **6.2**
el amor *Liebe* **6.21**
amoroso/-a *Liebes-, lieb* **9.21a**
el amuleto *Amulett* **7.14**
el analfabetismo *Analphabetismus* **1.18**
andar* *laufen, gehen* **8.1**
el ángel *Engel* **4.13**
el anillo *Ring* **8.13**
el animal *Tier* **1.5a**
el ánimo *Mut/Lust etw. zu tun* **8.E13**
el aniversario *Jahrestag* **3.E13**
la anorexia *Magersucht* **7.9**
antes *hier: früher* **2**
anticuado/-a *altmodisch, veraltet* **2.3**
la antigüedad *Antike, auch: Antiquität* **5.E11**
la antorcha *Fackel* **4.22**
el anuncio *(Werbe)Anzeige* **2.14**
apadrinar a alguien *eine Patenschaft übernehmen* **1.E9a**
apagar *ausschalten* **7.E6**
aparecer* *erscheinen* **6.20**
aplastar a/c *etw. zerdrücken* **OP2**
aplaudir *klatschen, applaudieren* **4.11b**
aplazar a/c *verschieben, aufschieben, vertagen* **3.16**

apoderarse de a/c sich einer Sache bemächtigen 7.3b
apoyar unterstützen 1.8b
apresurado/-a eilig OP1
aprobar una ley ein Gesetz verabschieden 3.23
aproximadamente annähernd, ungefähr 10.E11
apuntar aufschreiben 1.9
el árbol Baum 4.14
arcaizante archaisierend OP2
la (el) área de recreo Rastplatz 2.8
la arena Sand 1.5a
el argumento Argument 3.24
arrojar a/c werfen 8.13
arrugado/-a faltig, runzlig 3.2a
las artes plásticas Bildende Künste OP2
el/la artesano/-a Kunsthandwerker/in OP2
el/la artista Künstler/in 9.14a
el asado Braten, Grillen 1.8b
el asco Ekel 5.E11
asegurar versichern, behaupten 7.5
así que sodass 3.8
la asistencia Hilfe, Unterstützung 1.E9a
el/la asistente de dirección Assistent/in der Geschäftsleitung 3.12
asociar assoziieren 3.E1
la aspiradora Staubsauger 2.1
la aspirina Aspirin 1.15
asustar a alg. jdn. erschrecken 2.17
el atasco Stau, Verkehrsstörung 5.15a
atentamente Mit freundlichen Grüßen 3.C6
atlético/-a athletisch 4.23
atraerse sich anziehen 4.E10
atropellar hier: befallen OP2
el auditorio Konzertsaal, Hörsaal OP2
aumentar ansteigen, zunehmen 10.4b
auténtico/-a echt, authentisch 9.5b
autobiográfico/-a autobiografisch 10.12b
la autoestima Selbstwertgefühl OP1
automático/-a automatisch 10.1
la autonomía Autonomie 5.17
el autorretrato Selbstbildnis OP2
la avalancha hier: Anhäufung, Unmenge 9.2
el avance Fortschritt 10.3
el AVE (Alta Velocidad Española) spanischer Hochgeschwindigkeitszug 4.13
la avenida breite Straße, Boulevard 6.13
la ayuda Hilfe 1.E9b
la azafata Stewardess, Flugbegleiterin 9.18
el azúcar Zucker 5.1

B

la bacteria Bakterie 7.3b
el baile Tanz 4.13
bajar sinken, hinuntergehen 10.6a
bajo/-a en grasa fettarm 5.E3
el balón Ball 8.1
bañarse baden 6.E1
la barbacoa Grillfleisch, Barbecue 9.18
basarse en a/c sich auf etw. stützen OP2
la base Grundlage, Basis 9.14a
básico/-a Grund- 5.17
la basura Müll, Abfall 1.5a
la batata Süßkartoffel 3.4
la bendición Segnung 4.8
la bestia (wildes) Tier, Bestie 4.9
la biblioteca Bibliothek 2.8
el bicho Viech, kleines Tier 5.E11
bien hecho gut durch (gebraten) 5.5
el bienestar Wohlstand 3.23
biológico/-a biologisch, Bio- 5.1
la bisutería Modeschmuck 9.2
bloquearse blockieren, festfahren 3.8
bobo/-a blöd, dumm OP2
la boca Mund 7.1
la boda Hochzeit 3.E13
el bolígrafo Kugelschreiber 1.15
la bolsa de plástico Plastiktüte 1.5a
el bolsillo Hosentasche 10.1
el bolso Tasche 5.E4
el bombardeo Bombardierung OP2
bravo/-a wild, ungezähmt 4.11b
el brazo Arm 2.E5
el brebaje Gebräu 7.15a
el bronceador Sonnencreme 6.15
el/la brujo/-a Hexenmeister/Hexe 7.14
brusco/-a abrupt, plötzlich 10.1
¡Buen provecho! Guten Appetit! 5.6b
el bufé (kaltes) Buffet 9.18
la burguesía Bürgertum, Bourgeoisie 4.17

C

el caballo Pferd 6.E7
la cabaña Hütte 1.1
el cabaré Nachtlokal, Kabarett 6.13
la cabeza Kopf 6.E13
la cabra Ziege 6.10
caer bien alg. a alg. jdm. sympathisch sein 3.4
caer* fallen, stürzen 4.10b
caerse* hinfallen 7.2a
calcular (aus)rechnen 4.22
la calidad Qualität, Güte 1.5a
cálido/-a warm 3.2a
calificar bezeichnen, bewerten OP1
la caloría Kalorie 5.4
la cámara digital Digitalkamara 1.15
el cambio climático Klimawechsel 10.4b
el camello Kamel 1.6
el camión Lastwagen 2.14
el campamento Lager 1.1
la campaña Kampagne 1.5a
la campanada Glockenschlag 8.13
el/la campeón/-ona Meister (Sport) 2.8
el canal Kanal 7.3b
el cáncer Krebs (Krankheit) 10.4b
el/la candidato/-a Kandidat/in 10.6b
el/la canguro hier: Babysitter/in, Kinderbetreuer/in 9.10a
el/la cantautor/a Liedermacher/in 6.20
la cantidad Menge, hier: Summe 1.E9a
la capa hier: Schicht 10.E6
capaz fähig, in der Lage 10.1
¿cara o cruz? Kopf oder Zahl (einer Münze) 7.13
el carácter Charakter, Eigenschaft 1.20a
la caricia Zärtlichkeit OP1
el cariño Zuneigung, Liebe, Zärtlichkeit 9.10a
el carisma Ausstrahlung, Charisma 10.6b
el carné (de conducir) Führerschein, Fahrerlaubnis 5.15a
el carné de identidad Personalausweis 10.1
la carnicería Fleischerei 5.1
la carretera Landstraße 2.14
el carrito hier: Einkaufswagen 10.1

la carta *hier: Spielkarte* **6.10**
el cartel *Poster, Plakat* **6.E1**
la cartera *Brieftasche, Geldbörse* **1.15**
el casco *Helm* **8.6**
la casilla *Kasten, Kästchen* **6.E7**
el caso *Fall* **7.E10a**
la castañuela *Kastagnette* **9.20**
el castellano *spanische Sprache* **6.14**
el catálogo *Katalog* **6.12**
la catarata *Wasserfall, Katarakt* **6.1**
el/la catedrático/-a Professor/in (Lehrstuhlinhaber/in) **7.E9**
la causa *Grund* **1.C2**
causar a/c *hervorrufen* **7.3b**
el cayuco kleines Boot **3.4**
cazar *jagen, fangen* **2.17**
el/la cazatalentos Talentsucher, Headhunter **8.1**
la cebolla *Zwiebel* **5.E1**
celoso/-a *eifersüchtig* **9.C7**
la censura *Zensur* **8.E13**
la cerámica Keramik **OP2**
la ceremonia *Zeremonie* **7.14**
la cesta *großer Korb* **9.5a**
el chamán Schamane **7.14**
la charcutería *Feinkostgeschäft* **5.1**
charlar *plaudern* **3.E2**
chico/-a *klein (in vielen Ländern Lateinamerikas)* **10.9**
el chip *Chip (Informatik)* **10.1**
el chivo Bock **6.20**
chocar *zusammenstoßen* **4.13**
el/la ciberespecialista Spezialist/in für Cyberspace **10.4a**
la ciencia *Wissenschaft* **4.18**
la ciencia ficción *Science Fiction* **10.1**
científico/-a *wissenschaftlich* **1.5a**
la cigüeña *Storch* **7.E10a**
la circular *Rundschreiben* **6.6**
la circunstancia *Begleitumstand* **2.C6**
la cita *hier: Treffen, Verabredung* **3.E6**
la cita *hier: Zitat* **8.E1**
la cita a ciegas *Blind Date* **5.13**
el/la ciudadano/-a *Bürger/in* **2.8**
la clase *hier: Art* **7.14**
el/la clavadista Klippenspringer/in von Acapulco **4.21**
el/la cliente *Kunde/-in* **3.E13**
el/la climatólogo/-a *Klimaforscher/in* **10.4a**
la coca *Koka(pflanze)* **7.14**
el cocido madrileño Madrider Eintopfgericht **5.17**
el cohete *(Feuerwerks)Rakete* **4.11b**
colaborar en a/c an etw. mitarbeiten **OP2**
el colchón *Matratze* **5.11a**
la colección *Sammlung, Kollektion* **9.21a**
coleccionar a/c *etw. sammeln* **4.1**
el/la coleccionista *Sammler/in* **9.21a**
el colegio *Schule* **2.12a**
la colina *Hügel* **9.5a**
el collage Collage **9.14a**
el/la colonizador/a *Siedler/in, Kolonist/in* **3.4**
colorado/-a rot **1.C7**
la columna *Spalte (Text, Tabelle); Säule* **1.5b**
el/la columnista Kolumnist/in **OP1**
el comedor *hier: Kantine* **3.13a**
comercial *Handels-, Verkaufs-* **3.12**
la comida basura *Junkfood* **7.9**
¿Cómo está la cosa? *Wie steht's? Wie sieht's aus?* **2.4**
como de costumbre *wie gewöhnlich* **2.12a**
el/la compañero/-a *Kamerad/in, Genosse/-in* **4.17**
la competición *Wettbewerb, Wettkampf* **1.17**
el complemento *hier: Accessoire* **9.21a**
complicarse a/c *sich etw. erschweren* **3.E13**
el componente *Bestandteil* **1.20a**
el comportamiento *Verhalten* **2.8**
la compra *Einkauf* **2.1**
la comprensión *Verständnis* **3.11**
comprobar a/c *überprüfen* **1.8a**
común *gemeinsam* **8.3a**
la comunidad *Gemeinschaft* **1.5a**
la Comunidad Autónoma *Autonome Region (in Spanien)* **5.17**
con cuidado behutsam, vorsichtig **OP1**
con razón *verständlicherweise, zu Recht* **3.8**
conceder verleihen, zugestehen **OP1**
concentrarse en a/c *sich auf etw. konzentrieren* **7.5**
el concepto *Begriff* **10.E8**
concertar (e → ie) a/c *vereinbaren, absprechen* **9.21a**
la conciencia *Bewusstsein, Gewissen* **10.E6**
la concientización *Bewusstmachung* **1.5a**
concreto/-a *konkret, gegenständlich* **9.14a**
el concurso *Wettbewerb* **4.7**
el/la conde/condesa Graf/Gräfin **OP1**
la condición *Bedingung* **4.18**
conducir *(ein Auto) fahren* **2.8**
el/la conductor/a *Fahrer/in* **2.14**
conectar *verbinden* **4.9**
el conector *Konnektor* **1.5b**
la confección *Herstellung, Konfektion* **3.12**
la confianza *Vertrauen* **9.10a**
confirmar a/c *bestätigen* **6.5**
el conflicto *Konflikt, Auseinandersetzung* **7.3b**
congelado/-a *(tief)gefroren* **5.17**
la conjetura *Vermutung, Mutmaßung* **10**
el conjunto Gesamtheit **OP1**
conmovedor/a *bewegend, rührend* **6.21**
el Cono Sur *Südspitze Lateinamerikas* **8.13**
el conocimiento *Kenntnis, Wissen* **6.20**
la consecuencia *Konsequenz, Folge* **3.C8**
el consejo *Rat(schlag)* **5**
conservador/a *konservativ* **2.3**
conservar *aufbewahren, konservieren* **5.17**
considerar betrachten, ansehen **OP1**
consistir en *bestehen in* **4.9**
constante *stetig, beständig* **3.2a**
el consulado *Konsulat* **2.14**
consultar a/c *zu Rate ziehen, sich erkundigen nach* **7.9**
el consultorio *(Arzt)Praxis* **7.11**
consumir *verbrauchen, konsumieren* **10.E6**
contactar *in Kontakt kommen/treten* **6.9b**
el contacto *Kontakt* **1.E9a**
la contaminación *Verschmutzung, Verseuchung* **1.5a**
contaminar *verschmutzen, vergiften* **5.E11**
contemporáneo/-a zeitgenössisch **OP1**
contener* (e → ie) *enthalten* **1.20b**
el contenido *Inhalt* **2.13**
el contestador *(automatischer) Anrufbeantworter* **3.20**
el contrario *Gegensatz* **4.E10**

el contraste *Kontrast, Gegensatz* **3.C8**
contratar a alg. *jdn. unter Vertrag nehmen* **2.8**
el contrato *Vertrag* **3.13a**
contribuir* *beitragen* **2.8**
el control *Kontrolle* **7.E9**
controlar *kontrollieren, überwachen* **10.1**
la controversia *Kontroverse* **Op1**
controvertido/-a *umstritten* **Op1**
convencer a alg. *jdn. überzeugen* **6.21**
convertirse (e → ie) en a/c *zu etw. werden, sich in etw. verwandeln* **9.21a**
la copa *Wein / Sektglas* **8.13**
el coraje *Mut, Courage* **8.E13**
la cordialidad *Herzlichkeit* **6.2**
el coro *Chor* **9.E5**
el corredor *hier: Rennfahrer* **6.2**
el / la corredor/a *Läufer/in* **0.4**
corregir (e → i) *korrigieren* **3.E13**
correspondiente *entsprechend* **1.11**
la corrida de toros *Stierkampf* **5.13**
corroborar *bekräftigen, bestätigen* **8.C3**
el cortado *Espresso mit wenig Milch* **7.E4b**
cortar el tráfico *die Straßen für den Verkehr sperren* **8.E11a**
la cosmovisión *Weltsicht* **1.20a**
costar una fortuna *ein Heidengeld kosten* **Op2**
la costumbre *Gewohnheit* **5.E11**
la creación *Schaffung, Schöpfung* **3.12**
el / la creador/a *Schöpfer/in, Kunstschaffende/r* **6.20**
la creatividad *Kreativität* **3.23**
crecer *wachsen* **2.17**
la creencia *Glaubensvorstellung* **1.E13a**
la crema *Creme* **1.15**
la crema catalana *karamelisierter Vanillepudding* **5.17**
el crimen *Verbrechen* **4.17**
el cristal *Glas* **9.3**
cristalino/-a *kristallklar* **4.23**
criticar *kritisieren* **Op1**
el / la crítico/-a *Kritiker/in* **2.13**
el crucigrama *Kreuzworträtsel* **3.E2**
crudo/-a *roh* **5.14a**
cruel *grausam* **4.10**
la cruz *Kreuz* **7.13**
el cuaderno *Heft* **6.E13**
la cuadra *hier: Häuserblock, Straßengeviert* **6.13**
el cuarto *hier: Zimmer, Raum* **5.11a**
el cuatriciclo *Quad, vierrädriges Motorrad* **6.5**
el cubierto *Besteck* **5.6b**
el cuchillo *Messer* **5.6b**
la cuenta bancaria *Bankkonto* **10.1**
el cuento *Geschichte, Erzählung* **1.13**
el cuero *Leder* **9.3**
la cuestión *Frage, Problem* **6.2**
cuidar a alg. *auf jemanden aufpassen, für jdn. sorgen* **9.10a**
cuidarse *auf sich aufpassen* **7.12**
el culebrón *Seifenoper, endlose Fernsehserie* **8.E13**
culón/-ona *mit dickem Hinterteil* **5.E11**
cultivar *hier: Felder bestellen* **5.17**
el culto *Kult, Verehrung* **7.14**
el cumplido *Kompliment* **3.C7**
cumplir a/c *etw. erfüllen* **10.6a**
cumplirse *in Erfüllung gehen* **8.5a**
la cuna *Wiege, Ursprungsort* **3.8**
la cura *Heilung* **7.14**
el / la curandero/-a *Kurpfuscher/in, Wunderheiler/in* **7.15a**
curar *pflegen, heilen* **7.14**
la curiosidad *Neugier* **3.C9**
el curro *Arbeit (fam.)* **7.12**
cursi *kitschig* **9.4**

D

el dado *Würfel* **Op1**
el daño *Schaden* **6.4**
dar la vuelta *umkehren* **6.18**
darse cuenta de a/c *etwas bemerken* **8.13**
de ahí *daher* **8.E11a**
de divulgación *populärwissenschaftlich* **1.5a**
de inmediato *sofort* **6.21**
de repente *plötzlich, auf einmal* **8.6**
de segunda mano *gebraucht, aus zweiter Hand* **9.4**
el deber *Pflicht, Hausaufgabe* **6.E5**
débil *schwach, geschwächt* **6.20**
la década *Jahrzehnt* **6.20**
la decena *zehn* **Op1**
dedicarse a a/c *sich etw. widmen, sich befassen, mit etw.* **3.12**
defender *verteidigen, eintreten für* **1.12**
defenderse *sich verteidigen* **7.15a**
definitivo/-a *endgültig, End-* **9.E3**
dejar *lassen* **2.8**
delicado/-a *empfindlich, fein; heikel* **9.21a**
la demanda *Nachfrage* **1.20a**
demostrar *zeigen, beweisen* **4.11b**
dentro *drinnen, innen* **6.13**
dentro de poco *in Kürze, bald* **10.E14**
denunciar a/c *anklagen* **6.20**
el departamento *Abteilung* **3.12**
la dependencia *Abhängigkeit* **Op1**
deportivo/-a *sportlich* **6**
depredador/a *Raub-* **1.5a**
el derecho *Recht* **1.12**
derribar *umstürzen, umwerfen* **4.17**
el desacuerdo *Nichtübereinstimmung* **8**
desagradable *unangenehm* **9.14a**
el desamor *Abneigung, Lieblosigkeit* **8.E13**
desaparecer* *verschwinden* **6.E7**
desarrollar *entwickeln, durchführen* **1.8b**
descontar *abziehen* **10.1**
describir **9**
la descripción *Beschreibung* **9.6**
el descuento *Rabatt, Preisnachlass* **9.8**
la desdicha *Unglück* **Op2**
el deseo *Wunsch* **5.15b**
desesperarse *verzweifeln* **1.14a**
la deshidratación *Dehydration (Wassermangel)* **7.3a**
deshidratado/-a *dehydriert, unter Wassermangel leidend* **7.E6**
desmayarse *ohnmächtig werden* **8.6**
desocupado/-a *arbeitslos* **3.23**
despacio *langsam* **7.5**
la despedida *Abschied* **1.1**
despertar *wecken* **6.9b**
despertarse *aufwachen* **2.12a**
el despido *Entlassung, Kündigung* **2.12a**
desplazarse *sich fortbewegen* **7.3b**
destacar *herausragen* **Op1**
el / la destinatario/-a *Zielperson* **1.E9b**

el destino *Ziel, Bestimmungsort; Schicksal* **6.21**
destruir* *zerstören* **6.4**
la desventaja *Nachteil* **3.E14**
desviarse *vom Weg abkommen* **6.18**
el desvío *Umleitung, Umweg* **6.18**
el detalle *Detail, Einzelheit, Kleinigkeit* **9.6**
determinado/-a *bestimmt* **9.C1**
el/la detractor/a Gegner/in, Kritiker/in **OP2**
la deuda *Schuld (Geld)* **7.9**
el diablo *Teufel* **7.15a**
el diagnóstico *Befund, Diagnose* **10.4b**
la diarrea *Durchfall* **7.3a**
los dibujos animados *Zeichentrickfilm* **4.7**
el/la dictador/a *Diktator/in* **6.20**
la dictadura *Diktatur* **4.17**
el diente *Zahn* **8.6**
dietético/-a *Diät-* **5.1**
el/la dios/a *Gott/Göttin* **7.3b**
la dirección *Geschäftsleitung* **3.12**
la discrepancia Diskrepanz **OP1**
discreto/-a *diskret, verschwiegen* **7.9**
la disculpa *Entschuldigung* **3**
disculparse por a/c *sich entschuldigen für etwas* **3.8**
la discusión *Diskussion* **4.11b**
el disfraz *Verkleidung* **5.13**
disfrazarse *sich verkleiden* **8.13**
disfrutar de a/c *etw. genießen* **7.5**
disminuir *sich verringern, abnehmen* **2.8**
la diversidad *Vielfalt* **6.2**
divertirse (e → ie) *sich amüsieren, Spaß haben* **2.5**
el DNI (Documento Nacional de Identidad) *spanischer Personalausweis* **1.15**
docente Lehr- **OP2**
el documental *Dokumentarfilm* **4.7**
el dolor *Schmerz* **2.E5**
la doma Einreiten (Argentinien) **6.E7**
el/la donante *Spender/in* **7.9**
la dorada Goldbrasse **5.5**
la droga *Droge* **2.5**
drogadicto/-a *Drogenabhängige/r* **1.5a**
el duende Heinzelmännchen **10.1**
dulce *süß* **5.14a**
el dulce *hier: Süßigkeit* **7.5**
duro/-a *hart* **1.1**

E

ecológico/-a *Umwelt-, ökologisch* **6.4**
la economía *Wirtschaft* **4.17**
económico/-a *hier: preiswert, wirtschaftlich* **2.8**
el ecosistema Ökosystem **4.13**
el/la editor/a Herausgeber/in, Verleger/in **OP1**
la educación *Erziehung* **2.5**
educar a alg. *jdn. erziehen* **2.9a**
educativo/-a *erzieherisch* **8.10**
efectivo/-a *effektiv, wirkungsvoll* **6.C8**
eficiente *tüchtig* **6.E10**
El Gordo *Hauptgewinn der Lotterie in Spanien* **8.E6**
el trabajo manual *Handarbeit, Bastelei* **4.1**
el electrodoméstico *elektrisches Haushaltsgerät* **10.E6**
elegir (e → i) *auswählen* **1.19**
emancipado/-a *emanzipiert* **2.3**
embarazada *schwanger* **2.E5**
emborracharse *sich betrinken* **2.5**
el embutido *Wurst, Aufschnitt* **5.2a**
emergente *Schwellen-* **1.8b**
la emisión *Sendung, Programm* **3.23**
la emoción *Erregung, Aufregung, Emotion* **4.9**
emocionado/-a *bewegt, gerührt* **4.10b**
emocionante *bewegend* **1.C5**
el empacho *Magenverstimmung* **7.15a**
la empanada *galicische Thunfischpastete* **5.17**
el emperador *Kaiser, Herrscher* **7.3b**
empresarial *Unternehmer-, Betriebs-* **3**
el/la empresario/-a *Unternehmer/in* **3.23**
en cambio dagegen **OP2**
en contra *gegen (Meinung)* **4.11**
en efecto *in der Tat, tatsächlich* **9.21a**
en particular besonders **OP1**
en primer lugar *zuerst, als erstes* **2.8**
enamorarse sich verlieben **OP1**
encargar a/c *bestellen* **5.C1**
encender a/c *anzünden* **8.13**
la enchilada gefüllter Maisfladen (Mexiko) **5.E10**
la enciclopedia *Lexikon* **3.E13**
el encierro *hier: Stierlauf in spanischen Städten* **4.10**
el encuentro *Treffen* **1.8b**
el/la enemigo/-a *Feind/in* **4.18**
enfadado/-a *wütend, verärgert* **3.11**
el enfado Verärgerung **OP1**
enfermarse *erkranken* **7.5**
la enfermedad *Krankheit* **7**
enfermo/-a *krank* **6.21**
enfrentarse *entgegenstellen; hier: einem Problem stellen* **6.21**
enredarse sich verheddern, verwirren **OP2**
la ensaimada *in Schmalz gebackene Schnecke* **5.17**
el/la ensayista Essayist/in **OP1**
enseñar a/c *zeigen, lehren* **1.1**
ensuciar *beschmutzen* **3.23**
entender a alg. jdn. verstehen **OP2**
enterrar (e → i) *begraben* **4.14**
la entonación *Betonung* **2.13**
entrar frío a alg. *kalt werden (jdm.)* **6.E1**
entrenar *trainieren* **4.22**
el entretenimiento *Unterhaltung* **4.7**
la entrevista *Interview, Vorstellungsgespräch* **1.8a**
el/la entrevistado/-a *Interviewte/r* **9.14a**
el entusiasmo *Begeisterung, Enthusiasmus* **3.4**
entusiasmado/-a *begeistert* **5.10b**
la envidia *Neid* **7.15a**
la época *Epoche, Zeit* **2.5**
el equipo *Mannschaft* **6.E6**
equivocado/-a *falsch, irrtümlich* **3.6**
equivocarse de a/c *sich irren* **6.18**
el error *Fehler, Irrtum* **2.13**
la escalera *Treppe; auch: Leiter* **9.5a**
el escalofrío *Schauder, Schüttelfrost* **7.3a**
el escamol Ameisenlarve (Mexiko) **5.E11**
el escepticismo *Skepsis* **10.C6**
el/la escultor/a Bildhauer/in **OP2**
la escultura *Skulptur, Standbild* **1.12**
la espalda *Rücken* **7.1**

el espanglish *Spanglish (Mischsprache aus Spanisch und Englisch der Einwanderer in den USA)* **10.7a**
españolizar *verspanischen* **10.13**
el espárrago *Spargel* **8.E10**
la especie *Art, Spezies* **5.E11**
la esperanza *Hoffnung* **8.C3**
espiar a alg. *jdn. ausspionieren, jdm. auflauern* **9.C7**
el espíritu *Geist* **8.13**
el esquí *Schi* **4.1**
el esquí acuático *Wasserschi* **4.1**
la esquina *Ecke* **6.19**
la estación *hier: Jahreszeit* **5.1**
la estadística *Statistik* **4.5**
el estado *hier: Zustand* **9.10a**
el estado de ánimo *Gemütszustand, Stimmung* **10.1**
la estancia *Aufenthalt* **1.3**
la estancia *Landgut (Argentinien)* **6.E7**
estar de acuerdo *einverstanden sein* **10.4c**
el estofado *Schmorfleisch* **5.6b**
el estómago *Magen* **7.1**
la estrella *Stern* **1.5a**
estresado/-a *gestresst, hektisch* **2.12a**
la estructura *Struktur* **2.13**
la estupidez *Dummheit, Blödsinn* **3.E13**
eterno/-a *ewig* **4.23**
ético/-a *ethisch* **7.9**
la etiqueta *Etikett* **5.E3**
evidentemente *offensichtlich* **2.E5**
exacto/-a *genau, exakt* **10.4b**
exagerado/-a *übertrieben* **OP2**
la excepción *Ausnahme* **6.E3**
el exceso *Exzess* **7.3a**
excitado/-a *aufgeregt* **OP1**
excitante *aufregend* **8.E11b**
exclamar *ausrufen* **OP1**
excluir *ausschließen* **OP1**
la excusa *Ausrede, Vorwand* **3.10**
el éxito *Erfolg* **6.20**
exitoso/-a *erfolgreich* **OP2**
expandirse *sich ausbreiten* **10.12b**
el/la experto/-a *Experte/-in, Fachmann/-frau* **3.4**
la explicación *Erklärung* **6.21**
explicar *erklären* **4.10**
explorar *erforschen, ausbeuten* **3.4**
el/la exponente *Vertreter/in* **OP1**
exponer *ausstellen* **1.12**
exportar *exportieren* **1.20a**
expresar *ausdrücken* **OP1**
la expresión *Ausdruck* **2.3**
el expresionismo *Expressionismus* **9.15**
extenderse *sich ausbreiten* **7.14**
la extinción *Aussterben* **1.5a**
el extranjero *Ausland* **3.3**
extremo/-a *extrem* **4.21**

F

la fabada asturiana *asturisches Bohnengericht* **5.17**
fabricar *herstellen, erzeugen* **9.21a**
la factura *Rechnung* **7.11**
la falsificación *Fälschung* **9.5b**
la fama *Ruf, Berühmtheit* **2.8**
familiar *Familien-, familiär* **5.8a**
fascinar a alg. *faszinieren* **6.2**
la favela *Armensiedlung, Slum* **4.17**
la felicidad *Glück (Zustand)* **7.E9**
la felicitación *Glückwunsch* **8.1**
felicitar a alg. *jdm. gratulieren* **8.1**
el fenómeno *Phänomen, Erscheinung* **3.23**
la feria *Messe, Rummelplatz, Jahrmarkt* **4.24**
festejar a/c *etwas feiern* **8.13**
el fetiche *Fetisch* **7.14**
la ficha *hier: Karteikarte, Akte, Arbeitsbogen* **6.6**
la fiebre *Fieber* **7.3a**
figurar *erscheinen, auftauchen* **8.E13**
fijo/-a *fest, unbeweglich, unverwandt* **7.15a**
la finalidad *Zweck, Ziel* **4.22**
financiero/-a *finanziell* **2.C2**
el fiordo *Fjord* **4.23**
flirtear *flirten* **9.21a**
la floristería *Blumenladen* **3.E13**
flotante *schwimmend, schwebend* **1.1**
la fluidez *Flüssigkeit (beim Sprechen)* **2.13**
el folleto *Prospekt, Broschüre* **3.16**
el fondo *hier: Hintergrund* **9.5b**
la fórmula *Formel* **6.9a**
fortalecer *stärken* **OP1**
el fósil *Fossil* **4.14**
franquista *franquistisch, aus der Franco-Zeit (1939–1975)* **8.E13**
el frasco *Glas (für Honig, Marmelade usw.)* **2.14**
la frase *Satz* **3.E2**
la fraseología *Phraseologie* **2.13**
frenar *bremsen* **10.1**
frito/-a *frittiert, gebacken* **5.E6**
la frontera *Grenze* **6.E13**
frustrado/-a *frustriert* **2.12a**
el fuego *Feuer* **2.17**
el fuego artificial *Feuerwerk* **8.7**
fuera *draußen* **4.9**
fumar *rauchen* **7.E4a**
la función *Funktion, Aufgabe* **2.8**
fundar *gründen* **6.E12**
furioso/-a *wütend, wild* **3.8**
el/la futbolista *Fußballspieler/in* **0**
el futuro *Zukunft* **8.7**
el/la futurólogo/-a *Zukunftsforscher/in* **10.4a**

G

gallego/-a *galicisch* **5.17**
la gamba *Krabbe, Garnele* **5.E4**
ganar a/c *verdienen; gewinnen* **2.2**
la ganga *Schnäppchen* **9.4**
la garganta *Hals* **7.1**
la gasolina *Benzin* **10.1**
el gaucho *argentinischer Rinderhirt* **6.14**
el género *Gattung* **OP1**
¡Genial! *Toll! Super!* **3.8**
el genio *Genie* **8.1**
el genital *Geschlechtsteil* **7.1**
el/la gerente *Geschäftsführer/in* **3.12**
el gesto *Geste, Bewegung* **2.12a**
gigante *riesig* **1.5a**
globalizado/-a *globalisiert* **1.20a**
el globo *Ballon* **3.4**
gourmet *Gourmet-, Feinschmecker-* **5.1**
el grabado *Stich, Radierung* **OP2**
la gramática *Grammatik* **2.13**
la grasa *Fett* **5.6b**
grave *schwer, schwerwiegend* **1.5a**
el grillo *Grille* **5.E11**
la gripe *Grippe* **7.2a**
gritar *schreien* **4.11b**
el grito *Schrei* **2.E5**
el gualicho *Zauber (Arg., Uruguay)* **7.14**
la guerra *Krieg* **3.8**
la guerra civil *Bürgerkrieg* **OP2**
la guía turística / de viaje *Reiseführer* **6.13**
el/la guionista *Drehbuchautor/in* **OP1**
el gusano *Wurm* **5.E11**
el gusto *Geschmack* **5**

H

los hábitos alimenticios Ernährungsgewohnheiten 5
hace sol die Sonne scheint 2.12a
hacer amigos/-as sich mit jdm. anfreunden 3.4
hacer autoestop per Anhalter fahren 2.14
hacer camping zelten, campen 5.13
hacer cola anstehen, Schlange stehen 10.1
hacer escala Zwischenstopp machen 6.21
hacer sitio Platz machen 5.11a
hacer surf surfen 3
hacerse* daño sich wehtun 7.2a
la hallaca in Bananenblättern gegartes Gericht aus Mais und Fleisch (Venezuela) 8.13
la (el) hambre Hunger 2.14
harto/-a satt, überdrüssig 2.12a
el hechizo Zauber, Hexerei 7.14
el hecho Ereignis, Tatsache 1
herido/-a verletzt, verwundet 2.E14a
la hierba medicinal Heilkraut 7.14
las hierbas hier: Kräuterlikör 5.15a
la higiene Hygiene 10.4b
hispanohablante Spanisch sprechend 1.19
el hogar Haushalt 8.E13
la hora de visita hier: Sprechzeiten 7.11
la hormiga Ameise 5.E11
horrorizado/-a entsetzt 5.10b
la huelga Streik 4.17
el/la huelguista Streikende/r 4.17
el huipil typisches Kleid in Guatemala 1.13
humano/-a menschlich, human 7.10b
el humor Humor 2.14
el/la humorista Humorist/in Op1
el huracán Orkan, Hurricane 10.E8

I

idear a/c etw. ausdenken Op1
la identidad Identität 1.20a
identificarse con a/c / alg. sich identifizieren mit etw./jdm. 8.E13
el ídolo Idol, heidnische Gottheit 7.14
la ilusión (Vor)Freude, Illusion 8.E11a
la ilustración Illustration, Bild 2.14
imaginativo/-a einfallsreich, fantasievoll Op2
la imitación Nachbildung, Nachahmung 9.C2
el/la imitador/a Nachahmer/in 4.23
imitar nachahmen 2.8
el imperialismo Imperialismus 4.17
la importancia Bedeutung 3.23
el importe Betrag 10.1
impreciso/-a ungenau 2.13
imprescindible unentbehrlich, unerlässlich 9.21a
impresionar beeindrucken 7.3b
el impresionismo Impressionismus 9.15
el impuesto Steuer 10.7a
impulsar anregen, vorantreiben 8.E13
la inauguración Einweihung 8.1
el incendio (Wald)Brand 10.E8
incluir* einschließen, umfassen 6.2
incómodo/-a unbequem 5.13
incompleto unvollständig Op1
incontable unzählbar 4.17
incorporar aufnehmen, eingliedern 3.13a
incorporarse sich einer Sache anschließen Op1
independiente unabhängig 5.17
indicar angeben 1.E9b
el/la indio/-a Indiomann/-frau 1.20a
indiscriminado/-a unterschiedslos 1.5a
la infancia Kindheit 2.C3
infeliz unglücklich Op2
el infierno Hölle Op2
influir* Einfluss nehmen auf Op1
el informativo Nachrichtensendung 4.7
informativo/-a informativ 6.12
la infraestructura Infrastruktur 2.8
la ingeniería Ingenieurwissenschaft Op2
ingresar hier: eintreten Op2
la inhibición Hemmung, Zurückhaltung Op1
la injusticia Ungerechtigkeit 6.20
la inmigración Einwanderung, Immigration 3.23
el/la inmigrante Einwanderer/-in 7.14
innecesario unnötig 10.3
inquieto/-a unruhig 4.10b
el insecto Insekt 5.E11
insinuar andeuten 8.E13
la insolación Sonnenstich 7.3a
el instituto de investigación Forschungsinstitut 5.3a
integrar integrieren, eingliedern 3.23
interactivo interaktiv 1.E8a
intercambiar a/c austauschen 2.3
el intercambio Austausch 3
el interés Interesse 5.8a
intermedio/-a zwischen, Mittel- 9.14a
interrogativo Frage- 1.14b
el interruptor (Licht)Schalter Op1
la inundación Überschwemmung 10.E8
inventar a/c etw. erfinden 8.13
investigación y desarrollo Forschung und Entwicklung 3.12
la invitación Einladung 5.3b
la inyección Injektion, Einspritzung 7.9
la ira Zorn Op2
la irrealidad Unwirklichkeit 5.15b

J

jamás niemals, jemals Op2
el/la jefe/-a de compras Einkaufsleiter/in 3.12
el/la jefe/-a de personal Personalchef/in 3.12
el/la jefe/-a de producción Produktionsleiter/in 3.12
el/la jefe/-a de ventas Verkaufsleiter/in, Vertriebsleiter/in 3.12
el/la joven Jugendliche/r, junger Mann/junge Frau 2.E14a
el juego Spiel 4.14
los Juegos Olímpicos Olympische Spiele 4.17
el juguete Spielzeug 8.10
la juguetería Spielwarenladen 8.10
junto a a/c neben, in der Nähe 6.13

L

laboral Arbeits- 3.10
el lado Seite 9.5b
la lágrima Träne 8.E11a
lamentablemente leider 3.16
lamentar a/c etw. beklagen 6.20
lanzar al mercado auf den Markt bringen 4.17
la larva Larve 5.E11
el/la lector/a Leser/in 8.E13
la lectura Lektüre 8.E13

el lenguaje corporal *Körpersprache* **2.13**
el lenguaje profesional *Sprache im beruflichen Umfeld* **3.C6**
lento/-a *langsam* **6.E10**
la leyenda *Legende* **1.20a**
la liberación Befreiung **OP1**
la libertad *Freiheit* **10.10a**
el/la licenciado/-a *Akademiker/in* **OP2**
el liceo de toreros Stierkampfschule **OP2**
el licor *Likör, Schnaps* **5.15a**
ligar con alg. mit jdm. flirten **10.1**
la limitación *Beschränkung, Einschränkung* **7.5**
limpio/-a *sauber* **1.15**
listo/-a *hier: fertig* **3.16**
literal *(wort)wörtlich* **10.13**
la litografía Lithografie **OP2**
la llama *hier: Lama* **5.E7**
llevarse bien con alg. *sich mit jdm. gut verstehen* **2.5**
lo contrario *das Gegenteil* **7.15a**
la lotería *Lotterie* **5.8b**
la lucha *Kampf* **4.9**
luchar *kämpfen* **8.E13**
el lujo *Luxus* **6.13**
la luna Mond **OP2**
la luz *Licht* **9.14a**

M

el macumba volkstümliche Religion in Brasilien **7.14**
la madre de alquiler *Leihmutter* **7.10b**
el/la maestro/-a *Lehrerin* **3.23**
el magacín Magazinsendung **4.7**
la magia *Magie* **1.E13a**
mágico/-a *magisch* **1.20a**
magnífico/-a *ausgezeichnet, herrlich* **3.E7**
majo/-a *nett, sympathisch* **3.8**
el mal *hier: Leiden, Unwohlsein* **7.3b**
el mal de amores Liebeskummer **7.8**
el mal de ojo böser Blick **7.14**
la mala suerte *Pech, Unglück* **3.E3**
la maldición Verdammung **4.8**
el malestar Unbehagen **OP1**
mallorquín/-quina *aus Mallorca, mallorkinisch* **5.17**
malo/-a *böse, schlecht* **8.13**
malsonante unanständig **OP1**
maltratar *misshandeln* **4.9**
mandar *hier: befehlen* **5.17**
el mantón *Schulter-, Umschlagtuch* **9.21a**
el manual *Handbuch* **6.E3**
el mapa *Landkarte, Stadtplan* **1.15**
mapuche *der Mapuche-Indianer (Chile / Argentinien)* **2.E14a**
la maravilla *Wunder* **1.E2**
maravilloso/-a *wunderbar, wundervoll* **3.4**
la marca *Marke(nname)* **5.E3**
marcado/-a *ausgeprägt* **10.12b**
el marcador temporal *Zeitangabe* **3.13b**
el mareo *Schwindel, Übelkeit* **7.3a**
marino/-a *Meeres-* **1.1**
el márquetin *Marketing* **3.12**
la máscara *Maske* **2.17**
la mascota *Haustier, Schoßtier* **9.2**
matar a alg. *töten, umbringen* **2.17**
mediano/-a *mittelgroß* **9.14a**
la medianoche *Mitternacht* **2.14**
médico/-a *Arzt-* **1.E9a**
el medio ambiente *Umwelt* **10.E3**
los medios de comunicación *Kommunikationsmittel, Medien* **10.12b**
medir* (e → i) a/c *messen* **1.1**
la medusa *Qualle* **1.5a**
mejorar *verbessern* **1.5a**
mejorarse *hier: gesund werden* **8.4**
la memoria *hier: Speicherplatz, Gedächtnis* **3.E13**
mencionar *erwähnen* **9.5b**
el mensaje *Nachricht, auch SMS usw.* **2.12a**
la mentalidad *Mentalität* **1.20a**
el mercadillo *Flohmarkt, Trödelmarkt* **9.1**
la merienda *Nachmittagsmahlzeit, Vesper* **9.18**
la mesa redonda *runder Tisch, Podiumsdiskussion* **3.23**
el/la mestizo/-a *Mestize/-in, Mischling* **1.18**
la meta Ziel **OP2**
meterse *hineingehen* **6.E1**
el método *Methode* **2.8**
la metrópoli *Großstadt, Metropole* **6.13**
mexicano/-a *mexikanisch* **5.E10**
el microondas *Mikrowelle(nherd)* **5.E3**
el miedo *Angst, Furcht* **3.C9**
miedoso/-a *ängstlich* **4.23**
la miel *Honig* **2.14**
el/la miembro hier: Mitglied **OP1**
mientras que *während* **3.4**
mientras tanto *inzwischen* **3.8**
el milagro *Wunder (etwas Unerwartetes)* **2.8**
militar *Militär-, militärisch* **6.20**
el/la mimo Mime/-in, Schauspieler/in **2.8**
la mina *Bergwerk* **4.18**
el/la minero/-a *Bergmann, Bergarbeiter/in* **4.18**
el mirador *Aussichtspunkt* **4.23**
la misa *Messe, Gottesdienst* **9.21a**
la misa mayor Hochamt **9.21a**
la miseria Elend **OP2**
el/la miskito/-a Miskito-Indiomann/-frau **1.13**
la mitad *Hälfte* **1.18**
el mito *Mythos* **1.20a**
el/la moderador/a *Moderator/in* **3.23**
el mojito *Cocktail mit Rum, Zitrone und Minze* **7.E6**
el mojo typische Soße auf den Kanaren **3.2a**
la moneda *Münze* **7.13**
el montaje comercial *Verkaufstrick* **7.14**
montañoso/-a *gebirgig* **1.18**
mortal *tödlich* **4.22**
mostrar a/c *zeigen* **2.8**
la motivación *Motivation* **0**
motivar hier: auslösen **OP1**
el motivo *Beweggrund, Motiv* **0**
el motor *Motor* **3.12**
moverse (o → ue) *sich bewegen* **7.9**
la muela *Backenzahn* **7.2a**
la muerte Tod **OP1**
el/la muerto/-a *Tote/r* **2.8**
multiplicar *vermehren, multiplizieren* **4.17**
el murciélago *Fledermaus* **9.21a**
la musa Muse **OP2**
musulmán/-ana muslimisch **OP2**

N

el nacimiento *Geburt, Anfang* **2.17**
el náhuatl Nahuatl (indianische Sprache) **1.18**
naif *naiv (Kunst)* **9.14a**
el narcotráfico *Drogenhandel* **4.17**
la nariz *Nase* **7.1**
narrar erzählen **OP1**
la naturaleza *Natur* **1.20a**
la náusea *Übelkeit* **7.2a**
navegar *Boot fahren; (im Internet) surfen* **3.E13**
la neblina *Nebel* **8.3c**
necesario/-a *notwendig, erforderlich* **1.1**

negativo/-a *negativ* **7.5**
negociar *verhandeln* **9**
el negocio *Geschäft* **1.8a**
nervioso/-a *nervös* **1.8b**
el neumático *(Auto)Reifen* **2.14**
ni ... ni ... *weder ... noch ...* **2.E3**
ningún/-no/-na *kein/e/r/s* **4.3**
el nivel *Niveau* **10.12b**
no ser para menos *(völlig) berechtigt sein* **8.E11a**
noble *edel* **9.21a**
la Nochevieja *Silvesterabend* **8.6**
nombrar *bestimmen, ernennen* **4.11**
la nota *Notiz, Nachricht* **2.12a**
notable *bemerkenswert, beachtlich* **2.8**
la novela policiaca *Kriminalroman* **4.3**
la novela rosa *Liebesroman* **8.E13**

O

obedecer a alg. *gehorchen* **2.5**
la obesidad *Fettsucht* **7.9**
la objeción *Einwand* **1.C2**
el objetivo *Zweck, Ziel* **8.13**
la obra maestra *Meisterwerk* **1.E13a**
el/la obrero/-a *Arbeiter/in* **1.E13a**
obsceno/-a *obszön* **OP2**
la observación *Beobachtung* **OP2**
observar *beobachten* **10.6b**
obtener* (e → ie) a/c *erhalten* **1.E13a**
el ocio *Freizeit* **4C1**
ocuparse de a/c, de alg. *sich um etwas/jdn. kümmern* **2.1**
ocurrir a/c a alg. *jdm. etw. zustoßen, passieren* **3.11**
ofender a alg. *jdn beleidigen* **OP1**
el oído *Gehör, Ohr* **7.1**
oír* *hören* **4.11b**
ojalá *hoffentlich (+ subjuntivo)* **8.1**
el óleo *Öl(bild)* **9.14a**
oler (o → ue) *riechen* **5.E4**
la oligarquía *Oligarchie, Herrschaft weniger* **6.20**
olvidar *vergessen* **3.E3**
opinar *eine Meinung äußern* **2.9a**
la opinión *Meinung* **2.3**
oportunidad *Gelegenheit* **6.2**
la opresión *Unterdrückung* **OP1**
optimista *optimistisch* **7.5**
la oración *hier: Satz(gefüge)* **9**
oral *mündlich, gesprochen* **10.12b**
la organización *Organisation* **1.2**
el/la organizador/-a *Organisator/in* **1.16**
orgiástico/-a *orgiastisch, Orgien-* **6.21**
orgulloso/-a *stolz* **6.13**
orientarse *sich orientieren, leiten lassen* **1.5a**
originar *auslösen* **10.12b**
la orilla *Ufer* **1.8b**
el oro *Gold* **9.3**
el osito de peluche *Plüschteddy* **1.15**
la oveja *Schaf* **5.E11**
el óvulo *Eizelle* **7.E10a**
el ozono *Ozon* **10.E6**

P

la paciencia *Geduld* **6.E5**
el/la paciente *Patient/in* **7.13**
pacificar *befrieden* **4.18**
el/la padrino/madrina *Pate/Patin* **1.8b**
pagano/-a *heidnisch* **4.22**
el pájaro *(Sing)Vogel* **OP1**
pálido/-a *blass* **3.C9**
la panadería *Bäckerei* **5.1**
el panel solar *Solarmodul (Photovoltaik)* **4.17**
la pantalla *Bildschirm, Leinwand* **10.E1**
el pañuelo *Halstuch, Kopftuch* **6.E7**
la papa *Kartoffel (Kanaren und LA)* **3.2a**
el papel *Papier* **9.E2**
el papel higiénico *Toilettenpapier* **3.C5**
el/la parado/-a *hier: Arbeitslose/r* **4.17**
el parapente *Gleitschirm(fliegen), Paragliding* **4**
parar a/c *anhalten* **4.17**
parecido *ähnlich, vergleichbar* **3.2b, 7.14**
el paro *hier: Arbeitslosigkeit* **3.23**
el parque de atracciones *Vergnügungspark, Erlebnispark* **4.12**
la participación *Teilnahme* **6.5**
el/la participante *Teilnehmer/in* **6.6**
la particularidad *Besonderheit* **10.13**
la partida *Spiel, Partie* **OP2**
el partido *Partei* **10.6b**
pasar a/c *reichen, geben* **5.6b**
pasar frío *kalt sein (jdm.)* **8.10**
pasar vergüenza *sich schämen* **2.8**
el pasatiempo *Zeitvertreib* **4.18**
el pasillo *Flur, Korridor* **OP1**
la pasión *Leidenschaft, Passion* **8.E13**
el paso *Schritt* **6.10**
el pastel *Kuchen* **4**
la pastilla *Tablette* **7.12**
el patriarca *Patriarch* **6.20**
la paz *Frieden* **1.12**
el/la peatón/-ona *Fußgänger/in* **2.8**
el pecho *Brust* **7.1**
pelearse con alg. *sich streiten mit jdm.* **1.14a**
el peligro *Gefahr* **1.5a**
penetrar en a/c *in etw. eindringen, vordringen* **6.13**
la península *Halbinsel* **4.13**
el/la pensador/a *Denker/in* **OP1**
el pensamiento *Gedanke* **7.5**
la pensión *hier: Rente, Pension* **8.5a**
el/la pensionista *Rentner/in* **9.10a**
peor *schlimmer, schlechter* **1.5a**
la perdiz *Rebhuhn* **8.1**
el perfume *Parfüm* **3.12**
el periodo *Zeitabschnitt, Periode* **3.13b**
permanente *ständig* **OP1**
el permiso por paternidad *Vaterschaftsurlaub* **2.4**
personal *persönlich* **3.10**
personalizar *individualisieren, persönlich gestalten* **10.1**
la pesadilla *Alptraum* **2.12a**
la pescadería *Fischgeschäft* **5.1**
pescar *fischen* **2.17**
pese a *trotz* **1.5b**
la petición *Bitte, Anfrage* **5.15b**
la picadura *Stich* **7.3a**
picante *scharf* **5.14a**
picar *stechen* **1.1**
el pico *Gipfel; auch Schnabel* **3.2a**
la piedra *Stein* **2.E14a**
la piel *Haut* **7.1**
la pierna *Bein* **7.1**
la pila *Batterie* **4.14**
la pimienta *Pfeffer* **5.14a**
la piña *Ananas* **5.E4**
pintar *malen* **4.3**
la pintura *Malerei* **9.15**
pisotear a/c *etw. (zer)treten* **OP2**
el placer *Vergnügen, Genuss* **5**
el plan *Plan, Vorhaben* **2.11**
planchar *bügeln* **2.1**
la planta *Pflanze* **8.1**
la planta de producción *Produktionsanlage* **3.12**
la plantilla (de personal) *Belegschaft* **3.13a**

el/la **responsable** *Verantwortliche/r* **3.12**
resultar *herauskommen, sich ergeben* **3.E2**
resumir a/c *etwas zusammenfassen* **2.9a**
retrato *Portrait* **9.14a**
la **revista** *Zeitschrift* **4.5**
revivir a/c *etw. wieder erleben, neu durchleben* **6.21**
revolucionar *(stark) verändern* **5.17**
los **Reyes Magos** *die Heiligen Drei Könige* **8.9**
rezar *beten* **4.22**
la **ría** *fjordähnliche Flussmündung in Galicien* **5.17**
el **riego** *Bewässerung* **10.1**
el **rincón** *Ecke, Winkel* **5.11a**
el **riñón** *Niere* **7.9**
la **riqueza** *Reichtum* **7.3b**
la **risa** *Lachen, Gelächter* **3.C9**
el **rito** *Ritus* **7.14**
el **ritual** *Ritual* **4.22**
la **rivalidad** *Rivalität* **7.15a**
robar a/c *stehlen, rauben* **1.5a**
la **roca** *Fels(en)* **4.22**
el ***rodaje*** *hier: Einfahren (Auto)* **6.E11**
la **rodilla** *Knie* **7.1**
el/la **romano/-a** *Römer/in* **5.17**
romperse* a/c *s. etwas brechen* **7.2a**
la **ropa interior** *Unterwäsche* **8.6**
el/la **ruso/-a** *Russe/-in* **2.14**
la **rutina** *Routine* **1.15**

S

la **sabiduría** *Weisheit* **7.3b**
el/la **sacerdote/-isa** *Priester/-in* **4.17**
el **saco de dormir** *Schlafsack* **5.11a**
safari *Safari* **1.6**
sagrado/-a *heilig* **1.20a**
la **sala de espera** *Wartezimmer, -saal* **7.11**
salado/-a *salzig* **5.14a**
el **salero** *Salzfass* **5.E5**
el **saltamontes** *Grashüpfer* **5.E11**
saltar *springen* **4.13**
el **salto** *Sprung* **4.13**
la **salud** *Gesundheit* **4.3**
saludar a alg. *jdn. grüßen* **3.C6**
sanguinario/-a *blutrünstig* **6.21**
sano/-a *gesund* **5.E1**
la ***santería*** *afroamerikanische Volksreligion* **7.14**
el ***sapo*** *Kröte* **OP2**
satisfecho/-a *zufrieden* **3.13a**
el **saxofón** *Saxophon* **2.12a**
el **secador de pelo** *Haartrockner* **1.15**
la **sección** *Teil, Abteilung* **4.17**
seco/-a *trocken, getrocknet* **5.17**
el/la **secretario/-a** *Sekretär/in* **3.E13**
el **sector** *Bereich, Sektor* **3.25**
la **sed** *Durst* **3.C9**
la **seguridad** *Sicherheit* **6.2**
el **seminario** *Seminar* **1.17**
las **señas de identidad** *besondere Kennzeichen* **6.14**
el **senderismo** *Wandern* **4.3**
la **sensibilidad** *Einfühlungsvermögen, Sensibilität* **7.10b**
sentar mal / bien a alg. *jdm. schlecht / gut bekommen* **5.4**
sentarse (e → ie) *sich setzen* **4.2b**
sentimental *Gefühls-* **5.8a**
el **sentimiento** *Gefühl* **2.14**
sentirse (e → ie) *sich fühlen* **2.12a**
separar *trennen* **10.E6**
la **sequía** *Trockenheit, Dürre* **10.4b**
la **serie** *Serie, Reihe* **4.7**
la **serpiente** *Schlange* **7.3a**
el **servicio** *hier: Toiletten* **2.8**
servicio a domicilio *Lieferservice* **5.C1**
la **servilleta** *Serviette* **5.E9**
el **sexismo** *Sexismus* **6.12**
el **sexo** *Geschlecht* **7.E9**
el **sida** *Aids* **10.4b**
el **siglo** *Jahrhundert* **2.E3**
la **simbiosis** *Symbiose* **7.14**
simbolizar *symbolisieren* **1.12**
el **símbolo** *Symbol* **1.20a**
el **símbolo de estatus** *Statussymbol* **9.21a**
similar *ähnlich* **6.3**
sin compromiso *unverbindlich* **6.5**
sin duda *zweifellos* **1.5a**
el **síntoma** *Symptom* **7.3b**
sobrevivir *überleben* **2.17**
la ***sobriedad*** *Schlichtheit* **OP2**
la **sociedad** *Gesellschaft* **2**
socioeconómico *sozioökonomisch* **6**
sociológico/-a *soziologisch* **8.E13**
soler (o → ue) hacer a/c *etw. zu tun pflegen* **9.21a**
la **solicitud** *Bewerbung* **3.13a**
el **solomillo** *Filet* **5.1**
el **sombrero** *Hut* **1.15**
sonar (o → ue) *hier: klingen* **8.1**
soportar a/c *etw. ertragen, aushalten* **4.6**
sorprender *überraschen* **6.21**
sortear *auslosen* **8.E11a**
el **sorteo** *Verlosung, Ziehung des Losnummern* **8.E11a**
soso/-a *fade, geschmacklos* **5.14a**
subir *ansteigen* **6.4**
subirse a a/c *auf etw. klettern* **2.C3**
el **submarinismo** *Tauchsport* **4.1**
subrayar *unterstreichen* **9.21c**
el/la **subsahariano/-a** *Schwarzafrikaner/in* **3.4**
suceder *geschehen* **10.4b**
el **suceso** *Ereignis* **2.C6**
suficiente *ausreichend* **7.15a**
el ***sufrimiento*** *Leiden* **OP2**
sufrir *leiden* **4.22**
sugerente *anregend, suggestiv* **6.C8**
sugerir *suggerieren* **8.E13**
sugestivo/-a *suggestiv* **6.12**
sumarse a a/c *sich etw. anschließen, beteiligen* **4.17**
la **superstición** *Aberglaube* **7.14**
el **suplemento** *hier: Zeitungsbeilage* **4.17**
suponer* *annehmen, vermuten* **4.1**
la **suposición** *Vermutung, Annahme* **3.13a**
el/la **supremo/-a** *Oberste/r, Höchste/r* **6.20**
surrealista *surrealistisch* **9.14a**
el ***suspense*** *Spannung* **4C1**
el ***susto*** *Schreck(en)* **OP2**

T

el **tabaco** *Tabak* **7.E5**
la **tabla** *Tabelle* **4.3**
el **tablón (de anuncios)** *(schwarzes) Brett* **9.9**
tachar *(durch)streichen* **3.E11**
el **taco** *hier: gefüllte Maistortilla* **1.20a**
el **taichi** *Tai-Chi* **4.3**
el **talón** *Ferse* **7.1**
el **tamaño** *Größe* **6.14**
el **tándem** *Tandem, auch: Sprachaustausch* **9.10a**
la **tarjeta de seguro médico** *Krankenversicherungskarte* **7.11**
tartamudear *stottern* **OP2**
el **té** *(schwarzer) Tee* **2.12a**
la **técnica** *(Mal)Technik* **9.14a**
el/la **técnico/-a** *Techniker/in, Fachmann/-frau* **3.8**
la **tecnología** *Technik, Technologie* **4.17**

la telenovela Seifenoper, Telenovela 4.7
televisivo/-a Fernseh- 10.4a
temporal zeitweilig 7.E10a
tener en cuenta beachten 5.3a
tener ganas de a/c Lust haben auf etw. 3.C9
tener* cuidado aufpassen, vorsichtig sein 6.6
la tensión Spannung 4.10b
el tequila Tequila (Schnaps aus Agaven) 4.22
el Tercer Mundo Dritte Welt 1.E9a
la ternura Zärtlichkeit OP2
el terremoto Erdbeben 10.E8
el terror Schreck(en) OP1
terrorista Terror-, terroristisch 6.2
la tertulia Gesprächskreis, -runde 10.4a
la tesis Doktorarbeit 1.E13a
el/la tico/-a Einwohner/in Costa Ricas 1.1
la tienda de campaña Zelt 5.13
tímido/-a schüchtern 7.9
el tipo Art, Typ 4.E13
tirar a/c werfen, abschießen 8.7
la tirolina Seilrutsche, Seilbahn 4.13
el título Titel, Überschrift 2.12a
el tobogán Rutschbahn 4.13
tocar hier: anfassen OP1
tocar hier: in der Lotterie gewinnen 8.E11a
todo el mundo alle 2.E5
tomar a/c al pie de la letra etw. wörtlich nehmen 7.E10a
el tono Ton 5.16a
el toro Stier 6.10
la tortuga Schildkröte 1.1
la tos Husten 7.12
el trabalenguas Zungenbrecher 6.10
traducir* übersetzen 2.14
el/la traductor/a Übersetzer/in OP1
la traición Verrat OP1
el traje Anzug, hier: Tracht 1.12
la transformación Umgestaltung, Umwandlung 2.8
transportar transportieren 9.21a
el transporte Transport 5.12
tras nach 1.5a
trasladarse umziehen, verlegt werden 6.2
el tratamiento Behandlung 7.15a
tratar behandeln 1.20a
tratarse de a/c, alg. sich um etwas / jdn. handeln 7.3b
trepar klettern 4.22
la tribu Stamm (Volk) 2.E14a
tridimensional dreidimensional 10.3
el triunfo Erfolg, Triumph 7.E9
tropezar (e → ie) stolpern OP1
turquesa türkis(farben) 4.22
el turrón typisch spanische Weihnachtssüßwaren 8.1

U

la ubicación Lage 2.E12
unir a/c etw. zusammenfügen 2.E12
el urbanismo Städtebau OP2
urbano/-a städtisch OP1
urgente dringend 3.4
útil nützlich, praktisch 1.18
utilizar a/c etw. verwenden OP2
la uva Weinbeere 8.6

V

la vaca Kuh 5.E11
vacío/-a leer 5.6b
la vacuna Impfung 10.4b
valenciano/-a aus Valencia, valencianisch 5.17
valer la pena a/c es wert sein 0
valiente mutig 4.17
valioso/-a wertvoll 7.3b
el valor hier: Mut, Wert 4.10b
la valoración Wertung, Bewertung 1.4
la vaquilla junge Kuh 4.9
variar variieren, verschieden sein 8.13
varios/-as (pl.) verschiedene, mehrere 3.4
la vasija Tongefäß 9.5a
el/la vegetariano/-a Vegetarier/in 5.3a
la vela hier: Segel, Segelsport 3.2a
la vela hier: Kerze 8.13
el velo Schleier 3.23
venenoso/-a giftig OP2
la venganza Rache 7.15a
vengarse de alg. sich an jdm. rächen 7.3b
la ventaja Vorteil 3.E14
verdadero/-a richtig, echt, wahr 3.C7
la verdulería Obst- und Gemüseladen 5.1
la vergüenza Beschämung OP1
el videojuego Videospiel 4.1
la villa miseria Armenviertel (Argentinien) 6.13
el villancico spanisches Weihnachtslied 8.1
la violencia Gewalt 7.10b
violento heftig, Gewalt- 4.14
la Virgen Hlge. Jungfrau Maria 4.22
la visita guiada Führung 9.15
la vitamina Vitamin 5.E11
vizcaíno/-a aus Biscaya 5.17
el vocabulario Wortschatz, Vokabular 2.13
vocálico Vokal-, vokalisch 9
voluntario/-a freiwillig 1
el/la voluntario/-a Freiwillige/r 1.1
vomitar sich übergeben, erbrechen 7.2a
el voseo Gebrauch von **vos** statt **tú** in Argentinien 6.14
votar wählen, abstimmen 10.6b
el vudú Voodoo 7.14
el vuelo Flug 3.16
la vuvuzela Vuvuzela, Fußballtrompete 4.17

Y

ya que da, weil 1.5a
el yacimiento Fundort, Lagerstätte, Vorkommen 4.13

Z

la zapatería Schuhgeschäft 8.10
la zona peatonal Fußgängerzone 2.8

Índice gramatical

Bildquellen

Cover, oben: © iStockphoto, Jacob Wackerhausen (RF) – unten: © Renfe, Patier; **S.4** v. oben n. unten: 3. © Cornelsen Verlag, Amann – 4. © iStockphoto, Дмитрий Гребенюк (RF) – 5. © fotolia, VILevi (RF) – 6. © Cornelsen Verlag, Fritsche; **S.6** v. oben n. unten: 1. © fotolia, JOETEX1 (RF) – 2. © fotolia, ISO K° (RF) – 3. © fotolia, DN (RF) – 4. © shutterstock, jbor (RF); **S.10** b: Wikipedia, gemeinfrei – c: © ASVO, Costa Rica; **S.11** © ASVO; **S.12** oben: © Intervida – unten: © fotolia, Jaroslav Machacek (RF); **S.13** b: © iStockphoto, Steve Cole (RF) – d: © Cornelsen Verlag, Amann; **S.14** © Cornelsen Verlag, Fritsche; **S.15** © Cornelsen Verlag, Dr. V. Binder; **S.16** © fotolia, Illan Ben Tov (RF); **S.22** a: © fotolia, Meddy Popocorn (RF) – b: © iStockphoto, Metthew Dixon (RF) – c: © iStockphoto, Gualtiero Boffi (RF) d: © fotolia, goodluz (RF) – e: © fotolia, Thomas Wagner (RF) – f: © 123RF, Eskay Lim (RF); **S.23** oben links: © Cornelsen Verlag, Amann – oben rechts: © fotolia, Paco Ayala (RF) – unten: es.geocities.com; **S.29** Mitte: © iStockphoto, ideeone (RF); **S.34** oben: Wikipedia, Creative Commons 3.0, © Hansen – unten: a. Wikimedia Commons CC 3.0 Unported, © Canario1 – b. © iStockphoto, BreAnn Mueller (RF) – c. © pixelio, Ingrid Kranz – d. © iStockphoto, Jacom Stephens (RF); **S.35** © iStockphoto, Дмитрий Гребенюк (RF); **S.43** oben: © gettyimages (RF) – unten: © iStockphoto, Jordan Chesborough (RF); **S.46** oben links: © fotolia, VILevi (RF) – oben Mitte: © iStockphoto, Deanna Bean (RF) – oben rechts: © iStockphoto, Vikram Raghuvanshi (RF) – unten v. links n. rechts: 1. © fotolia, Philippe Devanne (RF) – 2. © fotolia, Klaus-Peter Adler (RF) – 3. © pixelquelle – 4. © iStockphoto, Nathan McClunie (RF) – 5. © fotolia/austrid II, lekcets (RF) 6. © fotolia, Irmina Mamot (RF); **S.47** © fotolia, Monkey Business (RF); **S.49** © Cornelsen Verlag, C. Fernández; **S.51** Wikipedia CC Attr. 2.0, © James Huckaby; **S.58** b: © Cornelsen Verlag, T. Palomar; **S.59** © fotolia, contrastwerkstatt (RF); **S.63** oben: © Cornelsen Verlag, Fritsche – unten: © Cornelsen Verlag, Dr. V. Binder; **S.67** © Cornelsen Verlag, R. Carmona; **S.76** a: Wikipedia, gemeinfrei, © Simon Prisner – b: © iStockfoto, Martin Minces (RF) – c: © fotolia, globalthinking (RF) – d: © iStockphoto, Grafissimo (RF) – e: © fotolia, JOETEX1 (RF) – f: iStockphoto, Luiz Fernando Souza Fernandes (RF); **S.77** oben links: © fotolia, Comugnero Silvana (RF) – rechts: © fotolia, Giacomo Ciangottini (RF) – unten: © iStockphoto, gabrieldome (RF); **S.78** © Cornelsen Verlag, R. Carmona; **S.79** oben: © fotolia, marvellousworld (RF); **S.80** © Cornelsen Verlag, Dr. V. Binder; **S.83** 1: © fotolia, Giacomo Ciangottini (RF) – 2: © fotolia, Comugnero Silvana (RF) – 3: © fotolia, Salvatore Tassari (RF) – 4: © iStockfoto, andres balcazar (RF); **S.85** b: © pixelio, marc wolf – c: © pixelio, manwalk – d: © fotolia, vanessa martineau (RF) – e: © fotolia, Albert Lozano – Nieto (RF) – f: © pixelio – g: Wikimedia Commons CC 3.0 © Matías Vessuri – h: © fotolia, Canakris (RF); **S.88** oben: 1. © fotolia, Benjamin Thorn (RF) – 2. © fotolia, Marin Conic (RF) – 3. © fotolia, drubig-photo (RF) – 4. © fotolia, Laurin Rinder (RF) – unten: 1. © fotolia, Lisa Vanovitch (RF) – 2. © iStockphoto, Nicholas Monu (RF) – 3. © fotolia, Gina Sanders (RF) – 4. © fotolia WavebreakMediaMicro (RF); **S.90** © fotolia, Edyta Pawlowska (RF); **S.91** © iStockphoto, Lisa Gagne (RF); **S.92** © fotolia, ISO °K (RF); **S.97** © fotolia, James Steidl (RF); **S.101** links: © fotolia, DN (RF) – rechts: © fotolia, Fantasista (RF); **S.102** oben: © Colourbox (RF) – unten: © fotolia, Konstantin Sutyagin (RF) ; **S.107** © fotolia, Gina Sanders (RF); **S.108** oben: © Cornelsen Verlag, L. Madera; **S.112** oben: © schutterstock, jbor (RF); – unten: a: © fotolia, Antequeranus (RF) – b: © fotolia, Konstanze Gruber (RF) – c: © fotolia, Rouven Maccario (RF) – d: © iStockphoto, toranico (RF) – e: © fotolia, MAK (RF) – f: © fotolia, Andrey Armyagov (RF) – g: © fotolia, Elite-Photography (RF) – h: © fotolia, macroart (RF) – i: © fotolia, by-studio (RF); **S.114** pixelio; **S.117** a: © fotolia, Alexander Wurditsch (RF) – b: © fotolia, Alfaguarilla (RF) – c: © fotolia, astrid22 (RF) – d: © fotolia, Sandra Gligorijevic (RF); **S.119** © Cornelsen Verlag, Mata; **S.121** © Cornelsen Verlag, Fritsche; **S.131** Mitte rechts: © fotolia, guukaa (RF) – unten links: 1. © fotolia, Phoenixpix (RF) – 2. © fotolia, David Tijero Osorio (RF) – 3. © fotolia, victor zastol'sky (RF); **S.132** oben: © fotolia, puckillustrations (RF) – Mitte: © fotolia (RF) – unten: © fotolia, Bill Gabbert (RF); **S.133** oben: © fotolia, geronimo (RF) – Mitte: © Masterfile (RF) – unten: © Cornelsen Verlag, Calle; **S.136** oben links: © fotolia, Joan Quevedo Fle (RF) – unten Mitte: © fotolia, Ricard Bernardó (RF) – unten rechts: © iStockphoto, Rob Wilson (RF); **S.137** oben links: © Cornelsen Verlag, J. Hazebrouck – oben rechts: © iStockphoto, Kevin Miller (RF); **S.141** oben: © fotolia, fabienne lerault (RF) – unten: © fotolia, Andres Rodriguez (RF); **S.144** © fotolia, el_lobo (RF); **S.145** Wikimedia Commons, gemeinfrei; **S.146** © fotolia, Jose Juan Castellano (RF); **S.147** oben: © fotolia, 137118 (RF)– unten: © Cornelsen Verlag, F. Bürsgens

S.4 v. oben n. unten: 1. © Sipa Press, Maggie Wilson – 2. © mauritius images/alamy; **S.9** a: © picture-alliance/dpa, Leo La Valle – b: © picture-alliance/dpa, Guillaume Hoecajuelo – c: © Sipa Press, Jean-Philippe Pariente – d: © Sipa Press/Newscom, Luis Correas_alfaqu – e & g: © Sipa Press/Newscom, Maggie Wilson-Photo – f: © Sipa Press/Newscom, kyodowc065513.JPG k – h: © picture-alliance/dpa, Ivan Franco; **S.10** a: © mauritius images/Alamy; **S.13** a: © picture-alliance/Photoshot – c: © Johnson, Pierre; **S.19** © pa/United Archives/TopFoto; **S.24** links: © pa/dpa, Fotografia – rechts: © pa/dpa-Report; **S.36** © Cornelsen Verlag/Mixtura Creativa, M. Eske; **S.48** © picture-alliance/dpa-Fotoreport; **S.50** © alamy, James Brunker; **S.58** a: © mauritius images, Chris Seba – c: © mauritius images/media photoagentur; **S.61** © Cornelsen Verlag, Caparrós; **S.70** oben: © pa/dpa, Andres Pérez Moreno – Mitte: © pa/akg-images – unten: © pa /dpa, Jens Kalaene; **S.71** oben: © gettyimages/AFP – unten links: © pa/dpa, Fotografia – rechts: © picture-alliance/dpa-Report; **S.79** unten: © pa/dpa, Anne Schafmeister; **S.81** oben & unten: © Collection Christophel; **S.93** oben links: © corbis images/Reuters, STR – oben rechts: © pa/EFE, Alejandro_Ernesto – unten links & rechts: © corbis images/Reuters, Claudia Daut; **S.104** © picture-alliance/dpa, **S.108** unten. © gettyimages/AFP, **S.109** © picture-alliance/dpa-Report, **S.113** © Artemaya, González Escobar, **S.115** oben. © age fotostock/The Print Collector – unten: © picture-alliance/dpa; **S.120** © Fundación Guayasamín; **S.129** © Sipa Press, Ulf Andersen; **S.136** oben Mitte: © akg-images, Denise Bellon – oben rechts: © Sipa Press, Clemmer – unten links: © akg-images, Man Ray; **S.137** oben Mitte: © Sipa Press, Benedicte Desrus – unten links: © pa/Everett Collection – unten Mitte: © pa/dpa-Fotoreport – unten rechts: © gettyimages, El Universal; **S.142** © pa/dpa-Report, Andreas Gebert

Textquellen

S.73: *Los males menores,* von Luis Mateo Díez. **S.128:** „Poco antes de que den las diez". Text und Musik: Joan Manuel Serrat, © Universal Music Publishing SL. **S.139:** *El libro de los abrazos,* von Eduardo Galeano.

Nicht alle Copyrightinhaber konnten ermittelt werden; deren Urheberrechte werden hiermit vorsorglich und ausdrücklich anerkannt.

El español en clase

Hilfe erbitten

¡Oiga / Oye, por favor!	*Hören Sie / Hör mal, bitte.*
¿Puede/s ayudarme?	*Können Sie / Kannst du mir helfen?*
Tengo una pregunta.	*Ich habe eine Frage.*
Perdón, no lo entiendo.	*Entschuldigung, das verstehe ich nicht.*
¿Puede/s explicarlo, por favor?	*Können Sie / Kannst du das bitte erklären?*
No entiendo la palabra «...».	*Ich verstehe das Wort „..." nicht.*
Perdón, no entiendo bien el CD.	*Entschuldigung, ich kann die CD nicht gut verstehen.*
¿Cómo se dice «...» en español / alemán?	*Was heißt „..." auf Spanisch / Deutsch?*
¿Qué significa / quiere decir «...»?	*Was bedeutet „..."?*
¿Cómo se pronuncia «...»?	*Wie spricht man „..." aus?*
¿Cómo se escribe «...»?	*Wie schreibt man „..."?*
¿Puede/s deletrear la palabra?	*Können Sie / Kannst du das Wort buchstabieren?*
¿Puede/s poner un ejemplo, por favor?	*Können Sie / Kannst du bitte ein Beispiel geben?*
¿Qué es eso?	*Was ist das?*
¿Cuándo se utiliza esta palabra / expresión?	*Wann benutzt man dieses Wort / diesen Ausdruck?*

Um Wiederholung bitten

Perdón, ¿puede/s hablar más despacio, por favor?	*Entschuldigung, können Sie / kannst du bitte langsamer sprechen?*
Perdón, ¿puede/s hablar más alto, por favor?	*Entschuldigung, können Sie / kannst du bitte lauter sprechen?*
¿Puede/s explicarlo otra vez?	*Können Sie / Kannst du das bitte noch einmal erklären?*
¿Puede/s repetirlo (otra vez), por favor?	*Entschuldigung, können Sie / kannst du das bitte (noch einmal) wiederholen?*
¿Podemos escucharlo otra vez?	*Können wir das bitte noch einmal hören?*
Perdón, ¿cómo?	*Verzeihung, wie bitte?*

Arbeiten im Kurs

¿En qué página está?	*Auf welcher Seite steht das?*
¿En qué ejercicio estamos?	*Bei welcher Übung sind wir?*
Perdón, no entiendo el ejercicio.	*Entschuldigung, ich verstehe die Übung nicht.*
¿Qué tenemos que hacer ahora?	*Was sollen wir jetzt machen?*
¿Cuánto tiempo tenemos?	*Wie viel Zeit haben wir?*
¿Qué son los deberes?	*Was sind die Hausaufgaben?*
¿Es correcto / falso?	*Ist das richtig / falsch?*
¿A quién le toca?	*Wer ist dran?*
¿Sigo yo?	*Soll ich weiter machen?*
Yo quiero hacer el papel del camarero.	*Ich möchte gern die Rolle des Kellners spielen.*
¿Tiene/s un bolígrafo / lápiz?	*Hast du / Haben Sie einen Bleistift / Kugelschreiber?*
Perdón, todavía no estoy listo/-a.	*Entschuldigung, ich bin noch nicht fertig.*

Océano Atlántico
Estados Unidos
Golfo de México
México
Ciudad de México
La Habana
Cuba
República Dominicana
San Juan
Puerto Rico
Puerto Príncipe
Haití
Santo Domingo
Jamaica
Kingston
Belice
Belmopan
Honduras
Guatemala
Guatemala
Tegucigalpa
San Salvador
El Salvador
Managua
Nacaragua
San José
Costa Rica
Panamá
Panamá
Mar Caribe
Caracas
Venezuela
Orinoco
Guyana
Surinam
Guayana Francesca
Georgetown
Paramaribo
Cayena
Bogotá
Colombia
Ecuador
Quito
Amazonas
Brasil
Perú
Lima
Brasilia
La Paz
Bolivia
Sucre
céano Pacífico
Paraguay
Asunción
Chile
Ojos del Salado 6880 m
Córdoba
Paraná
Aconcagua 6952 m
Mendoza
Santiago
Uruguay
Montevideo
Buenos Aires
La Plata
Río de la Plata
Argentina
Mar del Plata
0 500 1000 1500 2000 km

Auf der CD für die Lernenden finden Sie alle Hörtexte.

CD 1 Nr.	Unidad	Übung	Seite
1	Copyright		
2	Titel		
3	UNIDAD 0	2	8
4	UNIDAD 0	4	9
5	UNIDAD 1	2	10
6	UNIDAD 1	8	12
7	UNIDAD 1	14	13
8	UNIDAD 1	16	14
9	UNIDAD 1	Ej. 13	19
10	UNIDAD 2	3	22
11	UNIDAD 2	14	26
12	UNIDAD 2	Ej. 4	28
13	UNIDAD 3	13	37
14	UNIDAD 3	20	38
15	UNIDAD 3	23	39
16	UNIDAD 3	Ej. 7	41
17	UNIDAD 3	Ej. 9	42
18	UNIDAD 4	1	46
19	UNIDAD 4	9	48
20	UNIDAD 4	10	48
21	UNIDAD 4	20	51
22	UNIDAD 4	Ej. 6	53
23	UNIDAD 5	3	58
24	UNIDAD 5	5	59
25	UNIDAD 5	6	59
26	UNIDAD 5	8	60
27	UNIDAD 5	10	61
28	UNIDAD 5	14	62
29	UNIDAD 5	15	62
30	UNIDAD 5	16	62
31	UNIDAD 5	Ej. 2	64
32	UNIDAD 5	Ej. 6	65
33	UNIDAD 5	Ej. 10	67
34	UNIDAD 6	1	76
35	UNIDAD 6	15	79
36	UNIDAD 6	17	80
37	UNIDAD 6	18	80
38	UNIDAD 6	Ej. 15	85
39	UNIDAD 7	2	88
40	UNIDAD 7	3	89
41	UNIDAD 7	10	91
42	UNIDAD 7	11	92
43	UNIDAD 7	12	92
44	UNIDAD 7	15	93
45	UNIDAD 7	Ej. 7	96
46	UNIDAD 7	Ej. 8	96
47	UNIDAD 7	Ej. 10	96

CD 2 Nr.	Titel		Seite
1	UNIDAD 8	4	102
2	UNIDAD 8	6	103
3	UNIDAD 8	Ej. 3	106
4	UNIDAD 8	Ej. 13	109
5	UNIDAD 9	4	112
6	UNIDAD 9	6	113
7	UNIDAD 9	17	116
8	UNIDAD 9	18	116
9	UNIDAD 9	Ej. 13	121
10	UNIDAD 10	4	126
11	UNIDAD 10	10	128
12	UNIDAD 10	13	129
13	UNIDAD 10	Ej. 4	130
14	UNIDAD 10	Ej. 7	131
15-19	TEST FINAL	2 a	143
20	TEST FINAL	2 b	143
21	TEST FINAL	3	144

Tonaufnahmen:
SprecherInnen: Carmen Álvarez, Rosa Casals, Cristina Cubas Blasco, Jesús del Olmo, Darinka Eseta, Isabel Fernández, Jaime González, Alejandro Lorente, Gracia Úbeda, Pablo Wilke.

Regie: Klaus Kowatsch
Produktion: MK Audio language solutions, Berlin
Ton: Burghard Genz/Sebastian Robrade

PERSPECTIVAS A2

Al vuelo

Lösungen

Cornelsen

¡BIENVENIDOS!

2 Diálogo 1: hombre, Miriam, profesora no son nuevos; Diálogo 2: hombre, mujer no son nuevos, profesor es nuevo; Diálogo 3: Victoria es nueva, mujer no es nueva

4 1. Salma Hayek; 2. Penélope Cruz; 3. Máxima de Holanda; 4. Shakira; 5. Leo Messi; 6. Evo Morales; 7 Mario Vargas Llosa; 8. Fernando Alonso

1 EN AMÉRICA

1 Propuesta:

\+ Parece todo bastante primitivo. Viajan en barca y viven en cabañas.
– Pues, seguro que no hay hoteles ni autos.
* Bueno, pero creo que el lugar es muy bonito y la gente del lugar es muy simpática.

2 1. falso: Carlos hace un trabajo voluntario en Costa Rica, San José. 2. falso: El trabajo dura tres semanas. 3. falso: No gana nada, pero le dan casa y comida gratis.

4 **Valoraciones positivas:** ¡Fue emocionante! Me gustó mucho. Fue estupendo.
Valoraciones negativas: La verdad es que fue un poco duro.

5a
– flora y fauna, especies, peligro de extinción, playas, pesca indiscriminada, contaminación, basura, bolsas de plástico, mar, coches, animales depredadores, campañas de concientización
– Es un texto de divulgación.

5b **Minidiccionario:**
es que *es ist so, dass* – **ya que** *weil* – **como** *da* – **por eso** *darum* – **sin embargo** *obwohl* – **pese** *trotz*

1. Hay muchos huevos, por eso es fácil encontrarlos.
2. Como la baula está en peligro, hay que protegerla.
3. Hay muchas campañas y sin embargo roban los huevos.
4. La baula vuelve año tras año, ya que pone sus huevos allí.
5. Roban los huevos pese a las campañas.
6. Las baulas comen bolsas. Es que creen que son medusas.

8a visita a su ahijada

9 llegar – llegué, sacar – saqué, empezar – empecé, buscar – busqué, jugar – jugué, aparcar – aparqué, organizar – organicé, cruzar – crucé

10

tener	tuve	tuviste	tuvo	hacer	hice	hiciste	hizo
estar	estuve	estuviste	estuvo	querer	quise	quisiste	quiso
poder	pude	pudiste	pudo	venir	vine	viniste	vino
poner	puse	pusiste	puso	decir	dije	dijiste	dijo
saber	supe	supiste	supo	dar	di	diste	dio

12 1. – c, 2. – d, 3. – b, 4. – a

13 1. para quien, donde, que 2. que, con quienes 3. de donde, que 4. a quien, de quienes

14b Pronombres interrogativos con acento. Pronombres relativos sin acento.

15
\+ Hacer la maleta es un horror, es que no sé cuánta ropa llevar.
– Para mí es rutina porque viajo mucho.
* Es peor deshacerla, pues me da pereza poner todo en su lugar.

Falta: un MP3, una crema, unas aspirinas, un paraguas, un mapa, un sombrero, una cámara digital, unos preservativos, ropa limpia, zapatos cómodos

16 Maite viaja en tren; es un viaje de trabajo; lleva mucha ropa (ropa elegante y ropa cómoda), secador de pelo, un osito de peluche, una cámara de fotos, cremas, un libro de Maruja Torres, los documentos y el portátil.

17 **Propuesta:**

¿Por qué motivos viajas? / ¿Cuáles son los motivos por los que viajas? / ¿Cómo viajas? / ¿Viajas en avión? / ¿Llevas un mapa o una guía de la ciudad que visitas?

18 **Propuesta:**

¿Cuál es la capital de Guatemala?
¿Cuántos habitantes tiene Guatemala?
¿Qué significa el nombre Guatemala?
¿Cuáles son los productos típicos de Guatemala?

19 **Propuesta:**

México. El nombre viene del nahuátl y significa «ombligo / centro de la luna». Este país limita al norte con Estados Unidos y al sur con Belice y Guatemala. Tiene una gran diversidad de climas. La temperatura media es de veinte grados, sin embargo en el norte las temperaturas son extremas. Por ejemplo en Durango, donde encontramos temperaturas desde los veintiséis grados bajo cero hasta los cuarenta grados. En el país viven ciento doce millones de habitantes. Hay un alto porcentaje de indígenas que viven en pobreza extrema y otro alto porcentaje que emigra a los Estados Unidos. La lengua oficial es el español pero existen más de 65 lenguas indígenas. Algunos productos típicos son: el tequila, el maíz, el cacao, el chile, la calabaza, la cerámica de Talavera, textiles, aguacates y frijoles. Entre sus artistas, Frida Kahlo es una pintora muy conocida internacionalmente.

20a **Propuesta:**

El maíz es un símbolo de identidad: El libro sagrado de los mayas cuenta que los primeros hombres están hechos de maíz y por eso los indígenas/mayas se identifican con el maíz y es símbolo de respeto.
El maíz es un producto comercial: Para los mestizos el maíz es un producto que sirve como alimento y que se exporta a otros países porque sirve como componente de muchos alimentos y para producir biodiesel y Coca-Cola.

20b **Propuesta:**

Creo que el uso excesivo del maíz para productos que no son indispensables o que son contaminantes debería estar prohibido, ya que es la base alimenticia de millones de personas, de las cuales muchas viven en extrema pobreza. Productos que contienen maíz son: baterías, detergentes, insecticidas, aspirinas, medicinas, colorantes, jabones, cerámica, velas, combustibles, etcétera.

EJERCICIOS

1 encontrar – encontré, aprender – aprendiste, vivir – vivió, hacer – hizo, ser / ir – fuisteis, estar – estuvieron, tener – tuvimos

2 1. viajé, 2. conocí, 3. organizó, 4. explicó, 5. empezamos, fuimos, 6. llevó, 7. comí, aprendí, 8. hicieron

3 1. – e, 2. – a, 3. – f, 4. – c, 5. – b, 6. – d

4 **dar** – di, diste, dio, dimos, disteis, dieron; **decir** – dije, dijiste, dijo, dijimos, dijisteis, dijeron; **querer** – quise, quisiste, quiso, quisimos, quisisteis, quisieron; **venir** – vine, viniste, vino, vinimos, vinisteis, vinieron

5 1. + compraste – compré, 2. + dieron 3. + estuvo – pusieron, 4. + hizo – Fue, 5. – trabajó, 6. + viste; gustó – encontré

6 1. supo; 2. estuve; 3. fueron; 4. dio, se fue; 5. + pudisteis; – pudimos; 6. dijimos; 7. + se puso, pudo; – pasó; + cerró, nos fuimos.

7
1. ¿Cuánto tiempo duró la preparación del viaje?
2. La profesora nos enseñó español.
3. Los niños jugaron al fútbol.
4. No encontré mi libro.
5. Mi hijo midió un metro veintiocho.
6. Los turistas tuvieron mucha suerte con el tiempo.
7. ¿No te pusiste nervioso?
8. Por la tarde me llevé una sorpresa.

8a quien, donde, donde, que, que.

8b
1. Pedro, **a quien** no le gusta el maíz, no probó la comida maya.
2. Cenamos en un restaurante flotante, **que** se llama Mil Aguas.
3. María y José, **a quienes** conociste la semana pasada, viajaron ayer a Argentina.
4. Esta figura **que** compré en Centroamérica es de artesanía maya.
5. El libro **que** leí en vacaciones me gustó mucho.
6. Esta es la Sra. Traba, **quien** llegó de Guatemala ayer.

9a organizar – organización; el padrino – apadrina; la ayuda – ayudar; la compra – compra; el trabajo – trabaja; necesitar – necesitados.

9b
- La ONG ayuda a niños necesitados del Tercer Mundo.
- Los padrinos mandan dinero a uno o varios niños necesitados, llamados ahijados, y a su familia.
- Los ahijados se escriben con los padrinos y mandan fotos para que los padrinos vean el progreso de la ayuda.

10 1 + es que/porque * Como / Ya que
2. + por eso * como / ya que / porque
3. + Porque / Es que * Es que
4. + por eso

11 **Propuestas:**

1. pero tengo una novia muy guapa.
2. nos vamos de vacaciones.
3. no puedo ahorrar mucho.
4. ver una película en casa.
5. hace mucho deporte.

12
1. Se vende esta casa.
2. Por la radio han dicho que va a llover.
3. Se alquilan bicicletas.
4. En España se hablan cuatro idiomas.
5. Dicen que el chocolate da felicidad.

13b
- El problema del indio: Asturias convivió con los indígenas y conoció su realidad y sus problemas sociales.
- El realismo mágico: Asturias conoció a escritores surrealistas y el surrealismo le ayudó a entender los textos indígenas que mezclan sueño y realidad, características del realismo mágico.
- La relación entre ambos: Asturias se interesa mucho por los problemas sociales de los indiosy en sus libros refleja la realidad injusta, la explotación y el sometimiento de los indios. Asturias mezcla mitología y realidad en sus textos y crea el realismo mágico.

2 ANTES ERA DIFERENTE

1 1. – a, 2. – f, 3. – d, 4. – e, 5. – c, 6. – b

2 **Propuesta:**

+ Yo pienso que antes solo las mujeres limpiaban la casa.
– A mí me parece que ahora los hombres también cocinan para la familia.

3 **Propuesta:**

+ Yo pienso que Luisa es una mujer emancipada.

5 Hablan Susana y su abuela; ellas hablan sobre la época de la abuela de Susana; Foto 1 (oben links): hablan sobre la educación, Foto 2 (unten): hablan sobre los sábados de fiesta, Foto 3 (oben rechts): hablan de la edad que tenía la abuela cuando se casó.

6 era, eran, había, cerraban, jugaba, íbamos, veíamos, se encontraba, pasábamos, vivían, tenías, estábamos

8 Milagro social

9a **Todo era** feo, las calles estaban sucias, el tráfico era un caos y había mucha criminalidad.
La gente no respetaba las reglas del tráfico y no dejaba pasar a los peatones.
Pasó que ... Antanas Mockus logró cambiar el comportamiento de los ciudadanos y Enrique Peñalosa mejoró la infraestructura. Puso un autobús rápido y económico.

9b **Imperfecto:** Dient der Beschreibung von Situationen, Zuständen, Gewohnheiten und wiederkehrender oder andauernder Handlungen in der Vergangenheit.
Indefinido: Steht die Schilderung des Handlungesablaufes im Vordergrund. Neu einsetzende, in sich abgeschlossene Handlungen stehen in Indefinido.

10 **Propuesta:**

+ En mi opinión el modelo sirve también para otras ciudades en América Latina.
– Me parece bien educar a la gente. La gente con buena educación es mucho más consciente de los problemas sociales.
* Yo estoy de acuerdo con la construcción de bibliotecas.

12b Cuando + presente = *immer wenn*. Ejemplo: Cuando te llamo o cuando te mando un mensaje nunca contestas.
Cuando + indefinido = *als*. Ejemplo: Cuando entró en la cocina, el café estaba ya sobre la mesa.
Cuando + imperfecto = *als / immer wenn*. Ejemplo: Cuando era pequeño quería tocar en un grupo de jazz.

14 1. – c, 2. – a, 3. – b.

1. decidimos hacer autostop, nos contó toda su vida, ¡no quise conducir más!
2. Gonzalo pidió unas *pizzas*. Cada uno durmió donde pudo.
3. Nos gustó porque era crítica.

17
1. eran, cazaban, pescaban, salían, volvían, querían.
2. preparaban, hacían, construían.
3. cuidaban, daban.
4. tenían, asustaban, era.
5. decidieron, hicieron, discutieron, fue.
6. mataron, pusieron.
7. sobrevivieron, crecían, decían, repetían, era, creyeron, creyeron.

18 **Propuesta:**

Hoy en día hay más mujeres que salen a trabajar, sin embargo aún hay muchas que sirven a los hombres ...

EJERCICIOS

2
1. limpiar la casa.
2. cocinar para la familia.
3. ocuparse de los hijos.
4. llevar a los niños a la escuela.
5. usar cosméticos.
6. ganar el dinero.

3
b – ni teléfono ni televisión
c – ni los mariscos ni el café
d – ni pasta ni vino
e – ni faldas ni vestidos
f – ni pescado ni verduras

4 En una pareja hay siempre: tres personas. La persona más importante: es el «nosotros».

5 **Propuesta:**

A: A la espera de alguien. M: Tener una pareja. O: Buenos momentos y malos momentos.
R: Tener una familia

6
verbos en -ar: bailaba, bailaba, bailábamos
verbos en -er: tenías, tenía, teníamos, tenían
verbos en -ir: íbamos. ser: eras, era, eran

7 1. era, 2. obedecían, 3. estaba, 4. iba, 5. tomaban, 6. tenían, 7. había, 8. vivíamos

8
2. Antes hacíais mucho deporte
3. Antes mis padres vivían en el campo
4. Antes íbamos en coche al trabajo
5. Antes comía en casa
6. Antes veías películas en la televisión

9a 1. era, tenía 2. vivía, estudiaba 3. pasaba 4. gustaba 5. nos encontrábamos, íbamos 6. era 7. era

10
1. Porque las calles estaban sucias, el tráfico era un caos y había mucha criminalidad.
2. Contrató quinientos mimos para imitar a las personas que no respetaban las reglas del tráfico y cambió el comportamiento de los ciudadanos.
3. Sí, el tráfico mejoró y el número de muertos por accidente disminuyó un 75 %.
4. Se puso un autobús rápido y económico y se contruyeron bibliotecas en todos los barrios. También se plantaron árboles y se hicieron parques, zonas peatonales y 240 km de caminos para bicicletas.
5. Enrique Peñalosa
6. Hoy en día es una ciudad verde, tranquila y agradable para vivir.

11

Nebenhandlung	5
Alte Handlung	4
Hintergrund	2
Gewohnheit	1
Wiederholte Aktion	3
Haupthandlung	6
Ungewöhnliches	9
Vordergrund	8
Neue Handlung	7
Einmalige Aktion	10

12
1. Por las mañanas, yo siempre tomaba dos tazas de café con leche.
2. Antes, mi hermana y yo íbamos en autobús o a pie al colegio.
3. Cuando llegué, ellos aún no estaban en la fiesta.
4. Y, en verano, ¿también te levantabas siempre a las 6?
5. María, de pequeña, se llevaba muy bien con sus hermanos.
6. María y Pablo, ¿vendisteis la casa el mes pasado?
7. Ayer Juan y Elena decidieron casarse en otoño.
8. Él vivía solo, pero con muchos animales.

13 **Propuesta:**

¿Qué tal, Jorge?
El fin de semana lo pasé muy bien. Fui al cumpleaños de Natalia, sí. Había mucha gente y también estaban sus hermanos. Nora y yo bailamos casi toda la noche. Fue muy divertido. Aquí hizo mucho frío pero no nevó y no tuve problemas para volver. Bueno, Jorge, prometo escribirte más otro día.
Un abrazo, Joaquín

14a 1. vivía, 2. se llamaba, 3. era, 4. gustaba, 5. subía, 6. buscaba, 7. llegaba, se sentaba, miraba, pensaba, 8. escuchó, 9. se levantó, caminó, vio, estaba, 10. preguntó, dijo, 11. preguntó, miró, contestó

3 Y TÚ, ¿QUÉ HAS HECHO?

1 Son siete islas y se llaman las islas Canarias. Están en en el océano Atlántico, cerca de África. Sus nombres son: La Palma, El Hierro, La Gomera, Tenerife, Gran Canaria, Fuerteventura y Lanzarote. El clima es cálido.

2a 1. – c, 2. – b, 3. – mapa, 4. – a, 5. – d

4 **Daniel** es vasco, de Vitoria, estudia en Tenerife, le gustan los deportes. **Yolanda** es muy guapa, es de Holanda, tiene una beca, sabe hacer surf. **En su tiempo libre** exploran la isla, suben al volcán, hacen surf, van a conciertos. **Hoy** ha llegado un cayuco lleno de subsaharianos. **Daniel necesita dinero** para comprarse ropa de abrigo y muchos libros para la universidad.

5 yo – he, él / ella / usted – ha, nosotros/-as – hemos, vosotros/-as – habéis, ellos/-as / ustedes – han
-ar = **ando** - er und - ir = **iendo**

7 **mal día:** Angélica, porque se ha dejado el móvil en la oficina y ha perdido el tren
mala semana: Angélica, porque ha abierto un documento con un virus, se le ha bloqueado el ordenador y su jefe se ha puesto furioso
buena semana: Gonzalo, porque ha encontrado por fin un piso

8 **Disculparse:** Disculpa, perdón, de verdad lo siento.
Protestar: ¿Por qué no has llamado?
Aceptar una disculpa: No pasa nada, tranquila, no importa.

9 **Propuesta:**

Después del trabajo he **ido** corriendo a la estación. Mi jefe se ha **puesto** furioso. He **vuelto** a la oficina, pero no lo he encontrado. ¿Y tú qué has **hecho** esta semana? ¿Te he **dicho** alguna vez que eres muy maja? He **leído** el periódico. He **escrito** SMS. He **encontrado** un piso.

10 **problemas laborales:** salir tarde de la oficina, estar en una reunión
problemas personales: llevar el gato al veterinario, quedarse dormido/-a
problemas de transporte: perder el autobús, no conseguir taxi, haber mucho tráfico, no encontrar aparcamiento, haber huelga de trenes

13a **Nieves** – asistente de dirección / dirección
Sr. Cebolla – gerente y responsable de la empresa
Merecedes Benítez – administrativa / departamento de administración
Begoña – responsable diseño de productos / I + D
Javier Ochoa – jefe de ventas / departamento comercial
Sra. Amado – jefa de personal / recursos humanos
Mariana – estudiante en prácticas / márquetin
Doña Asunción Martínez Palomar – propietaria de la empresa

13b **Tiempo cerrado en el pasado:** la semana pasada, ayer; **Tiempo que llega hasta el presente:** hoy, esta tarde ...
Gramática: ... abgeschlossenen Vergangenheit ... nicht abgeschlossenen Zeitraum

16 Texto 1 (oben): informal / interno Texto 2 (unten): formal / externo

18 muy, mucho, demasiado, demasiadas, muchas, muchas
Adverbien sind immer unveränderlich. Adjektive werden an das Substantiv angeglichen.

20 1. No se pueden abrir los archivos.
2. Se ha bloqueado el sistema.
3. No tiene acceso a Internet.

23 links. c, g, a, f rechts. b, c, d

24 **A favor de la inmigración:** subsahariano: A mí me parece muy mal (la ley para regresar a los países de origen). Yo pagué 2.300 euros por el viaje y ahora tengo que regresar. Y en mi país no hay empleo. Mujer peruana: Yo trabajo en una casa donde limpio, cocino [...]. La familia no me paga mucho pero me trata bien.
En contra: empresario: Aquí tenemos mucho paro. El problema es que los extranjeros hacen los trabajos por muy poco dinero, por ejemplo en la agricultura.

EJERCICIOS

1 isla, playa, volcán, vacaciones, calor

2 1. pasado, 2. llegado, 3. escrito, 4. funcionado, 5. venido, 6. charlado, 7. tenido, 8. podido
Mi ejercicio está perfecto.

3 1. se ha levantado; 2. ha tenido; 3. Ha perdido, ha llegado, 4. Ha abierto; 5. Ha vuelto, ha olvidado

4 Sandra ... ha escrito el informe para el jefe
todavía no ha llevado al perro a casa de su novio
todavía no ha llamado a su mamá
ya ha comprado un bañador
ya no puede poner la lavadora
todavía no ha hecho la maleta
ya no puede ir a la peluquería
ya no puede limpiar la nevera
ya no puede visitar a su hermana
todavía no ha cambiado el dinero
todavía no le ha dicho a su vecina que se va

5 A ellas no les ha gustado la película. Los niños no se han duchado con agua fría. Vosotras no os habéis reunido con el jefe. Tú no te has levantado temprano. María no se ha encontrado con sus amigos.

6 **Propuesta:**

Esta mes no he comido pescado. Nunca he viajado en globo. Nunca he subido al Teide. Esta semana he conocido a extranjeros.

7
1. fuiste, viajé, he estado
2. habéis visto, vi
3. hiciste, estuve, me quedé, leí
4. nos encontramos, volvimos, nos hemos levantado
5. ha comprado, compraron, he puesto
6. hemos estado

8 1. ¿De quién ...? / f 2. ¿Dónde ...? / a 3. ¿A qué ...? / e 4. ¿ Y de qué ...? / c 5. ¿Para quiénes ...? / b 6. ¿Quién ...? / g 7. ¿Qué ...? / d

9 3. del señor Sánchez, que no viene a la reunión.

10 **Propuesta:**

Querido Antonio: Te escribo porque necesito pedirte un favor. Resulta que me he dejado unos papeles en la oficina y los necesito para mi reunión de mañana. La reunión será en un hotel y tengo que llevarlos para mi presentación. ¿Puedes pedirle la llave de mi oficina a la secretaria y llevarte los documentos a tu casa? Los dejé al lado de mi ordenador en una carpeta verde. Yo paso por ellos luego. Muchas gracias y disculpa las molestias.
Saludos, Mikel

11 1. por 2. Para, por, por 3. para, para, para 4. Por 5. por, por 6. por

12
1. muy, muy, muchos, mucho, muy, mucho, mucha
2. muy, muy, mucho, mucha, muchos, muy, muchas, muy, muy

13 chatear, buscar información, navegar, recordar reuniones y cumpleños, contestar correos electrónicos, corregir cartas, reservar hoteles y vuelos, ver películas

14 **Ventajas:** recuerdan reuniones, cumpleaños, hacen reservas, contestan correos electrónicos cuando no estamos, se puede ver películas en ellos

Desventajas: son caros, hacen perder el tiempo, siempre hay que comprar software

4 ¿TIENES ALGÚN «HOBBY»?

2a

	Hobby favorito	Le gusta porque	Lo practica	En ...
Nora	Submarinismo y montar a caballo	... le gusta la aventura	cada año / por la mañana	Hierro / en el monte o en la playa
Víctor	Esquí, trabajos manuales y esquí acuático	... es su profesión	siempre y en verano también esquí acuático	Marbella
María Rosa	Hacer pasteles / Parapente	... es interesante y útil / es impresionante y no es difícil.	siempre	En casa

3 **deporte:** senderismo, surf / vela, bucear. **salud:** yoga, taichí. **cultura:** teatro, cantar, pintar, leer. **ordenador:** jugar a ... **otros:** trabajos manuales

4 männlichen

5 1. estar con la familia. 2. encontrarse con los amigos. 3. ver la televisión. 4. ir a reuniones políticas.

5 5, 8, 1, 4, 2, 3, 7, 6

6 Come despacio. Vete de vacaciones. Llévate bocadillos. Concéntrate. No seas negativo. No te olvides. No te vayas solo al bar. No pierdas el tiempo

7 tú: trabaja; come; escribe; haz; ve(te); sé; ten; sal

10a La película trata de la inseminación artificial y de la vida de un niño y un director de orquesta.

11 1. Sprechzeiten, 2. Krankenversicherungskarte, 3. Rechnung, 4. Wartesaal

12 Pues, hace una semana que me siento fatal, tengo tos y dolor de garganta. Sí, esta mañana tenía yo 39 grados de temperatura. Bueno. Mañana quería hacer una excursión en bicicleta. Vale, gracias. La verdad es que también estoy un poco quemado del curro.

14 La santería es un culto religioso.

15 empacho – diálogo 2, mal de ojo – diálogo 3, gualichos – diálogo 1

EJERCICIOS

1 **Horizontales:** 1. pies, 2. genitales, 3. brazos, 4. manos, 5. talón, 6. corazón, 7. ojos
Verticales: 1. cabeza, 2. oído, 3. garganta, 4. cabeza, 5. estómago
Solución: cuerpo humano

2
a – las muelas
b – la espalda
c – les duelen los pies
d – le duele el corazón
e – le duele la cabeza
f – les duelen los oídos

3 1. – f, 2. – d, 3. – b, 4. – c, 5. – a, 6. – le

4a
a – No fume.
b – No beba café.
c – No beba alcohol.
d – No coma azúcar.
e – No vaya a fiestas.
f – No escuches al doctor.

4b
1. ¡No compres dulces!
2. ¡No te tomes un cortado!
3. ¡No comas patatas fritas!
4. ¡No bebas cerveza!
5. ¡No hagas surf!
6. ¡No bailes en el carnaval!
7. ¡No vayas a los encierros de Pamplona!

5 ve a museos o al cine, no salgas con gente que fuma, ve al gimnasio con amigos, bebe mucha agua, no compres tabaco, lee libros sobre el tema.

6 Llámala, No los compres, No lo saques, No te levantes temprano, Ve al trabajo, No vayas al trabajo; Escribe a tu abuela, Apaga la tele, No apagues la tele.

7 Diálogo 1 – **2**, diálogo 2 – **4**, diálogo 3 – **3**, diálogo 4 – **1**

8a
1. Médico: Buenas tardes, señor Mancilla.
2. Sr. Mancilla: Hola, doctor.
3. Médico: ¿Qué le pasa?
4. Sr. Mancilla: Tengo un dolor de cabeza terrible y me siento muy cansado.
5. Médico: ¿Desde cuándo se siente así?
6. Sr. Mancilla: Desde ayer.
7. Médico: ¿Y ha tenido fiebre?
8. Sr. Mancilla: Creo que no, pero tampoco tengo ganas de comer.
9. Médico: ¿Ha bebido mucho alcohol?
10. Sr. Mancilla. Hum ... unos mojitos, pero hoy he descansado todo el día en la playa.
11. Médico: Usted está deshidratado. No tome el sol hoy y beba mucha agua.
12. Sr. Mancilla: ¿Es algo grave, doctor?
13. Médico: No, esta noche va a estar mejor, pero no beba alcohol y mañana no tome el sol al mediodía.
14. Sr. Mancilla: Vale. Muchas gracias, doctor.
15. Médico: Adiós y cuídese.

8b El Sr. Mancilla está deshidratado. El Dr. le recomienda: no tomar el sol y beber mucha agua.

10 No puede comer, No puede dormir

11 1. ¡Elige! – e; 2. ¡Juega! – c; 3. ¡Celebra! – a; 4. ¡No aplaces! – d; 5. ¡No pierdas! – b

12a Los padres de la futura niña serán Ricky Martin y su marido.

8 FELICIDAD ERES TÚ

1 1. – f, 2. – g, 3. – d, 4. – c, 5. – b, 6. – h, 7. – e, 8. – a

2
1. Me alegro mucho de vuestra boda. Ojalá seáis muy felices.
2. Te mando un balón. Espero que te diviertas jugando con él.
3. Te felicito por tu cumpleaños, ojalá lo celebres con los compañeros.
4. Feliz Navidad y próspero Año Nuevo. Espero que lo paséis bien y comáis cosas ricas.
5. ¡Bienvenido/-a al mundo! Ojalá tenga un nombre bonito.
6. Enhorabuena por el trabajo. Ojalá te guste y te paguen bien.
7. Mucho éxito en la nueva empresa. Espero que vaya mucha gente a la inauguración.

4 ¡Feliz Año Nuevo!; ¡A tu salud!; ¡Chinchín!, ¡Salud, amor y dinero!

5a
1. Fernando quiere que se cumplan todos los deseos de Maribel.
2. Lorenzo quiere que se case su hija y le lleguen nietos.
3. El abuelo espera que Julia conozca a un chico bien guapo.
4. Diego espera que todos tengan un buen año.
5. El deseo de Teresa es que todos vivan en paz.
6. Julia espera que el abuelo tenga suerte.
7. Teresa espera que Fernando tenga salud, amor y dinero.
8. Teresa quiere que Diego venda mucho en la tienda.

5b **terminar:** termine, termines, termine, terminemos, terminéis, terminen
vender: venda, vendas, venda, vendamos, vendáis, vendan
vivir: viva, vivas, viva, vivamos, viváis, vivan

MIRA: hacer – haga, tener – tenga, llegar – llegue, pagar – pague, conducir – conduzca, conocer – conozca

GRAMÁTICA: ojalá, espero que oder quiero que

6 Orden de los dibujos: **f**, **b**, **g**, **c**, **a**, **d**, **e**

10 Juguetes Pinocho: una juguetería. Hacen publicidad de juguetes educativos.
Oferta especial Día de Reyes: una tienda de ropa deportiva. Hacen publicidad de ropa cómoda y deportiva.
El Gato con Botas: una zapatería. Hacen publicidad de zapatos y botas para niños.

11b GRAMÁTICA: ser – sea, estar – esté, saber – sepa, ir – vaya, haber – haya

13 **Propuesta:**

En el dibujo **a** están brindando, en el dibujo **b** tiran los zapatos, en el dibujo **c** están tomando las uvas, en el dibujo **d** están tomando chocolate con churros. Me parece que son rituales para tener suerte.

14 uvas, televisor, reloj, ritual, fuegos artificiales, disfrazarse, bailar, chocolate, churros, sidra, cerveza, zumos, medianoche, costumbre, copa, brindar, felicidad, prosperidad, confeti, festejar, playa, zapatos viejos, pasado, hallacas, hojas de plátano, maíz, velas, besar, viajar, limpiar la casa, malos espíritus, ropa interior

EJERCICIOS

1 1. – e, 2. – a, 3. – d, 4. – c, 5. – b.

2 a – Buen Provecho / Que aproveche, b – Salud / Chinchín, c – Buen viaje

3a **Carla:** va a ir a la fiesta de la compañía, le gustaría trabajar en la gastronomía, no lo hace porque no quiere perder la oportunidad de conocer a alguien en alguna de las fiestas.
Luis y Ana: van a celebrar en su piso nuevo; a Luis le gustaría más cenar tranquilos en algún restaurante, escuchar música y soñar. No lo hacen porque son muy jóvenes para festejar así.
El señor Oliva: hará una buena comida,verá la televisión y a la cama. Le gustaría pasarlas en Canarias tomando el sol; no lo hacen porque sus hijos siempre llaman a media noche.

4a **España:** comer uvas, disfraces, baile, fuegos artificiales, churros con chocolate.
México: limpiar la casa de los malos espíritus, comer uvas, regalos, ropa interior.
Venezuela y Colombia: hallacas, velas, cerrar puertas, besar a alguien del sexo opuesto, salir con una maleta bien grande.
Cono Sur: poner un anillo en una copa, brindar, arrojar confeti, festejar en la playa, arrojar zapatos viejos al mar.

5 **estudiar:** estudie, estudies, estudie, estudiemos, estudiéis, estudien
comer: coma, comas, coma, comamos, comáis, coman
escribir: escriba, escribas, escriba, escribamos, escribáis, escriban
conocer: conozca, conozcas, conozca, conozcamos, conozcáis, conozcan
tener: tenga, tengas, tenga, tengamos, tengáis, tengan

6 **Propuesta:**

Espero que (tú) viajes mucho. Quiero que todos trabajemos menos. Ojalá (nosotros) ganemos el Gordo. Quiero que mi novio compre un coche. Ojalá Ana termine pronto.

7 1. conozca, 2. llames, 3. tengan, 4. tomemos, 5. escribáis, 6. Vivan, 7. aprenda, 8. sea

8 1. escriban, 2. vengan, 3. hagamos, 4. paguen, 5. trabaje, 6. beba, 7. salga, 8. llegues

10 2. Para que sepas, 3. Para que estéis, 4. Para que sepáis, 5. Para que vayas, 6. Para que comáis bien, 7. Para que estén, 8. Para que no haya

11a **Propuesta de título:** Soñar con el Gordo

11b 1. correcto, 2. falso, 3. falso, 4. falso

12 + tan, tantas; – tantos, tan; * tan; * tantas; * tantos, tantas.

13 2. amor y desamor, 4. secreto del éxito, 1. pionera de la literatura, 3. autora más vendida

9 ¡... Y QUE SEA BARATO!

1 **Propuesta:**

Sí, me gustan los mercadillos porque se pueden encontrar cosas muy originales y a muy buen precio. También es interesante observar el tipo de gente que visita los mercadillos. Yo compro collares, pendientes, discos y libros. Sí regateo, sobre todo para tener contacto con los vendedores. Mi mejor compra fue una bicicleta usada que me llevo todos los días a mi trabajo. Algo que nunca compraría: cubiertos usados.

2 La gente en el Rastro pasea, mira los puestos, disfruta del ambiente, toma una caña o un vino con tapas, busca objetos determinados, regatea o solo mira las cosas. Los domingos es el día en que se puede comprar en el Rastro. Se puede llegar en metro, a pie o en autobús.

3 a – cristal, b – lana, c – plástico, d – algodón, e – oro, f – cuero, g – seda, h – plata, i – madera

4 a – diálogo 2 – oro – exclusivo, b – diálogo 1 – plástico – una ganga, de segunda mano, c – diálogo 3 – cristal – cursi

5a 1. e – la campesina, 2. g – el volcán, 3. b – el árbol, 4. f – la cesta, 5. k – el sombrero, 6. h – el lago, 7. c – la casa, 8. d – la escalera, 9. i – la colina, 10. a – la iglesia, 11. l – vasija, 12. j – la roca.

5b **Propuesta:**

Pues, en primer plano se ve un mercado de artesanos indígenas vendiendo vasijas, sombreros y verduras en cestas. Al fondo se puede ver un lago y un volcán. Al lado izquierdo hay una iglesia blanca y una casa pequeña. En el centro del cuadro hay más vendedores de vasijas.

7 **Propuesta:**

A mí me gusta el cuadro porque es muy vivo y tiene colores alegres. Me gusta el motivo de la iglesia y el mercado porque representan la cultura maya.

10 **Se busca** canguro (persona de confianza para cuidar a dos niños), se buscan chicas y chicos que conozcan el barrio, se busca escritorio que esté en buen estado, se buscan jóvenes para hacer tándem.

11 **Requisitos:** que pueda venir dos o tres veces por semana, que duerma aquí de vez en cuando; que conozcan bien el barrio; que hablen y escriban catalán, que entiendan un poco de inglés; que esté en buen estado, que sea gratis; que tenga tiempo y no pida más que mi cariño; que me ayude en el jardín, repare y pinte los muebles y haga otros trabajitos.
Conjugación: entender: entienda, entiendas, entienda, entendamos, entendáis, entiendan.
poder: pueda, puedas, pueda, podamos, podáis, puedan **sentir:** sienta, sientas, sienta, sintamos, sintáis, sientan
pedir: pida, pidas, pida, pidamos, pidáis, pidan **dormir:** duerma, duermas, duerma, durmamos, durmáis, duerman

14a La mayoría de la gente prefiere los cuadros con paisajes y en especial con agua. Los colores azul y verde son los preferidos del 88 % de la gente. No gustan mucho los cuadros abstractos. La mayoría prefiere los cuadros pequeños con paisajes tranquilos.

17 Irene lleva la ensalada y el pan.
Juanjo lleva los cedés.
el padre lleva la carne.
el hermano lleva la fruta.

18 1. hemos ido, va, va y viene, trae, trae, has traído, he traído, voy, viene
2. han traído, voy, trae, os vais, vamos, venís

21a **¿Dónde se usó el abanico?** En Grecia, Roma y en el antiguo Egipto.
¿Quién inventó el abanico moderno? Un japonés.
¿Cómo llegó a Europa? Durante mucho tiempo los abanicos iban en barcos desde Asia a México y de ahí a Sevilla. Más tarde se empezaron a fabricar en Andalucía.
¿Cuándo se puso de moda? Cuando María Antonieta lo empezó a usar y de ahí se extendió por toda Europa.
¿Para qué se usó mucho tiempo? Para mandar mensajes y flirtear.
¿Y ahora cuándo se usa? Propuesta: Cuando hace calor: en verano, en el teatro ...

21c *etwas regelmäßig tun:* solían mandar mensajes
etwas wieder tun: volver a embarcarlo
etwas tun müssen: tenía que dar ...
anfangen etwas zu tun: empezaron a usarse ...
aufhören etwas zu tun: dejaron de importar ...
man muss etwas tun: había que transportar ...

EJERCICIOS

1 mascotas, ropa, relojes, libros, muebles, artesanía, revistas, libros

2 de oro / plata: pulsera, anillo, **pendientes**, **reloj**
de madera / papel: silla, mesa, **blusa**, **gorro**
de algodón / de lana: pantalones, jersey, **blusa**, **gorro**
de cuero / de plástico: bolso, zapatos, **gafas de sol**, **chaqueta**

3 Usted: ¡Buenos días! ¿Tiene lámparas?
Usted: ¿Cuánto cuestan?
Usted: ¿Y no tiene una solo de cristal?
Usted: ¿Y cuál sería el precio definitivo?
Usted: Le ofrezco 35.
Usted: Vale, me la llevo por 40 euros.
Usted: Gracias a usted. Adiós.

4 a – tengan – entiendan; b – tengan; c – guste; d – pasen; e – vengan

5 1. Busco chico o chica que ayude en el jardín.
2. Buscamos chicas que quieran trabajar de vendedoras en el verano.
3. Para nuestro coro necesito persona que sepa cantar en inglés.
4. Estudiante busca estantería que esté en buen estado y sea barata.
5. Busco señora que pueda planchar dos veces por semana.
6. Buscamos un pensionista que tenga un coche para viajes fuera de la ciudad.

6 1. cueste, 2. sepa/hable, 3. empiece, 4. recuerde, 5. vuele, 6. vaya, siga

7 2. Marta y Jorge quieren una casa que se encuentre en un lugar bonito.
3. Silvia busca un coche que cueste poco.
4. Mi jefe necesita chicos que empiecen a trabajar a las cinco de la mañana.
5. Prefiero un bolso que sirva para todo.
6. Buscan personas que quieran colaborar en el proyecto.

8 1. sepan español y catalán.
2. vivan cerca de Barcelona.
3. no lleven gafas.
4. puedan trabajar también los fines de semana.
5. fumen y beban.
6. tengan coche propio.
7. conozcan Barcelona muy bien.

10 1. vas, vienes, Voy; 2. vas, voy; 3. traes, llevo; 4. llevas, traes

11 Luis: ... trae ...; nosotros traemos ...; vosotros traéis ...; ... ¿Qué traes tú?; ... Yo traigo ...

12 1. traes, llevo; 2. llevar; 3. llevas, traes

13a **Mujer: Buenos días, llamo por el anuncio del periódico.**
Hombre: ¡Hola! Sí. ¿Por el sofá o la estantería?
Mujer: Llamo por el sofá. El precio me parece bien. ¿Me lo puede **traer** a casa?
Hombre: Sí, bueno ... pero la próxima semana. Antes no puedo llevarlo a su casa. ¿Y no puede usted **venir** a buscarlo? Yo vivo en el centro.
Mujer: Lo siento, pero no tengo transporte. Mejor si usted puede **traérmelo**. No me importa esperar unos días. ¿Puede **venir** el lunes, o el martes?
Hombre: Si no le importa esperar, vale, entonces se lo **llevo** el martes por la manana. ¿Cuál es su dirección?
Mujer: Estupendo, mi dirección es Calle Los Rosales, 32.
Hombre: Muy bien. ¡Hasta luego!
Mujer: ¡Hasta luego, adiós!

14
1. Mi novio ha dejado de aprender italiano.
2. Ellos vuelven a pasar el verano en Gijón.
3. Mañana hay que llevar mi coche al mecánico.
4. ¿Ya has empezado a estudiar para tu examen?
5. El lunes tienes que levantarte muy temprano.
6. Antes solíamos jugar al fútbol.

15 1. solía, 2. has dejado de, 3. tuve que, 4. suelo, 5. empezaron a, 6. hay que, 7. ha vuelto

10 EL FUTURO ESTÁ AQUÍ

2 1. – d, 2. – e; 3. – c, 4. – a, 5. – b

4a Los invitados son: climatóloga, político y médico.

5 GRAMÁTICA: -é, -ás, -á, eremos, -éis, án.

haber (hay) → habrá
poner → pondré
poder → podré
tener → tendré
querer → querré
venir → vendré
hacer → haré
decir → diré

6a tendrán, habrá, será, ganarán, serán, subirá, bajarán, seré

7b No creo que + **subjuntivo**

9 será, costará, tendrá, ganará, regalará, vivirán, sabrá, anunciará, querrá, Estarán

12a Es una lengua nueva.

12b El *spanglish* es una lengua, mezcla de inglés y español.
Se expandió a través de los medios de comunicación.
Se habla en Florida, Texas, Nueva York y Puerto Rico.
No todos están de acuerdo con su expansión porque dicen que los inmigrantes deben aprender a hablar bien inglés para integrarse.
Esta lengua se formó gracias a los inmigrantes que buscaban un mejor futuro en EE.UU.
No es sólo una lengua oral, existe incluso literatura en este idioma.

13 **palabras inglesas:** *good morning, fine, my car this morning, I know, at this time, What a pity, I call ... back.*
palabras españolizadas: parqueando, lonchamos jamaneg.
traducciones literales: Ella hace un viaje redondo.

EJERCICIOS

1 carrito de la compra, internet, pantalla de plasma, sistema informático, hogar digital, tarjeta con chip, ropa con móvil, tabla con ordenador

2 Toda la familia viajará un mes a México: Graciela, la hija menor, irá a una escuela privada.
Los primos José y Carlos trabajarán los fines de semana. Yo necesitaré un coche más rápido.
Tú vivirás un año más con nosotros.

3 1. trabajaré, 2. viajaremos, 3. comprará, 4. habrá, 5. estará, 6. tendréis, 7. encontrarás, 8. serán

4a dará; empezará, terminará, cantará, Viajará, trabajarán, viajarán, llevarán, cantar, tendrán

5
ser – seré
traer – traerás (tú)
aumentar – aumentará (él, ella, Ud.)
producir – produciremos (nosotros)
subir – subiréis (vosotros)
tener – tendrán (ellos)
poner – pondré
tener – tendré
venir – vendré
salir – saldré
hacer – haré
decir – diré

6 1. habrá, 2. consumiremos, 3. será, 4. sufrirá, 5. gastaremos.

7 En esta familia, desde hoy, está prohibido bañarse porque hay que ahorrar agua.

9 **Propuesta:**

huracanes, frío, lluvia, calor, sequía, estaciones del año ...

10 Tiene la función de una suposición: Tal vez hay.

11
1. En Madrid habrá unos cinco millones de habitantes.
2. El bar «Tío Pepe» estará más o menos a cien metros de aquí
3. Ricardo leerá un libro al mes aproximadamente.
4. Antonio llegará en unas dos o tres horas.

13 1. será, 2. estará, 3. tendrá, 4. llegará